www.ingramcontent.com/pod-product-compliance
Lightning Source LLC
Chambersburg PA
CBHW070049080526
44586CB00013B/985
* 9 7 8 1 5 9 5 8 4 7 4 6 1 *

پاسخ به تاریخ

KETAB.COM

Answer to History
Subject: History of Iran
By: Mohammad Reza Shah Pahlavi
Copyright© 2024 By Ketab Corporation
All right reserved.
1st Edition by: Ketab Corporation

پاسخ به تاریخ
موضوع: تاریخ ایران
نویسنده: محمدرضا شاه پهلوی

No part of this book may be reproduced in any manner without the express written consent of the publisher, except in the case of brief excerpts in critical reviews or articles.
For information about permission to reproduce selections from this book, write to Permissions:
12701 Van Nuys Blvd., Suite H, Pacoima, CA, 91331, USA or
E-Mail: ketab1@ketab.com
Ketab Publishing is a registered trademark
of Ketab Corporation.,
Los Angeles, CA
Manufacturing by Ketab / USA

The Library of Congress Cataloging-in-publishing Data is available upon request.

ISBN: 978-1-59584-746-1
Ketab Corporation:
12701 Van Nuys Blvd., Suite H,
Pacoima, CA, 91331, USA
Visit our website at www.ketab.com
Printed in the United States of America

1 2 3 4 5 6 7 8 9 24

فهرست

دیباچه ۱

قسمت اول: از ایران دیروز تا ایران امروز

فصل اول: درس‌هایی از گذشته ۵

توانایی‌ها و خطرهای ناشی از موقع جغرافیایی ایران ۵

دوران‌های طلایی نوین تاریخ ایران ۱۰

فصل دوم: از توانایی تا بندگی ۱۳

شاه عباس کبیر- اصفهان نصف جهان ۱۳

نادر شاه -ناپلئون ایران ۱۵

فتحعلیشاه و ناپلئون ۱۶

فصل سوم: راه هند و نفت ۱۹

نفت ۲۰

ایران سرزمین کابوس‌های وحشتناک ۲۱

قسمت دوم: سلسله پهلوی

نجات و وحدت ایران ۲۵

فصل اول: پدرم رضاشاه کبیر ۲۷

سردار سپه و سپس شاهنشاه ۲۸

مبارزه برای وحدت و استقلال ایران ۳۱

ورود به قرن بیستم ۳۳

رویاهای یک کودک ۳۷

فصل دوم: «فرزندم، هرگز از هیچ چیز هراس مکن» ۴۱

جنگ دوم جهانی و عواقب فوری آن ۴۱

امید بزرگ ایرانیان، بی‌طرفی ۴۱

حمله قوای روس و انگلیس به ایران ۴۳

آغاز سلطنت من ۴۳

شناسائی رسمی و صریح حاکمیت و استقلال ایران ۴۵

بودن یا نبودن ۴۶

فصل سوم: برنامه هفت‌ساله ۵۱

مصدق و دوران عوام‌فریبی ۵۱

پایان ماجرای موافقت‌نامه با روس‌ها ۵۱

زمانی که روحانیون برای سلامت و توفیق من دعا می‌کردند ۵۲

اصلاح قانون اساسی ۵۳

خطوط اصلی نخستین برنامه‌ی کشور ۵۳

قتل سپهبدرزم‌آرا ۵۶

مصدق و سیاست «موازنه‌ی منفی»..۵۸
هرج و مرج داخلی و خطر مداخله خارجیان...۶۰
سرتیپ ریاحی ۶۲
از مصدق تا بازرگان ۶۲
بیداری ایرانیان ۶۴

فصل چهارم: از عصر نفت تا دوران اتم..**۶۷**
یک تاریخ غیرانسانی ۶۷
تحقیرها و بی‌عدالتی‌ها ۶۹
ایران، سرانجام به بهره‌برداری از نفت خود توفیق یافت ۷۰
مرگ انریکو ماته‌ئی ۷۲
سیاست نفتی ایران ۷۳
ارائه‌ی راه‌حل سازنده برای جلوگیری از نابسامانی اقتصاد جهانی ۷۵
پس از شش سال، جهان نظرات مرا تائید کرد ۷۶
انسان‌ها در مقابل هرج و مرج ۷۹
سیاست، هنر پیش‌بینی ۸۱

قسمت سوم: انقلاب سفید

فصل اول: مبانی انقلاب سفید **۸۵**
پنج هدف اصلی برنامه‌ی دوم ۸۵
زمین از آن کشاورزان ۸۷
نخستین آتش‌افروزی علیه اصلاحات ۹۰

فصل دوم: اصلاحات ارضی **۹۳**
اصول و مبانی ۹۴
وظایف بانک اعتبارات و توسعه‌ی کشاورزی ۹۶
شرکت‌های سهامی زراعی ۹۸
تأثیر انقلاب سفید بر زندگی روستاها ۹۹

فصل سوم: اقدامات سپاه دانش، سپاه بهداشت و سپاه ترویج و آبادانی........**۱۰۱**
سپاه ترویج و آبادانی ۱۰۳
تشکیلات سپاه بهداشت و پیش‌بینی شبکه‌ی پزشکی از طریق تلویزیون ۱۰۴
توسعه‌ی جنگل‌ها و مراتع ۱۰۶
تلاش ملی برای تأمین آب ۱۰۹

فصل چهارم: انقلاب سفید و کارگران..**۱۱۳**
تأمین مسکن برای کارگران ۱۱۴
تأمین بهداشت و سلامت کارگران ۱۱۶
کوشش‌های اجتماعی و انسانی شهبانو ۱۱۷

سیاست تأمین اجتماعی	۱۱۸
مشارکت کارگران در سود خالص کارخانه‌ها	۱۱۹
مشارکت کارگران در مالکیت واحدهای صنعتی	۱۲۱

فصل پنجم: انقلاب در دستگاه قضاوت ۱۲۵
خانه‌های انصاف ۱۲۶

فصل ششم: انقلاب آموزشی و اصلاحات فرهنگی ۱۳۱
دفاع از تمدن ایرانی و هویت ملی ۱۳۱
منشور انقلاب آموزشی ۱۳۳
آموزش رایگان برای دانشجویان ۱۳۵
بزرگداشت فرهنگ و هنر ایرانی ۱۳۷

فصل هفتم: کوشش برای انقلاب اداری ۱۴۱
اصلاحات آموزشی، شرط لازم اصلاحات اداری ۱۴۱
مقاومت سرسخت دیوان‌سالاری ۱۴۳
تأسیس بازرسی شاهنشاهی ۱۴۳

فصل هشتم: آزادی زنان ۱۴۵
آزادی زنان ۱۴۵
سخنان علی ابن ابیطالب (ع) ۱۴۶
عدالت، اساس و عصاره‌ی اسلام است ۱۴۸

فصل نهم: مبارزه با تورم، سوداگری و فساد ۱۵۱
تورم ۱۵۲
مقررات مربوط به اعلام دارایی مستخدمین دولت ۱۵۳

فصل دهم: بنیاد پهلوی ۱۵۵
دارایی شخصی من ۱۵۵
پرداخت سیزده هزار وام شرافتی به دانشجویان ۱۵۶
برنامه‌های خانه‌سازی بنیاد ۱۵۷
ثروت شخصی من ۱۵۷

فصل یازدهم: به سوی تمدن بزرگ ۱۵۹
مارکسیسم اسلامی، مکتبی غریب ۱۵۹
بسیج دائم ملی برای پیشرفت ۱۶۱
آیا امکان توفیق وجود داشت؟ ۱۶۲
تجاربی از تاریخ ۱۶۴

فصل دوازدهم: ارتش ایران در سال ۱۳۶۱ (۱۹۸۲ م) ۱۶۵

فصل سیزدهم: مبانی سیاست خارجی ایران ۱۷۱
روابط ایران با اتحاد جماهیر شوروی سوسیالیستی ۱۷۱

ترکیه، دوست و متحد ایران ۱۷۳
تلاش برای صلح ۱۷۴
همسایگان ما در خلیج فارس ۱۷۵
تلاش برای تشکیل بازارِ مشترکِ کشورهای ساحلی اقیانوس هند، افریقا در برابر مداخلات و برتری‌جویی کمونیست‌ها ۱۷۷
تلاش برای همبستگی جهانی ۱۷۹
پیشنهاد من واقع بینانه بود ۱۸۱

فصل چهاردهم: بزرگان جهان ما ۱۸۳
وطن‌پرستی سرسختانه‌ی ژنرال دوگل ۱۸۳
رهبران سه کشور بزرگ در تهران ۱۸۴
رهبران آمریکا ۱۸۸
ژرژ ششم، بوین و لئوم بلوم ۱۹۰
بزرگان افریقا ۱۹۱
دوستان عرب ۱۹۲
تیتو، چائوشسکو، هوآکوفنگ ۱۹۳

فصل پانزدهم: در راه تحقق دموکراسی شاهنشاهی ۱۹۵
سلطنت و حکومت ۱۹۶

فصل شانزدهم: کامیابی‌ها و ناکامی‌های ما ۱۹۹
واقعیت ارقام ۱۹۹
توسعه‌ی اقتصادی، تنها راه نیل به دموکراسی واقعی ۲۰۱
کشورهای در حال توسعه، بر سر دوراهی ۲۰۱
تصوری کاذب و خونین از دموکراسی ۲۰۲
همکاری با جهان غرب ۲۰۴
تشکیل حزب رستاخیز، یک اشتباه بود ۲۰۵
مبارزه با زمان ۲۰۶

قسمت چهارم: اتحاد لعنتی سرخ و سیاه
فصل اول: نقش وسایل ارتباط جمعی ۲۱۱
فصل دوم: شاگردان جادوگر ۲۱۷
فصل سوم: عزاداری‌های پیاپی و جنایت آبادان ۲۲۱
فصل چهارم: حقایق در باره‌ی سازمان اطلاعات و امنیت کشور ... ۲۲۷
مبارزه با خراب‌کاری کمونیست‌ها ۲۲۸
نقش ساواک و قدرت آن ۲۲۹

فصل پنجم: تدارک برای ویرانی ایران ۲۳۳
اعلام حکومت نظامی ۲۳۴

سفرهای کریم سنجابی و مهدی بازرگان	۲۳۵
توقیف امیرعباس هویدا	۲۳۶
امیدها و نومیدی‌ها	۲۳۷
فصل ششم: نخست‌وزیری شاپور بختیار	**۲۴۱**
مأموریت شگفت‌انگیز ژنرال هایزر	۲۴۱
توقعات سیاستمداران مخالف	۲۴۲
نخست‌وزیری شاپور بختیار	۲۴۳
اخطار روزنامه‌ی پراودا	۲۴۵
مأموریت شگفت‌انگیز ژنرال هایزر	۲۴۶
فصل هفتم: جلای وطن	**۲۴۹**
فصل هشتم: حکومت وحشت	**۲۵۳**
تعصب کورکورانه	۲۵۴
خمینی، تشنه‌ی خون	۲۵۵
قتل امیرعباس هویدا	۲۵۷
ادامه‌ی خونریزی و آدمکشی	۲۶۰
بیست‌هزار زندانی سیاسی	۲۶۱
اشتباهاتی بزرگ به نام اسلام	۲۶۳
فصل نهم: دروغ‌پردازی‌ها، ناکامی‌ها، ورشکستگی	**۲۶۵**
پیش‌بینی سرمایه‌گذاری آینده ایران	۲۶۶
ویرانی اقتصاد و تعطیل تجارت	۲۶۷
گسترش فساد	۲۶۸
نمایشی به نام مراجعه به آراء عمومی	۲۶۹
اختلافات داخلی	۲۷۰
پایان سخن	۲۷۴
نمایه	۲۷۸

دیباچه

اندکی بیش از یک سال پیش، آخرین کتاب من در تهران انتشار یافت. کتابی سراسر امید که در آن دیدگاه‌ها و طرح‌های خود را در باره‌ی آینده‌ی ایران به ملتم عرضه داشتم. آرزوی من این بود که آینده‌ی ملت ایران، افتخارآمیز، سعادتمند و پر رونق باشد. آینده‌ای فراخور تاریخ چند هزارساله کشورم که همواره یکی از سازندگان اصلی تمدن جهانی بوده است.

آرزو داشتم که در آستانه‌ی هزاره‌ی سوم، ایران، کاملاً نوسازی شده، اقتصادش پر رونق، جامعه‌اش متحول و پیشرو باشد. مردمش از یک سطح آموزش مترقی برخوردار باشند و نظام سیاسی‌اش، حکومت بر قوام مردم یعنی بر یک دموکراسی واقعی استوار باشد.

آرزو داشتم که نسل‌های آینده‌ی ملتم، با سربلندی و غرور، مقام والایی را که شایسته‌ی آنان است در خانواده‌ی بزرگ انسانی به‌دست آورند و نقش و مسئولیت خود را در جهان ایفا کنند.

امیدوار بودم سیاهی‌های قرون وسطایی را که پنجاه سال پیش ایران از آن‌ها نجات یافته بود، برای همیشه از میهنم دور کنم و حکومت روشنایی و روشن‌بینی را که چکیده‌ی تمدن و فرهنگ ایرانی است، برای همیشه پابرجا سازم.

در تمام مدت پادشاهی‌ام، من فقط به‌خاطر این آرمان بزرگ زیستم و کوشیدم. آرمانی که در شرف تحقق یافتن بود.

برای رسیدن به آن آرمان بزرگ، به‌سختی کوشیدم. با دشواری‌ها و موانع بسیار مبارزه کردم، با توطئه‌ها و تحریکات فراوان مواجه شدم، با شرکت‌های بزرگ و توانای خارجی و کارتل‌های چندملیتی ستیز کردم. حال آن‌که بسیاری از مشاورانم مرا از این مبارزه بر حذر می‌داشتند.

ممکن است من در طی دوران سلطنتم اشتباهاتی مرتکب شده باشم، اما کوششم برای عظمت و اعتلای ایران، هرگز خطا نبود.

هدف من از نوشتن این کتاب، این است که نشان بدهم چرا در این راه تلاش و ایستادگی کردم. نشان بدهم که چرا و چگونه کوشش کردم جامعه‌ای براساس عدالت اجتماعی، و نه منازعات طبقاتی، پی‌ریزی کنم. جامعه‌ای که در آن همه‌ی گروه‌ها و طبقه‌ها به یک‌دیگر وابسته و هم‌دل باشند.

حسن تفاهم با همه‌ی کشورهای جهان، چه دنیای غرب، چه کشورهای سوسیالیست و چه ممالک جهان سوم به من امکان داد که در صلح و صفا، این کوشش را برای ساختن ایرانی با تمدن بزرگ انجام دهم.

وظیفه‌ی خود می‌دانم در این کتاب نشان دهم چگونه اکنون برای اضمحلال ایران کوشش می‌شود و می‌خواهند آنچه را در سایه‌ی تفضلات الهی و به شکرانه‌ی شوق و شور و کوشش صمیمانه‌ی ملت ایران به‌وجود آمده است، به‌دست گروهی غیرمسئول نابود سازند.

این پاسخ من به تاریخ خواهد بود.

قسمت اول
از ایران دیروز تا ایران امروز

فصل اول
درس‌هایی از گذشته

برای پاسخ به تاریخ، باید آن را شناخت و دریافت. ایران که از سه‌هزار سال پیش تاکنون همواره کشوری پادشاهی بوده است، در طول تاریخ خود نشیب و فرازهای بسیار دیده و دوران‌های روشن و تاریک را پشت سر گذشته و با خطرهای بزرگ رودررو شده است.

هیچ ملتی نمی‌تواند تنها به‌خاطر گذشته‌ی خود زندگی کند و بدون گذشته‌ی خود نیز نمی‌تواند پایدار بماند. ملتی که به گذشته‌ی خود وابسته و دلبسته نباشد، الزاماً از صحنه‌ی روزگار ناپدید خواهد شد.

تاریخ ایران مملو از افتخارات و نابسامانی‌ها است. عبرت از گذشته می‌تواند به فضل خداوند بهترین رهنمون برای آینده باشد. اکنون می‌خواهم نظری به گذشته‌ی ایران بیاندازم. گذشته‌ای که هیچ‌کس نمی‌تواند بر آن خط بطلان بکشد.

توانایی‌ها و خطرهای ناشی از موقع جغرافیایی ایران

ایران کشوری کهنسال است که تاریخش به اعماق قرون و اعصار

می‌رسد. ایران در منطقه‌ی خاورمیانه واقع شده که گاهواره‌ی تمدن‌های بزرگ بوده است. کشور ما در تقاطع خطوط مواصلاتی میان اروپا، آسیا، شبه‌قاره‌ی هند و افریقا قرار گرفته و با سه دریا – دریای خزر در شمال، خلیج فارس در جنوب غربی و دریای عمان در جنوب شرقی – ارتباط دارد و از دریای مدیترانه که مرکز جهان متمدن غرب بوده است، فاصله‌ی زیادی ندارد.

چنین موقع جغرافیایی، عامل مهمی در قدرت کشور ما است و ایفای نقش بزرگ کشورگشایی، اشاعه‌ی تمدن، گسترش بازرگانی را در دوران‌های درخشان تاریخ ما میسر و مقدور گردانیده است.

چنین موقع جغرافیایی، نیز عاملی در ضعف کشور ما بوده است: ایران فلاتی با محورهای شمالی، غربی، جنوبی و شرقی، با دشت‌های وسیع و مجراهای بزرگ و کویرهای نمکزار که از هر سو به وسیله‌ی جبال بزرگ احاطه شده – کوه‌های البرز در شمال، کوه‌های زاگرس در باختر، کوه‌های بلوچستان در جنوب خاوری-. از چند شهر بزرگ چون اصفهان و کرمان که بگذریم، منطقه‌ی مرکزی کشور ما تقریباً خالی و کم‌جمعیت، و فعالیت و ثروت و فرهنگ، بیشتر در مناطق کناری متمرکز گردیده. به همین جهت است که در طی قرون و اعصار، ایران پایتخت‌های بسیار داشته که اغلب آن‌ها در مرکز کشور واقع نبوده‌اند. پایتخت‌های مهم ایران قبل از تهران، عبارت بودند از شوش، اکباتان، تخت‌جمشید، تیسفون. و پس از اسلام، اصفهان، شیراز، تبریز، اردبیل و قزوین.

کشور ما در زمان‌های تدنی و انحطاط، مورد حمله‌ی همسایگان خود قرار گرفته و در دوران‌های اعتلا و عظمت، بر اثر نیرو، تدبیر و درایت رهبران بزرگ، وحدت ایران تأمین شده است.

در دوران‌های انحطاط همواره حملات خارجی با همدستی‌های دانسته و یا ندانسته در داخل کشور همراه بوده و بیشتر این همدستی‌ها از خارج

الهام و نظم می‌یافته است.

بررسی اجمالی این رویدادها که جنبه‌ی افسانه‌ای یافته به درک بهتر دوران‌های مختلف تاریخ ما کمک خواهد کرد.

شاهنشاهان قهرمان: کورش، داریوش و خشایارشا
حمله اسکندر مقدونی به ایران
رستاخیز ایران در زمان ساسانیان و حمله اعراب

بر اثر نفوذ و رهبری دو قوم هند و اروپایی، مادها و پارس‌ها، پس از دوهزار سال نبرد و تلاش، ایرانیان بر همه‌ی اقوام منطقه‌ی بین‌النهرین پیروزی و برتری یافتند. سلسله‌ی هخامنشی (۵۵۹ تا ۳۳۰ قبل از میلاد) بزرگ‌ترین شاهنشاهی جهان را که از دریای سیاه تا آسیای مرکزی و از لیبی تا هندوستان گسترش داشت، بنیان نهاد.

شاهنشاهی هخامنشی، نخستین شاهنشاهی بزرگ و منظم جهان است که در آن یک رهبر، شاهنشاه ایران، بر اقوام و ملل مختلف حکومت می‌کرد. برای تأمین نظم و وحدت شاهنشاهی ایران، هخامنشیان بر سر هر ایالت فرمانروایی به نام ساتراپ گماردند. برای پست و مخابرات با نور، شیوه‌های نو به‌کار بردند و نظام پولی مرتب، محاسبات عمومی و اوزان و مقادیر یکسان را به‌وجود آوردند.

بدین سان ایرانیان به دنیای عهد عتیق نشان دادند که می‌توان سرزمینی به آن وسعت را با نظم و ترتیب اداره کرد. رومیان در اداره‌ی امپراتوری خود از بیشتر راه و روش‌های ایرانیان پیروی و حتی تقلید کردند.

بنیان‌گذار شاهنشاهی ایران، کورش است که به‌حق وی را بزرگ لقب داده‌اند. کورش شاهنشاهی ایران را بر چندگونگی ادیان و رعایت عدالت بنیان نهاد.

کورش کشورگشایی بزرگ بود. ولی وی را می‌توان در حقیقت

بنیان‌گذار فکر امروزی صیانت حقوق بشر نیز خواند. چرا که نخستین کس در جهان عهد عتیق بود که منشوری آزادمنشانه در این زمینه تدوین و اعلام کرد. اسرای جنگی را آزاد ساخت و به سرزمین‌های خود بازگرداند و به حقوق و عادات و سنت‌ها و ادیان اقوام و مللی که شاهنشاهی ایران را تشکیل می‌دادند، احترام نهاد.

کورش نه تنها دشمنان خود را عفو می‌کرد، بلکه مسئولیت‌های مهم به آنان تفویض می‌نمود. پس عجب نیست اگر او را آزادکننده‌ی ملل نام نهاده‌اند. سیاست کورش بزرگ، با خصلت‌ها و منش ایرانیان کاملاً هماهنگ بود و از آن الهام می‌گرفت. همه‌ی پادشاهان بزرگ ایران، از سیاست آزادمنشانه و صلح‌جویانه پیروی کرده‌اند و ایران همواره یک کشور «پناهگاه» محسوب می‌شده است.

کورش بزرگ، داریوش و خشایارشا، شاهنشاهان قهرمان تاریخ ما هستند و در افسانه‌ها، ادبیات و هنر کشور ما مقامی بس والا دارند. اروپاییان در کتب تاریخ خود خوانده‌اند که داریوش در ماراتون و خشایارشا در سالامین بر یونانیان پیروزی نیافتند، با این حال نباید فراموش کرد که ایرانیان قرن‌ها بر منطقه‌ی دریای اژه و مدیترانه شرقی و سرزمین‌های یونانی تسلط داشتند.

انحطاط هخامنشیان به پدیده‌ای شگفت‌آور انجامید: اسکندر مقدونی (۳۵۶ تا ۳۲۳ قبل از میلاد) به ایران تاخت و بر همه‌ی سرزمین‌های شاهنشاهی داریوش تسلط یافت و در راه و رسم کشورداری از شیوه‌ی کورش پیروی کرد.

پس از مرگ اسکندر (۱۲ ژوئن سال ۳۲۳ پیش از میلاد) شاهنشاهی وی میان تنی چند از سردارانش تقسیم شد. اما برخلاف آنچه در بعضی از کتب درسی غربی می‌خوانیم، یونانیان، تمدن ایرانی را تحت تأثیر خود قرار ندادند و ایرانی، یونانی نشد. درست است که ما در موزه‌ها چند اثر از دوران تسلط یونانیان بر ایران مشاهده می‌کنیم، ولی در حقیقت این اسکندر بود که

تحت تأثیر و نفوذ تمدن ایرانی قرار گرفت و این پدیده بارها در طول تاریخ ایران تکرار شده است. ایران بارها به تصرف کشورگشایان خارجی درآمد. اما هر بار ایرانیان اصالت و فرهنگ و تمدن خود را حفظ کردند و هرگز پیرو راه و رسم خارجیان نشدند، بلکه همواره آنان را به راه خود آوردند.

دویست و پنجاه سال قبل از میلاد مسیح، پارت‌ها، ایران را از بند یونانیان رهاندند و شاهنشاهی ایران را تجدید کردند و سلسله‌ی بزرگ اشکانی را تشکیل دادند که طی چند قرن از استقلال و موجودیت ایران در مقابل حملات خارجیان، از جمله امپراتوری روم دفاع کرد و به پیروزی‌های بزرگ نظامی دست یافت.

شاهنشاهی اشکانیان با پیروزی اردشیر بر اردوان پایان یافت و سلسله‌ی ساسانیان (۲۲۶ تا ۶۵۲ میلادی) تأسیس شد. اردشیر از نگاهبانان معبد زرتشت بود و عظمت شاهنشاهی هخامنشیان را تجدید کرد. وی در تاریخ جهان دو نقش بزرگ دارد: یکی سیاسی و آن دگر فرهنگی.

ایران، این سرزمین آریایی، همواره سد راه نفوذ اقوام وحشی و نیمه‌وحشی به سوی غرب بوده است. ولی اقوام و ملل اروپایی امپراتوری روم شرقی، قدر این نقش را نشناختند و همواره در تضعیف ایران کوشیدند.

هنگامی که سد ایران از میان برداشته شد، میان دنیای شرق و دنیای غرب خلایی ایجاد گشت که اعراب از آن استفاده جستند و سپس ترکان و مغولان آن را پر کردند و این وقایع برای همیشه مسیر تاریخ اروپای غربی و شرقی، روسیه و افریقای شمالی را تغییر داد.

از لحاظ فرهنگی، تجدید حیات ایران در زمان ساسانیان، تلفیقی از فرهنگ‌های خاور و باختر به‌وجود آورد. شاپور اول (۲۴۱ تا ۲۷۲ میلادی) فرمان داد که همه‌ی متون دینی و فلسفی و طبی و اخترشناسی مهم جهان متمدن را گرد آورند و به زبان پهلوی ترجمه کنند. همین متون بود که بعداً از فارسی به عربی برگردانده شد و پس از قرن دوازدهم میلادی به زبان‌های

اروپایی ترجمه گشت و دانشمندان باخترزمین را با فلسفه و فرهنگ یونانی آشنا ساخت. به جرأت می‌توان گفت که تجدید حیات فرهنگی غرب (رنسانس) بدون آشنایی با تمدن و فرهنگ یونانی، -که از طریق ایرانیان صورت گرفت-، یا تحقق نمی‌یافت و یا صورتی دیگر می‌داشت.

دوران‌های طلایی نوین تاریخ ایران

در سال ٦٥٢ میلادی، اعراب به ایران حمله کردند. و تسلط آنان بر کشور ما در حدود دویست سال طول کشید. اما در حقیقت ایرانیان اعراب را تحت نفوذ و سلطه‌ی خود درآوردند.

ایرانیان از یک سو اصالت فکری خود را با تدوین اصول مذهب شیعه عنوان کردند و از پذیرفتن استیلای خلفای عرب سر باز زدند و از طرف دیگر فرهنگ غنی ایرانی را از دستبرد و تسلط خارجیان نجات دادند.

در زمینه‌ی سیاسی، نقطه‌ی آغاز تجدید استقلال ایران، قیام ابومسلم خراسانی بود که با سپاهی از ایرانیان، خاندان عباسی را که از احفاد پیامبر اسلام بودند، به‌جای بنی‌امیه بر تخت خلافت نشاند و بغداد را پایتخت آنان قرار داد.

در این زمان، خراسان کانون اصلی فرهنگ و دانش ایرانی گردید. طاهریان در نیشابور و سپس سامانیان در سمرقند، بر بخشی بزرگ از شاهنشاهی دیرین ایرانی حکمفرمایی کردند و فرهنگ و تمدن ما را به اوج اعتلای خود رساندند و دیلمیان در طول مدتی نسبتاً کوتاه، وسعت شاهنشاهی ایران را تقریباً به مرزهای زمان ساسانیان رساندند. این عهد را می‌توان عطر طلایی شعر فارسی نیز خواند. فردوسی[1] حماسه‌سرای نامی ایران (٩٤٠ تا ١٠٢٠ میلادی)، سنایی غزنوی، جلال‌الدین رومی متوفی به سال ١٢٧٣میلادی و پزشکان و فیلسوفانی چون رازی و ابن‌سینا، کم و بیش

---

۱ - پژوهش استاد خالقی مطلق - شاهنامه انتشارات ایزن برانس - سال ۱۹۹۹ - زیر نظر دکتر احسان یارشاطر.

از این دوره‌اند.

تسلط تدریجی بازماندگان غلامان ترک بر ایران، گرچه دوران‌هایی از قدرت به‌همراه داشت، اما در حقیقت سرآغاز انحطاط بود که با حمله‌ی مغول به اوج خود رسید و بار دیگر ایران دستخوش تجزیه و نابسامانی فراوان گردید. آثار حمله‌ی وحشیانه‌ی مغول بر ایران، قرن‌ها به‌جای ماند. چنگیز و هلاکو، بیشتر شهرهای ایران را به‌خصوص در خراسان ویران کردند و میلیون‌ها ایرانی را از دم تیغ گذراندند. مؤسسات بزرگ فرهنگی ایران به دست نابودی سپرده شد و بخشی بزرگ از میراث علمی ایرانی و اسلامی منهدم گردید. مغولان زندگی ایلاتی را که با روح و سنت‌های ایرانی هماهنگ نبود، در ایران گسترش دادند و سرانجام باقی‌مانده‌های تمدن و فرهنگ از سال ۱۳۸۳ میلادی به بعد، به دست تیمور لنگ دستخوش تخریب و تاراج و انهدام گردید. مورخان نوشته‌اند که تیمور در بغداد از ۲۲ هزار جمجمه‌ی کسانی که به‌قتل رسانده بود، مناره‌ای ساخت و فقط به تنی چند از صنعت‌کاران نامدار زمان امان داد که آنان را نیز با خود به سمرقند برد تا به آبادانی و زیباسازی آن شهر بپردازند.

فصل دوم
از توانایی تا بندگی

گرچه احتمالاً مورخان و افسانه‌سرایان در مورد فجایع تیمور لنگ راه افراط پیموده‌اند، ولی تردید نمی‌توان کرد که وی با خشونت و از طریق ارعاب و وحشت حکومت نمود. اما با تمام این فجایع، ملت ایران بار دیگر قد علم کرد و رستاخیزی دیگر در زمان شاهنشاهی صفوی (۱۷۳۶-۱۵۰۱) وقوع یافت.

نخستین پادشاه صفوی، شاه اسماعیل (۱۵۲٤-۱٤۸۷) به نیروی اراده و شمشیر بار دیگر به وحدت ایران تحقق بخشید و با ازبکان در شرق و عثمانیان در غرب به جنگ پرداخت و به منظور تأمین یک‌پارچگی سیاسی و معنوی ایرانیان، تشیع را به عنوان مذهب ایران اعلام و برقرار کرد.

شاه عباس کبیر - اصفهان نصف جهان

شاه اسماعیل نتوانست در برابر تجاوزات پرتغالیان به فرماندهی آلفونس آلبوکرکی ایستادگی کند و آنان بر جزیره هرمز و بخشی از سواحل جنوبی ایران تسلط یافتند. پس از سقوط امپراتوری روم، این نخستین بار بود که

غربیان به ایران حمله می‌کردند و در حقیقت این رویداد را باید سرآغاز فصلی نوین در روابط ایران با کشورهای باختر و گرایش ایرانیان به سوی تمدن غربی دانست.

شاه عباس کبیر (۱٦۲۹-۱۵۷۱) از احفاد شاه اسماعیل صفوی بود که قدرت و عظمت ایران را تجدید کرد. گرچه شاه عباس نتوانست تمامی سرزمین بین‌النهرین را به ایران بازگرداند، اما اصفهان را پایتخت ایران قرار داد و صنعتگران و هنرمندان بسیاری را برای زیباسازی و جلال آن فرا خواند و ارباب ادب و دانش و فلسفه را در آنجا گرد آورد. در زمان شاه‌عباس کبیر، اصفهان شهری بزرگ با ششصدهزار تن نفوس بود. شهری زیبا که نصف جهانش می‌خواندند و این عصر را باید مخصوصاً دوران طلایی معماری ایرانی خواند.

شاه‌عباس همچنین به شرکت‌های انگلیسی و هلندی و هند شرقی اجازه داد که تجارتخانه‌هایی در ایران بگشایند و به کمک انگلیسی‌ها در سال ۱٦۲۲ پرتغالیان را از هرمز راند، که البته این عمل شاید آغازی بر نفوذ بریتانیا در ایران باشد.

از ۱٦۲۹ تا ۱۷۳٦ باز ایران با یک دوران انحطاط روبرو شد. عثمانی‌ها و روس‌ها به ایران تاختند و حتی در سال ۱۷۲٤ بر سر تقسیم قسمتی از ایالات شمالی ایران با یکدیگر توافق کردند. در همین زمان بود که اشرف افغان در شرق ایران علم طغیان برافراشت و قسمت اعظم ایالات خاوری را تصرف کرد و به اصفهان رسید و در هر جا به قتل و غارت بسیار پرداخت. ایران بار دیگر دچار تجزیه و بحران شد و ایرانیان را نومیدی فرا گرفت.

من بیشتر در خاطرات خود سرنوشت شوم و غمناک شاه سلطان حسین، آخرین پادشاه صفوی را یادآور شده‌ام که چگونه در پایتخت خود، اصفهان، به محاصره‌ی راهزنان شورشی درآمد و به قتل رسید. در آن زمان آینده و سرنوشت ایران برای همه تاریک و نکبت‌بار به‌نظر می‌رسید.

نادر شاه - ناپلئون ایران

ایران بار دیگر از اضمحلال نجات یافت. عامل اصلی نجات و رهایی ایران این بار سرداری بود بنام نادرشاه که بسیاری از مورخان به وی ناپلئون ایران لقب داده‌اند.

نادر شورشیان شرق ایران را مطیع خود ساخت. اشرف افغان را در نزدیکی اصفهان شکست داد و بار دیگر پایتخت را به تصرف خود درآورد (۱۷۲۹). در دو جنگ بر ترکان عثمانی پیروزی یافت و سپس برای محاربه با روس‌ها شتافت که در برابر قدرت سردار بزرگ ایرانی، عقب‌نشینی را بر مصاف و مقاومت ترجیح دادند.

سپس نادرشاه قندهار و کابل را تصرف کرد و از تنگه‌ی خیبر گذشت و بر هندی‌ها پیروز شد و دهلی را به تصرف خود درآورد و در سال ۱۷۳۹ پیروزمندانه به آن شهر وارد شد و به گفته‌ی یک مورخ هندی، قسمت مهم ثروتی که طی ۳۴۸ سال پادشاهان هند گرد آورده بودند، در یک لحظه دست به دست و از آن نادر و ایرانیان گردید.

نادرشاه، نوه اورنگ زیب پادشاه بزرگ هندوستان را به عقد ازدواج پسر دوم خود درآورد و سلطنت هندوستان را به محمدشاه گورکانی پادشاه آن کشور باز پس داد و راهی ایران شد. حال آن که توانسته بود سرحدات شرقی ایران را به حد دوران هخامنشیان برساند.

در باره‌ی نادر حکایات و داستان‌های بسیار آورده‌اند. از جمله این که می‌گویند در جنگ کرنال، پیرمردی را با ریش سفید در میان سربازان خود دید که چون شیر می‌جنگد. نادر وی را فرا خواند و پرسید: سیزده سال پیش که دشمنان، اصفهان را گرفتند، کجا بودی؟ شیرمرد پاسخ داد من در اصفهان بودم، اما تو نبودی.

نادرشاه را با ناپلئون مقایسه کرده‌اند. چرا که در همه‌ی جنگ‌های خود پیروز شد. ولی باید گفت که اگر ناپلئون سرانجام به‌دست قوای متحد و

مؤتلف دشمنانش مغلوب شد، نادر در میدان‌های جنگ، هرگز طعم شکست را نچشید و همواره سرداری فاتح بود. حال آن که ناپلئون دولت‌مردی مدبر بود و نادر نبود. تا آنجا که دستور داد فرزند و ولیعهدش را کور کنند.

فتحعلیشاه و ناپلئون

پس از سلسله افشار، خاندان زند (۱۷۵۷-۱۷۹٤) بر ایران پادشاهی کردند. بزرگ‌ترین پادشاه زند، کریم‌خان بود (۱۷۵۷-۱۷۷۹) که «وکیل‌الرعایا» لقب داشت. سلطنت خاندان زند با جنگ داخلی دیگری خاتمه یافت و سلسله قاجار (۱۷۹٤-۱۹۲۵) بر تخت سلطنت نشست و دوران طولانی انحطاط و تجزیه و هرج و مرج ایران آغاز شد. در حالی که عصر قدرت و نفوذ جهان غرب با انقلاب صنعتی و توسعه‌ی مستعمراتی شروع شده بود. در حالی که قدرت‌های بزرگ غربی نفوذ سیاسی، اقتصادی و نظامی خود را در چهار گوشه‌ی دنیا توسعه داده و مستقر می‌ساختند، متأسفانه ما ایالات شمال غربی خود را در قفقازیه به نفع روسیه (در قراردادهای گلستان ۱۸۱۳ و ترکمانچای ۱۸۲۸)، و ایالت هرات را به سود افغانستان که امپراتوری بریتانیا از آن پشتیبانی می‌کرد (قرارداد ۱۸۵۷)، و ایالت مرو را در شمال شرقی به نفع روسیه، از دست دادیم و سرانجام در سال ۱۸۷۲ ایالت سیستان، اجباراً میان ایران و افغانستان تقسیم شد.

فتحعلیشاه که از سال ۱۷۹۷ تا سال ۱۸۳٤ سلطنت کرد، کوشید تا با ناپلئون از در مراوده و دوستی درآید.

ناپلئون هیأتی را به ریاست ژنرال گاردان در سال ۱۸۰۷ به ایران گسیل داشت. این هیأت به منظور تدارک لشکرکشی ناپلئون به هند، خطوط مواصلاتی ایران را دقیقاً بررسی کرد. ناپلئون به هنگام اقامت در مصر(۱۷۹۲) جریان لشکرکشی نادرشاه به هند، خطوط مواصلاتی ایران را دقیقاً بررسی کرد. میان ناپلئون و شامپانی وزیر خارجه‌اش مکاتبات بسیار با فتحعلیشاه

و فرزندش عباس‌میرزا انجام گرفت که نشان می‌دهد امپراتور فرانسه ایران را دژ استوار دفاع از تمدن غرب و عامل اصلی ارتباط و همبستگی میان خاور و باختر می‌دانست. وی برای ایران، اهمیت سوق‌الجیشی خاص قائل بود و عقیده داشت اگر لشگریان ایرانی به بیست‌هزار قبضه تفنگ جدید و توپخانه کافی مجهز شوند، خواهند توانست به‌خوبی در برابر روس‌ها مقاومت کنند. ناپلئون همچنین ترغیب و تربیت و تجهیز یکصد و چهل و چهار هزار تن سواره نظام ایرانی را که از آنان به عنوان سپاهان طراز اول یاد می‌کنند مورد توجه و مطالعه قرار داد و تصور می‌کرد بتواند از آنان به‌صورت پیشتازان لشکرکشی به هند استفاده کند.

ژنرال گاردان در گزارشی به تاریخ ۲۶ ژانویه ۱۸۰۸ از تهران نوشت که «طرح لشکرکشی به هند، در این‌جا همه‌ی اذهان را به خود مشغول داشته»، افسران فرانسوی در این هنگام در تهران و ا صفهان و شیراز مستقر بودند و باز به گفته‌ی گاردان تصور می‌کردند که «لشکرکشی به هند، پنج تا هفت ماه طول خواهد کشید و ارتش بزرگ ناپلئون خواهد توانست یکی از دو راه حلب، بغداد، بصره، شیراز، یزد و یا طرابوزان، ارض روم، همدان، یزد، هرات و تبریز،تهران، خراسان، هرات را در دو شاخه اختیار کند.»

گاردان در گزارش خود می‌افزاید: «برای هر دو سرباز یک مرکب لازم است. توپ‌ها را می‌توان مانند گلوله و باروت در محل ساخت. سیک‌های هندی که با بریتانیا در جنگند، خواهند توانست پنجاه هزار سواره نظام قابل در اختیار بگذارند.»

متأسفانه اتحاد با فرانسه نتیجه‌ای را که فتحعلیشاه انتظار داشت به‌بار نیاورده، سپاهیان روس به ایران حمله کردند و گاردان به ناپلئون گزارش داد که «انگلیسی‌ها نیز از جنوب هیأتی را به ریاست سرهارفورد جونز[1] به سوی تهران گسیل داشته‌اند که هم طلای بسیار در اختیار دارد و هم مکر و حیله فراوان.»

1- Sir Hartford Jones (January 12 1764 - March 17 1847)

در این هنگام امپراتور فرانسه به جنگ اسپانیا مشغول بود تا برادرش ژوزف را به تخت سلطنت آن کشور بنشاند. و سرانجام طرح لشکرکشی به هند را رها کرد.

فصل سوم
راه هند و نفت

در زمان سلطنت جانشینان فتحعلیشاه (محمدشاه ۱۸۴۸-۱۸۳۴ و ناصرالدین شاه ۱۸۹۶-۱۸۴۸ مظفرالدین شاه ۱۹۰۷- ۱۸۹۶)انحطاط ایران ادامه یافت.

در آغاز سلطنت محمدشاه هنوز در ایران اراده و نیروئی وجود داشت که برای بازپس ستاندن هرات، که متعلق به ایران بود، به لشکرکشی بپردازد. ولی سرانجام به حکم اجبار و تحت فشار بریتانیا، افغانستان به رسمیت شناخته شد. به گفته یک مقام انگلیسی «دولت اعلیحضرت پادشاه بریتانیا اشغال(!) هرات را به عنوان یک عمل خصمانه نسبت به خود تلقی» می‌کرد. نه به‌خاطر آنکه ما ایرانی‌ها خطری برای هندوستان داشتیم بلکه به آن علت که روس‌ها در هرات دفاتر تجاری افتتاح کرده بودند.

از سال ۱۸۵۷، که قرارداد پاریس منعقد شد، تا سال ۱۹۲۱ هیچ‌یک از دولت‌های ایران نتوانست تصمیمی بگیرد، سربازی جابجا کند، قانونی بگذراند مگر آنکه توافق یکی از سفارتین روس و یا انگلیس را جلب کرده باشد، و یا توافق هر دوی آن‌ها را.

سیاست کشور ما، اگر بتوان اصطلاح سیاست را در این مورد به‌کار برد، در سفارتخانه‌های روسیه و بریتانیا تدوین می‌شد و این دو دولت با ایران رفتاری بس تحقیرآمیز داشتند. به دولت ایران دستور می‌دادند، ایران را تهدید می‌کردند و گه‌گاه برای ارعاب ایران چند صد تن سرباز در سواحل خلیج فارس پیاده می‌کردند و تنها بعضی از ایلات شجاع جاه‌کوتاهی و تنگستانی بودند که به ابتکار خود در مقابل آنان مقاومتی نشان می‌دادند.

نفت

در این عهد بود که دو دانشمند فرانسوی: یک تن زمین‌شناس به نام «کت»، یک تن باستان‌شناس موسوم به «ژاک دومرگان» نخستین منابع مسلم نفت را در ایران کشف کردند که ایرانیان خود در عهد هخامنشی از وجود آن‌ها اطلاع داشتند و از آن استفاده می‌کردند.

از ۲۸ مه ۱۹۰۱ که قرارداد اعطای امتیاز نفت با ویلیام ناکس دارسی انگلیسی امضاء شد و به‌خصوص پس از ۲۶ مه ۱۹۰۸ که نخستین چاه نفت در منطقه‌ی مسجد سلیمان فوران کرد. ایران که تا آن زمان راه هند بود، بصورت راهی مفروش از طلا و منبع عظیم ثروت برای امپراتوری بریتانیا، درآمد.

در ۲۱ اوت ۱۹۰۷ نیکلسن و ایزلوسکی قرارداد تقسیم ایران را میان بریتانیای کبیر و روسیه امضاء کردند.

من از روی کنجکاوی، دایره‌المعارف بریتانیکا را ورق زدم و در فصل مربوط به تاریخ ایران تفسیر آقای لارنس لاکهارت را در باره‌ی این تقسیم خواندم، نباید تصور کرد آن‌چه نوشته شد جنبه‌ی فکاهی دارد. او می‌نویسد: «در این قرارداد، دو قدرت امضاءکننده پس از اعلام احترام خود به استقلال و تمامیت ایران، چنین توافق کردند که هر یک از کوشش و اقدام برای کسب امتیازات در منطقه‌ی مجاور با سرحدات طرف دیگر با ایران اجتناب

خواهند کرد!»

امضای این قرارداد ایرانیان را سخت دچار نگرانی و حیرت کرد. به نظر آنان بریتانیای کبیر که تا آن موقع از مشروطه‌خواهان حمایت می‌کرد، اکنون راه خیانت پیش گرفته بود. ایرانی‌ها متوجه نشدند که علت امضای این قرارداد میان بریتانیای کبیر و روسیه، بیم مشترک هر دوی آن‌ها از قدرت روزافزون آلمان بود. اعلامیه‌ی مشترک دو قدرت دایر بر این‌که هدف آن‌ها جلوگیری از مداخلات دیگری است ونه تشویق آن، نگرانی ایرانیان را فرو ننشاند.

چگونه می‌شد هم به استقلال و تمامیت ایران، احترام نهاد و هم خاک آن را میان دو قدرت به مناطق نفوذ تقسیم کرد؟ جواب این سئوال در دایره‌المعارف بریتانیا نیامده است!

ایران سرزمین کابوس‌های وحشتناک

پس از انقلاب ۱۹۰۵ در روسیه، نهضت سیاسی و مذهبی موسوم به انقلاب مشروطیت در ایران وقوع یافت که گرچه از حمایت بریتانیا برخوردار بود، اما جنبه ملی ومردمی داشت. انقلاب مشروطیت به اعطای قانون اساسی ۱۹۰۶ از جانب مظفرالدین شاه منتهی شد که خود اندکی پس از امضای آن درگذشت. قانون اساسی ۱۹۰۶ جز ایجاد مجلس قانون‌گذاری، که در عمل تحت تسلط بزرگ مالکان قرار گرفت. اصلاحات عمده‌ی سیاسی دربر نداشت.

اندک‌اندک زندگی در محیط سیاسی و اجتماعی ایران به‌صورت یک کابوس وحشتناک درآمد. دولت مرکزی آنقدر ضعیف بود که حتی بر پایتخت تسلط کافی نداشت. از ارتش و ژاندارمری خبری نبود. چند تن سربازی که در اختیار دولت بودند، حقوق نمی‌گرفتند، و گه‌گاه بجای مقرری به آنان پاره‌آجر داده می‌شد. و بهرحال فرماندهان‌شان در شمال،

روسی بودند و در جنوب انگلیسی. تنها قدرت در اختیار بزرگ مالکان و سرکردگان ایلات و گردن‌کشان مناطق و راهزنان شهری بود. انگلیسی‌ها برای حفظ چاه‌های نفت با ایلات مناطق نفت‌خیز توافق کرده و آنان را تحت تسلط خود درآورده بودند.

در آن زمان ایران یکی از فقیرترین کشورهای جهان بود. خزانه‌ی دولت چنان تهی بود که گاه حکومت‌ها مجبور می‌شدند برای پذیرائی از یک شخصیت خارجی از صرافان و تجار بازار وام بگیرند! در میان مردم عادی، آن‌ها که با خارجیان داد و ستد و ارتباط داشتند از رفاه و امنیت برخوردار بودند. خارجیان تمام خدمات عمومی را تحت نظر و اداره خود داشتند: نفت، شیلات، پست و تلگراف، بانک‌ها، گمرکات... صنعت و کشاورزی و تجارت در شرایط و وضعی قرون وسطائی قرار داشت.

شرایط بهداشت ایرانیان دل‌خراش بود. امید به زندگی از سی‌سال کمتر بود. میزان مرگ و میر کودکان بسیار بالا بود. کمبود غذا و شرایط نامطلوب بهداشت و درمان باعث شده بود که ایرانیان که از رشیدترین و تواناترین ملل جهان بودند، در بدترین وضع بسر برند. بیماری‌های همه‌گیر در سرتاسر کشور شیوع داشت و بومی شده بود.

بی‌سوادی و نادانی به موازات فقر و بیماری در ایران شایع بود. تنها یک درصد مردم خواندن و نوشتن می‌دانستند و در سرتاسر ایران تنها یک مدرسه‌ی متوسطه وجود داشت.

از تمام امتیازات و مواهب تمدن غربی، که قسمتی از آن‌ها در امپراتوری عثمانی و هندوستان هم وجود داشت، در ایران خبری نبود. نه خطوط آهن، نه جاده، نه برق، نه تلفن... همه این‌ها برای ایرانیان رویا و تجمل بود.

همه این کمبودهای مادی ومعنوی با شیوع فساد و دروغ‌گوئی و تباهی و اعتیاد و خرافات همراه بود.

گرچه این انحطاط تا حدی از ضعف و نادانی ایرانیان و مخصوصاً

مسئولان حکومتی و قدرتمندان محلی ناشی می‌شد، اما مسئول اصلی آن سیاست‌های خارجی بودند. بسیاری از انگلیسی‌ها، که فتوحات نادر را فراموش نکرده بودند، از ایرانیان بیم داشتند و می‌کوشیدند «یک منطقه‌ی بی‌طرف» میان روسیه و هندوستان نگاه دارند.

ایرانیان، همانند محکوم به مرگی که دیگر هیچ امیدی نداشته باشد، در انتظار ضربه‌ی آخر بودند که نمی‌دانستند از شمال خواهد آمد یا از جنوب در این هنگام بود که مردی برای نجات ایران قیام کرد: پدرم.

قسمت دوم
سلسله پهلوی
نجات و وحدت ایران

فصل اول
پدرم رضاشاه کبیر

در سال ۱۹۰۷ هنگامی که قرارداد روس و انگلیس به امضاء رسید، پدرم که در حدود سی‌سال داشت، فرمانده واحد کوچکی از تیپ قزاق ایران بود. او مردی بود بلندقامت که سربازانش او را می‌پرستیدند و راهزنانی که در خدمت خان‌ها و روسای ایلات بودند از وی سخت هراس داشتند. در پنجاه سال اخیر به کوشش عکاسان و فیلم‌سازان، نویسندگان و هنرمندان چهره‌ی او برای ایرانیان بسیار آشنا شده است.

در آغاز جنگ اول جهانی، وی را رضا ماکزیم می‌خواندند. زیرا که فرمانده یک واحد مسلسل سنگین از نوع ماکسیم بود. تصویر معروفی از این دوره باقی است که وی را در کنار یک قبضه مسلسل نشان می‌دهد. پدرم در سال ۱۹۱۵ با اندوه و غم بسیار، میهنش را عرصه‌ی تاخت و تاز سپاهیان خارجی و برخورد میان آلمان‌ها و ترکان از یک سو و روس‌ها و انگلیسی‌ها از سوی دیگر دید. پس از انعقاد قرارداد ورسای در سال ۱۹۱۹ ایران عملاً بصورت یک کشور تحت‌الحمایه بریتانیای کبیر درآمد. در همین زمان در بعضی از ایالات شمالی آتش انقلاب و شورش زبانه می‌کشید و هر

آن احتمال اعلام یک جمهوری وابسته به اتحاد جماهیر شوروی می‌رفت. در چنین دوره‌ی پرآشوبی بود که در ۲۶ اکتبر ۱۹۱۹ (۴ آبان ۱۲۹۸) چشم به‌جهان گشودم. پدرم که از یک لشکرکشی موفقیت‌آمیز در شمال کشور بازگشته بود، از این‌که خداوند به او پسر و وارثی اعطا کرده، سخت خوشحال بود

سردار سپه و سپس شاهنشاه

پدرم خاطرات این دوران را غالباً برایم تعریف می‌کرد. اوضاع ایران سخت آشفته و نومیدکننده بود. دولت مرکزی عملاً فاقد هر قدرتی بود. روسای ایلات و گردن‌کشان محلی بر قسمت‌های مختلف کشور حکومت می‌کردند. نه قانون بر مملکت حاکم بود، نه عدالت، نه نظم. نه ارتش وجود داشت و نه قوای تأمینیه. اشرار مسلح، خود دادگاه‌های مخصوص داشتند و به میل خود «عدالت» را جاری می‌کردند. در حالی که رسماً سازمان قضائی در اختیار روحانیون بود، که اکثراً دستخوش فساد بودند. دادگاه‌های کنسولی به امور دعاوی خارجیان رسیدگی می‌کردند که از شمول قوانین داخلی، خارج بودند! حتی در شهر تهران امکان این‌که بعد از غروب آفتاب و امکان در تاریکی از خانه خارج شدن بعلت فقدان مطلق امنیت، وجود نداشت: کسی که به مناسبت نیاز، مثلاً به دنبال پزشک از خانه خارج می‌شد با خطر مرگ مواجه بود.

وضع خطوط مواصلاتی چنان مغشوش و راه‌ها ناامن بود که برای مسافرت از تهران به مشهد می‌بایست به روسیه رفت و از آن کشور عبور کرد. قبل از تولد من، پدرم آن چنان از وضع مملکت پریشان‌خاطر و غمگین بود که چند بار کوشید خود را در جنگ‌های داخلی به کشتن بدهد و در معرض آتش قرار دهد و هر بار به‌طور معجزه‌آسا نجات یافت و به خدمت ادامه داد.

پس از انقلاب اکتبر، پدرم افسران روس را که غالباً مخالف بلشویک‌ها

بودند، از تیپ قزاق اخراج کرد و فرماندهی آن را به‌عهده گرفت. در این هنگام وی دو هزار و پانصد تن سواره‌نظام باتجربه در اختیار داشت و از محل استقرار نیروهایش در قزوین، به قصد نجات کشور، عزم تهران کرد و احمدشاه را در سوم اسفند ماه ۱۲۹۹ وادار به تغییر حکومت نمود. از قول ژنرال انگلیسی آیرن‌ساید نقل کرده‌اند که: «رضاخان، تنها مردی است که می‌تواند ایران را نجات دهد.»

یکی از یاران پدرم در این قیام سیدضیاءالدین طباطبائی روزنامه‌نویس جوان بود که به هواداری از انگلیسی‌ها شهرت داشت. احمدشاه، سیدضیاءالدین را مأمور تشکیل دولت کرد. ولی وی پس از یک‌صد روز حکومت، بخواست پدرم که مایل بود آزادی عمل بیشتری داشته باشد، ایران را ترک کرد.[1]

در دولت‌های بعدی پدرم وزیر جنگ بود و سپس به فرماندهی کل قوا با لقب سردار سپه منصوب شد و احمدشاه عازم اروپا گردید. پدرم در این زمان سودای پادشاهی در سر نداشت و از احمدشاه مصراً خواست که به ایران بازگردد و در مراجعت وی تا بندر بوشهر به استقبالش شتافت. اما احمدشاه دیگر بار به علت بیماری (که چندی بعد باعث مرگش شد) عزم سفر به اروپا کرد.

رضاخان دریافت که زمان تغییر نظام حکومتی درایران فرا رسیده است.

رضاخان نسبت به مصطفی‌کمال، تحسین و ستایش بسیار ابراز می‌داشت. ناگفته نماند که این احترام، متقابل بود تا آنجا که به هنگام مسافرت پدرم به ترکیه، آتاتورک دستور داد پرچم‌دار گارد احترام در مقابل وی زانو بزند. شاید به سبب همین احترام و ستایش نسبت به آتاتورک بود که اندیشه استقرار جمهوریت در ایران مطرح گردید. اما روحانیون طراز اول شیعه

---

۱ - سید ضیاءالدین طباطبایی پس از جنگ دوم جهانی و خروج پدرم از میهن، به ایران بازگشت و یک حزب سیاسی تشکیل داد که با من چندان موافق نبود. ولی در اواخر عمرش، وی از دوستان و نزدیکان من بود.

و اغلب وزیران و مشاوران سیاسی پدرم با فکر ایجاد جمهوری در ایران مخالفت ورزیده و چنین اظهار داشتند که نظام شاهنشاهی در ایران عامل اصلی وحدت ملی و هم‌بستگی اقوام مختلفی است که به ادیان مختلف متدین بوده، به زبان‌های مختلف سخن می‌گویند و تنها شاهنشاه است که می‌تواند اتحاد آن را تحقق بخشد.

در چنین شرایطی بود که در سی‌ویکم اکتبر ۱۹۲۵ (۹آبان ۱۳۰٤) مجلس شورای ملی، قاجاریه را از سلطنت خلع کرد و سپس مجلس مؤسسان به اتفاق آرای نمایندگان، به جز چهار تن، رضاخان سردارسپه را به پادشاهی برگزید که از آن پس شاهنشاه ایران، رضاشاه پهلوی خوانده شد.

آئین تاج‌گذاری در روز ٤ اردیبهشت ۱۳۰۵(۲۵ آوریل ۱۹۲٦) در کاخ گلستان تهران انجام پذیرفت و همان روز بود که من که هنوز هفت سال نداشتم رسماً به ولایتعهدی برگزیده شدم.

پدرم قلباً و عمیقاً فرزندانش را دوست می‌داشت. یازده فرزندش نیز نسبت به وی علاقه و محبتی آمیخته به ستایش و احترام داشتند. من خیلی زود دریافتم که در پس خشونت ظاهری پدرم، خلق و منش وی آمیخته با محبت و رأفت بسیار است. حتی مخالفان و دشمنان پدرم سریعاً دریافتند که وی از آن مردان سرنوشت‌سازی است که گه‌گاه در صحنه‌ی تاریخ ایران ظاهر می‌شوند تا میهن را از سقوط نجات دهند. قدرت اخلاقی و علو معنوی پدرم بود که به وی امکان و اجازه داد بر آن‌همه مشکلات فائق شود و سرانجام همین غرور و علو طبع بود که مانع شد در هنگام اشغال ایران، در کشورش بماند و به تحمل حضور خارجیان در میهنش تن در دهد.

رضاشاه در شیوه کشورداری شباهتی به پادشاهان خاورزمین نداشت و همه‌ی کارها را با روحیه‌ی نظامی انجام می‌داد. از تجمل بیزار بود، تا آنجا که در یک اتاق ساده، بر تشکی می‌خوابید که روی زمین می‌انداختند. او ساعت پنج صبح کار خود را آغاز می‌کرد و فقط روزی دو بار، آن هم به

سادگی غذا می‌خورد و تمام روز را به فعالیت مشغول بود.

مبارزه برای وحدت و استقلال ایران

من در کتاب مأموریت برای وطنم، خدمات پدرم را به تفصیل شرح داده‌ام. اندکی بعد از قیام ۱۲۹۹(۱۹۲۱) ایران و اتحاد جماهیر شوروی یک قرارداد عدم تجاوز و دوستی امضاء کردند که همه‌ی امتیازات متعلق به روسیه‌ی تزاری را لغو می‌کرد. پس از آن، قرارداد ۱۹۱۹میان ایران و انگلیس که هنوز به تصویب مجلس شورای ملی نرسیده بود، ملغی اعلام شد.

پدرم از آغاز اقتدار، به تأمین نظم داخلی و تحکیم مبانی وحدت و تمامیت کشور پرداخت. رؤسای بعضی از قبایل هم‌جوار با چاه‌های نفت جنوب، در مقابل دریافت و تملک تعدادی از سهام شرکت نفت ایران و انگلیس، به خدمت انگلیسی‌ها درآمده و مأمور تضمین امنیت منطقه شده بودند. پدرم ترتیب خرید سهام آن‌ها را داد و قبایل جنوب و جنوب‌شرقی ایران را تحت انقیاد دولت مرکزی درآورد. او در این هنگام از امکانات چندان برخوردار نبود و حتی یک‌بار گفت، «ایکاش هزار تفنگ از یک نوع در اختیار داشتم.» پس در مقام تجهیز ارتش ایران برآمد و یک لشکر پیاده نظام، یک تیپ از قوای مخصوص و یک واحد حمل و نقل ایجاد کرد. به‌دستور پدرم در تقاطع راه‌های مهم کشور و سایر نقاط حساس و سوق‌الجیشی، پایگاه‌های مستحکمی ایجاد شد.

پس از آن وی نیروی هوایی و نیروی دریایی ایران را بنیان نهاد. گروهی از افسران و فرماندهان و مربیان ارتش نوین ایران، فرانسوی بودند و تعدادی از جوانان ایرانی برای فراگیری فنون نظامی به مدارس مهم نظامی فرانسه چون «سن‌سیر»، «سومور» و «سن‌مکزان» اعزام گردیدند. من خود نیز چندی بعد فنون نظامی را از همین افسران فرانسوی و یا تعلیم یافته در فرانسه فرا گرفتم.

به موازات تأمین نظم و استقرار امنیت، ایجاد زیربنای صنعت و اقتصاد ایران آغاز شد. پدرم علاقه‌ی بسیار داشت که اقدامات اساسی برای رفاه حال کشاورزان و رونق کشاورزی به عمل آورد. اما توفیق چندانی نیافت. در فصول بعد خواهیم دید که انقلاب سفید چه اقدامات اساسی در این زمینه انجام داد.

پدرم، اندک‌اندک کلیه انحصارات و امتیازات خارجی را در ایران لغو کرد. درآمد گمرکات ایران، که در اداره‌ی بلژیکی‌ها بود، به تأدیه‌ی دیون خارجی اختصاص داشت. ژاندارمری تحت فرماندهی افسران سوئدی بود. بانک‌ها را روس‌ها و انگلیسی‌ها و عثمانی‌ها در اختیار داشتند. امتیاز انتشار اسکناس و تلگراف در اختیار انگلیسی‌ها بود.

همه‌ی این‌ها به تدریج لغو شد. یک نظام پولی ایجاد گشت و پشتوانه‌ی واحد پول ایران، طلا و جواهرات سلطنتی قرار گرفت. جواهراتی که قسمت اعظم آن‌ها، یادگار فتوحات نادرشاه، در هند بود. یکی از این سنگ‌های گران‌بها، الماس معروف و زیبای «دریای‌نور» است که ظاهراً زیباتر از الماس «کوه نور» می‌باشد که متعلق به بریتانیای کبیر است. این گوهر گران‌بها و همه‌ی جواهرات دیگر سلطنتی که متعلق به ملت ایران است، در خزانه‌ی بانک مرکزی ایران نگاهداری می‌شود. تمام هدایا و گوهرهای گران‌بهائی نیز که در زمان سلطنت خاندان ما دریافت و یا خریداری شد، به همین خزانه سپرده شده و به ارزش و تنوع آن افزوده است.

نوجوانان پانزده و شانزده ساله‌ای که اخیراً مجسمه‌های پدرم را در شهرهای ایران برافکندند، مسلماً نمی‌دانستند وی چه مشقاتی تحمل کرد تا ایران را نجات دهد. شهرهای جدید بسازد، مدارس نو بنیان نهد، نخستین دانشگاه، و بیمارستان‌های متعدد ایجاد کند. آن‌ها نمی‌دانستند وی چه کوشش‌ها برای احداث بنادر و راه‌ها، ایجاد نخستین مراکز تولید برق، تأسیس بانک ملی ناشر اسکناس انجام داده است.

ساختمان راه‌آهن سرتاسری ایران از خلیج‌فارس تا دریای خزر در سال ۱۳۰۶ آغاز و به سال ۱۳۱۸ پایان یافت. این راه‌آهن تقریباً ۱۵۰۰ کیلومتری بر ۴۱۰۰ پل و ۲۲۴ تونل مجموعاً بطول ۸۶ کیلومتر مشتمل است و شاهرگ اقتصاد ایران به شمار می‌رود.

پدرم هرچه می‌توانست برای استقرار حاکمیت ایرانی بر ثروت‌های ملی انجام داد. در این زمینه بود که وی قرارداد اعطای امتیاز نفت را لغو کرد و در سال ۱۹۳۲ (۱۳۱۱) قرارداد دیگری منعقد نمود که امتیازات و عواید بیشتری برای ایران در برداشت.

تولید نفت ایران در سال ۱۹۲۳ به دو میلیون و سیصد هزار تن رسید. البته باید گفت که در سال ۱۹۷۷، رقم تولید ما به ۳۰۰ میلیون تن و تولید گاز طبیعی به ۴۰ میلیون متر مکعب بالغ گردیده بود.

ورود به قرن بیستم

در سال‌های ۱۳۰۶ و ۱۳۰۷ و ۱۳۰۸ نظام جدید قضایی ایران که بر الگوی فرانسوی استوار بود، استقرار یافت. مقارن همین سال‌ها، مبارزه عام با بی‌سوادی و گسترش آموزش ابتدایی آغاز گشت. این دو تدبیر، امکانات و اقتدارات روحانیون را که تا حد زیادی بر اختیارات قضایی و شبکه‌ی محدود و عقب‌افتاده‌ی آموزشی آنان استوار بود، بسیار محدود کرد.

اهمیت این دگرگونی را که تقریباً در همه‌ی کشورهای خاورمیانه نیز تحقق یافت، نباید فراموش کرد. استقرار یک نظام سیاسی جدید که تا حد زیادی از الگوی غربی الهام می‌گرفت، در عهد پدرم، و توسعه و تحکیم آن در زمان سلطنت من، قسمت اعظم نفوذ و امتیازات غیرمذهبی روحانیون را از آنان سلب کرد.

بسیاری از آنان، به جای آنکه توجه بیشتری به هدایت معنوی و اخلاقی افراد جامعه مبذول دارند، به مخالفت و ستیز با حکومت مرکزی

پرداختند و مارکسیست‌ها نیز برای بهره‌برداری از مذهب در حرکت انقلابی خود، مارکسیسم اسلامی را، که چیزی جز یک جمع غیرمنطقی میان اضداد نیست، اختراع کردند.

باید پذیرفت که اگر پدرم به مداخلات روحانیون در امور سیاسی پایان نمی‌داد، در کوشش ترقی‌خواهانه خود با دشواری‌های به مراتب بیشتر روبرو می‌شد و سال‌های دراز طول می‌کشید تا ایران بتواند در شمار کشورهای پیشرفته جهان درآید.

پدرم با روحانیون قشری و مرتجع مخالف بود، نه با روحانیت. وی عمیقاً خداشناس و معتقد به اصول دیانت بود. چنان که من هستم.

در زمان او به اعتبار و نفوذ معنوی و اخلاقی جامعه‌ی روحانیت و مقام والای آن در نظام مملکتی لطمه‌ای وارد نیامد. آنچه او می‌خواست، هم‌آهنگ ساختن جامعه‌ی ایرانی با مقتضیات قرن بیستم بود. او می‌خواست ایران را از ظلمت و تباهی قرون گذشته خارج کند و با جهان پیشرو، همراه و هم‌آهنگ سازد.

معنویت واقعی برتر از اقتصاد و سیاست است. رضاشاه با روشن‌بینی و اعتقادات مذهبی که داشت، می‌دانست که نقش یک رهبر تنها سازندگی مادی نیست و جامعه بدون ایمان و اخلاق پایدار نمی‌ماند.

رضاشاه، اسم کوچک همه‌ی پسران خود را با ترکیبی از نام رضا، امام هشتم شیعیان که مورد احترام و اعتقاد خاص وی بود، انتخاب کرد. او غالباً به زیارت مرقد این امام جلیل می‌رفت و در مرمت و تزئین بارگاهش کوشش‌های بسیار کرد و آن را از حال ویرانی نجات داد.

در زمان سلطنت من، آستان قدس رضوی و مرقد مطهر حضرت رضا به اوج عظمت و اعتلا رسید و در شمار مهم‌ترین بنیادهای مذهبی جهان اسلام قرار گرفت.

نوسازی آستان قدس رضوی مرهون نذور و وجوهی بود که شیعیان از

جمله خود من، به این بنیاد تقدیم می‌داشتند. آستان قدس علاوه بر تأسیسات مذهبی، مالک واحدهای صنعتی، کشاورزی، سهام، بانک‌ها و منابع درآمد مهمی بود که امکانات مالی قابل توجهی را برای انجام هزینه‌های خیریه، فرهنگی و اجتماعی تأمین می‌کرد. ناگفته نماند که خود من به هزینه‌ی شخصی، ترتیب مرمت و احیای ابنیه و مرقدهای مذهبی بسیار دیگری را نیز داده‌ام.

وجوه و هدایائی که به این صورت تأدیه می‌شود، از لحاظ اصول مذهبی و حقوقی، قابل دخل و تصرف نیست. ولی به اصطلاح دولت فعلی، به آن‌ها تجاوز نموده و قسمت مهمی از آن‌ها را ضبط کرده است! پدرم نیز عقیده داشت که باید از مذهب در مقابل هجوم مادی‌گرائی و افکار کسانی که می‌خواهند «مساجد را با خاک یکسان کنند» دفاع کرد. اما نه به قیمت بازگشت به قرون گذشته و قبول ادعاهای ارتجاعی معدودی از روحانیون که با ترقی و پیشرفت اجتماعی و فرهنگی به‌هر صورت مخالف بودند.

در همین زمینه بود که پدرم تصمیم گرفت استفاده از لباس‌های قدیمی شرقی، چون شلوارهای گشاد و عمامه و عبا و قبا را ممنوع کنند و مردم را به استفاده از البسه‌ی ساده‌تر فراخواند، که بعضی از ملاها با این تغییر لباس نیز به مخالفت برخاستند. خشم این گروه مرتجع، با ممنوعیت استفاده از چادر سیاه برای زنان که آنان را در بندی غیرقابل‌تصور می‌نهاد، به حد اعلا رسید. در زمان سلطنت من، استفاده یا عدم استفاده از چادر آزاد بود.

قدر مسلم این است که از سال ۱۳۰۶به بعد، گروهی از روحانیون، به مخالفت با اصلاحات اجتماعی و نوخواهی رضاشاه، برخاستند. این مخالفت در سال‌های ۱۳۵۷،۱۳٤۲،۱۳۳۲،۱۳۳۱ بار دیگر همراه با شورش و خشونت به منصه‌ی ظهور پیوست.

به پیروی از سرمشق و نمونه‌ی پدرم بود که من از نوجوانی به اهمیت و تأثیر اعتقادات مذهبی و راز و نیاز با خداوند، البته نه تنها به‌صورت جملات

تکراری و اجباری، پی بردم.

نویسندگان بسیاری درباره‌ی کودکی و جوانی من مقالات کم و بیش درست نوشته‌اند. اندکی بعد از تاج‌گذاری پدرم، من مبتلا به حصبه شدم و در اوج بیماری بود که شبی علی ابن‌ابیطالب را به خواب دیدم. با وجود خردسالی می‌دانستم که علی، امام اول شیعیان را به‌خواب می‌بینم. در رویای من، علی در دست راست خود شمشیر دودَم معروفش ذوالفقار را داشت و در دست چپش جامی محتوی یک مایع که به من داد تا بنوشم و من چنین کردم. فردای آن شب تب من فرو نشست و حالم رو به بهبود رفت

اندکی بعد، در تابستان هنگامی که به زیارت مرقد امامزاده داود می‌رفتیم، از اسب به زیر افتادم و بی‌هوش شدم. همراهان تصور کردند مرده‌ام، ولی حتی خراشی برنداشتم. در حال سقوط از اسب بود که شمایل حضرت عباس‌ابن‌علی را مشاهده کردم که دستم را گرفته حفاظتم می‌کند.

به این دو واقعه، اتفاق دیگری را باید افزود. چندی بعد در کاخ تابستانی تصویر امام دوازدهم، امام غایب را دیدم. این قبیل رویاها و اندیشه‌های اسرارآمیز، طبیعتاً برای کسانی که از اعتقادات مذهبی عمیقی برخوردار نباشند، قابل تصور و فهم نیست.

اقلاً در چهار مورد تفضلات خاص الهی شامل حال من شد و ایمان عمیق مذهبی مرا یاری داد. من نجات خود را از یک سانحه‌ی هوایی و از سوءقصدی که در پانزدهم بهمن ۱۳۲۷ نسبت به من شد، فقط مرهون رحمت خداوندی می‌دانم و بس. در اوایل بعدازظهر آن روز برای شرکت در مراسم جشن سالروز دانشگاه تهران به آنجا رفتم. هنگام ورود به دانشگاه، لباس نظامی به تن داشتم و قرار بود دانشنامه و جوایز دانشجویان ممتاز را به آنان اهدا کنم. از میان انبوه عکاسان و خبرنگارانی که برای گرفتن عکس و تهیه‌ی خبر هجوم آورده بودند، از فاصله سه متری، شخصی که بعداً معلوم شد ناصر فخرآرائی نام دارد، چند گلوله به سوی من شلیک کرد که

چهارتای آن به من اصابت کرد و خراش‌هائی در منطقه‌ی گردن و صورت وارد آورد. من که یک آن، ضارب را از نظر دور نداشته بودم، به سرعت چند بار تغییر محل دادم به نحوی که گلوله پنجم به شانه‌ی چپم اصابت کرد.

بعد از شلیک گلوله پنجم، ضارب دیگر نتوانست از هفت‌تیر خود استفاده کند و به ضرب گلوله از پای درآمد. شاید هم گروهی مایل نبودند که وی سخن بگوید و اسراری را که می‌دانست فاش کند. تحقیقات بعدی نشان داد که فخرآرائی با اعضای گروه‌های محافظه‌کار افراطی به اصطلاح مذهبی دوستی داشته و رفیقه‌ی وی نیز دختر باغبان سفارت انگلیس بوده است. همچنین در بازرسی محل سکونتش اوراق زیادی متعلق به حزب توده کشف شد.

شکست معجزه‌آسای این سوءقصد و نجات من، مرا در ایمان به این‌که از تفضلات و عنایات خاص خداوندی برخوردار هستم، استوارتر کرد.

علاوه بر اعتقاد شخصی، در مقام رئیس مملکت، من همواره به ضرورت حفظ و صیانت دیانت و حیثیت و اعتبار آن کوشا بوده‌ام. تمدنی که بر پایه‌ی خدانشناسی و عدم رعایت اصول اخلاقی و معنوی استوار باشد، فاقد اصالت و رسالت است. انقلاب سفید ما نیز کاملاً بر اساس تعالیم عالیه‌ی اسلامی مبتنی بود که مورد احترام هر خانواده‌ی ایرانی است.

رویاهای یک کودک

شش ساله بودم که یک بانوی فرانسوی را که همسر ایرانی داشت، به معلمی من برگزیدند.

این خانم آلمان‌ها را دوست نمی‌داشت و در مورد آنان با درشتی سخن می‌گفت. زبان فرانسه را از او فرا گرفتم. تا آن‌جا که هنگامی که به سن دوازده سالگی برای تحصیل به سوئیس رفتم، اشکالی برایم پیش نیامد. تا سال ۱۹۳۶ در سوئیس به تحصیل ادامه دادم بدون آن‌که یک لحظه از توجه به

آداب و سنن ملی و مذهبی خودمان غافل باشم.

به هنگام تحصیل، شوق وافری به مطالعه تاریخ فرانسه داشتم. نسبت به سن‌لوئی پادشاه فرانسه که زیر یک درخت بلوط به قضاوت می‌نشست، احساس ستایش می‌کردم. زندگی این پادشاه مرا به یاد پادشاه بزرگ خودمان انوشیروان می‌انداخت که هر شاکی می‌توانست با تکان دادن یک زنجیر و به صدا درآوردن زنگی، او را بطلبد و شکایت خود را با شاه در میان بگذارد.

هانری چهارم، لوئی چهاردهم و ناپلئون پادشاهان دیگر تاریخ فرانسه بودند که نظر مرا به خود جلب کردند. هم‌چنین با دقت بسیار تاریخ زندگی سیاستمداران مدبری را که از میان روحانیون مسیحی برخاسته بودند، ریشلیو، مازآرن و دوبوا، مطالعه کردم. در کارهای این سه تن نقطه ضعف‌هائی وجود داشت، اما هر سه خدمتگزاران راستین میهن خود بودند.

هم‌چنین در میان بزرگان تاریخ، نسبت به شارل کن، پادشاه جنگجو و سیاستمدار، پتر کبیر، کاترین دوم، الیزابت اول و فردریک کبیر احساس ستایش بسیار می‌کردم.

من می‌دانستم که باید روزی بر مملکتم سلطنت کنم و آشنائی با جریان‌های تاریخی مرا در ادای وظیفه‌ام یاری می‌کرد. از همان زمان من نسبت به مسائل زندگی روستائی ایران توجه خاص داشتم و به رفاه و بهروزی کشاورزان ایران می‌اندیشیدم و در فکر آن بودم که چگونه می‌توان عدالت را در روستاهای ایران پایدار کرد. بعداً خواهیم دید که در زمان سلطنتم چگونه به این مهم پرداختم.

من در سال ۱۹۳۱ از بندر پهلوی، در کنار خزر، عازم اروپا شدم. هنگامی که این شهر را ترک کردم، بندری کوچک و فقیر بود و چون به سال ۱۹۳۶ به ایران بازگشتم، آن را شهری زیبا و پررونق و نوسازی شده یافتم. تهران نیز در این مدت دستخوش تغییرات بسیار شده بود. به دستور پدرم حصارهای کهنه و مخروبه‌ی شهر را برافکنده، خیابان‌های وسیع و

زیبا احداث کرده بودند و تهران اندک‌اندک چهره یک شهر آباد اروپایی را به‌خود می‌گرفت.

پس از مراجعت، وارد دانشکده افسری شدم و به سال ۱۳۱۸با درجه‌ی ستوان دومی از آنجا فارغ‌التحصیل و سپس در مقام ولایتعهد به سمت بازرس مخصوص قوای مسلح ایران منصوب گردیدم. از این پس هر روز چند ساعت در کنار پدرم بودم و همراه وی در بیشتر مسافرت‌های داخلیش شرکت می‌کردم.

پدرم مایل بود که من از نزدیک با مسائل مملکتی آشنا شوم و راه و روش پادشاهی را بیاموزم. او که در سال‌های وحشتناک ۱۹۱۵تا ۱۹۲۱مصائب و مشکلات ناشی از جنگ جهانی را از نزدیک دیده و شناخته بود، از مخاطرات یک جنگ جهانی دیگر برای استقلال و تمامیت ایران سخت بیم داشت.

سال بعد، در اول سپتامبر ۱۹۳۹ جنگ دوم جهانی آغاز شد.

فصل دوم
«فرزندم، هرگز از هیچ چیز هراس مکن»

جنگ دوم جهانی و عواقب فوری آن

بر خلاف آنچه بعضی از صاحب‌نظران نوشته‌اند، پدرم نسبت به هیتلر حسن‌نظری نداشت و نظرات سیاسی و نظامی وی را خطرناک می‌پنداشت. به همین سبب علی‌رغم حضور تعداد قابل ملاحظه‌ای از متخصصین فنی آلمانی در ایران، بلافاصله پس از شروع جنگ دوم جهانی بی‌طرفی کامل ایران را اعلام کرد.

امید بزرگ ایرانیان، بی‌طرفی

ایرانیان امیدواری خود را نسبت به صیانت بی‌طرفی کشور تا پایان مرحله‌ی اول جنگ جهانی و آغاز حمله قدرت‌های محور، به شرق، هم‌چنان حفظ کردند. بعد از ۲۲ ژوئن ۱۹۴۱ و حمله‌ی قوای آلمان به روسیه، ما بار دیگر بی‌طرفی ایران را تأئید و تاکید کردیم.پیشرفت سریع قوای هیتلر در خاور و باختر، جنگ را به مراحل حساسی می‌کشاند.

روزبروز روشن‌تر می‌شد که اتحاد شوروی بدون کمک مؤثر و فوری سایر متفقین تاب پایداری در مقابل آلمان‌ها را نخواهد داشت. رساندن کمک به شوروی از طریق شمال و بندر مورمانسک بسیار دشوار بود و استفاده از مدیترانه و دریای سیاه تقریباً غیرممکن.

ترکیه، تنگه‌های بسفر و داردانل را مسدود ساخته بود و اسکندریه در معرض تهدید قوای مارشال رومل قرار داشت. آلمان‌ها بر یونان و بلغارستان مسلط بودند و در تابستان ۱۹۴۲ نیروهای زرهی آلمان حتی به چاه‌های نفت مای‌کپ در قفقاز رسیدند.

برای متفقین یک راه مطمئن کمک به روسیه بیشتر باقی نمانده بود و آن خلیج فارس بود. در نتیجه ایران به صورت یک فضای سوق‌الجیشی و نظامی فوق‌العاده حساس و مهم درآمد.

ملک فاروق، که من، خواهرش را به همسری اختیار کرده بودم، از طریق سفیر مصر در ایران به من اطلاع داد که نقل و انتقالاتی در قوای بریتانیا در دست انجام است و چه بسا که هدف آنان حمله به ایران باشد.

من فوراً پدرم را در جریان گذاشتم و او به وزیر مختار ما در لندن، آقای مقدم، دستور داد که در مورد هدف‌های انگلستان، دقیقاً تحقیق و نتیجه را گزارش کند.

در همین احوال بود که هواپیماهای ایتالیائی چند بمبی بر مناطق خلیج فارس فرو ریختند و گفته شد که کشتی‌های تجارتی آلمانی در این خلیج مسلح هستند.

شاید حصول توافق با متفقین بر اساس اجازه‌ی عبور اسلحه و مهمات از ایران میسر بود. ولی مراجعه و سئوال وزیر مختار ما در لندن، بدون پاسخ ماند.

سفرای روس و انگلیس در تهران ما را شدیداً تحت فشار قرار داده بودند که اتباع و متخصصان آلمانی و ایتالیائی را از ایران اخراج کنیم و ما نخستین تدابیر لازم را در این زمینه اتخاذ کرده بودیم که ناگهان در سپیده‌دم

سوم شهریور ۱۳۲۰ قوای روس و انگلیس به ایران حمله کردند.

حمله قوای روس و انگلیس به ایران
آغاز سلطنت من

روس‌ها، با نیروهای زرهی فراوان، از مرزهای شمالی ایران در آذربایجان و خراسان گذشتند و به خاک ایران تاختند. پنج لشکر انگلیسی از جنوب و غرب به ایران حمله‌ور شدند. نیروی هوایی بریتانیا، اهواز، بندر شاهپور و خرمشهر را بمباران کرد و هواپیماهای شوروی، تبریز، قزوین، بندر پهلوی، رشت و رضائیه را. اما هر دو کشور مراقب بودند به تأسیسات نفتی خسارتی وارد نیاید.

محمد ساعد، سفیر ما در مسکو با مولوتف وزیر خارجه شوروی ملاقات کرد و ضمن اعتراض، علت شرکت روسیه را در حمله‌ی انگلیسی‌ها به ایران جویا شد. ولی جوابی دریافت نکرد. ما سریعاً متوجه شدیم که گشایش راه ایران برای رساندن کمک به روسیه، در مذاکرات چرچیل و روزولت به هنگام امضای منشور آتلانتیک مورد توافق قرار گرفته بود.

رضاشاه در شهریور ۱۳۲۰ دستور ختم مخاصمات را صادر کرد. متفقین به دولت ایران اطلاع دادند که قوای مسلح آن‌ها در ۲۶ شهریور ۱۳۲۰ تهران را اشغال خواهند کرد. به محض دریافت این خبر، پدرم به من گفت: «آیا تو فکر می‌کنی که من حاضرم از یک سرگرد انگلیسی دستور بگیرم؟»

در روز ۲۵ شهریور ۱۳۲۰ پدرم استعفا داد.
متن استعفانامه‌ی وی به وسیله‌ی محمدعلی فروغی نخست‌وزیر در مجلس شورای ملی قرائت شد.

مجلس شورای ملی استعفای پدرم را پذیرفت و به اتفاق آراء تأیید کرد. مشکل بزرگ در این هنگام عبور از شهر برای رسیدن به مجلس و ادای سوگند از طرف من بود. زیرا روس‌ها و انگلیس‌ها تهران را اشغال

کرده بر همه‌ی نقاط آن مسلط بودند.

من در میان احساسات شورانگیز هزاران تن از مردم تهران ، به مجلس رفتم و سوگند یاد کردم. به هنگام بازگشت، هیجان مردم چنان بود که حتی خواستند اتومبیل مرا روی دست بلند کنند و بر شانه‌های خود حمل نمایند. در آن لحظات پرمخاطره، تجلی احساسات شورانگیز میهنی ایرانیان، برای من تأئید و دلگرمی بی‌نظیری بود که هرگز فراموش نخواهم کرد.

عجب آن‌که سفرای روس و انگلیس در مراسم تحلیف حضور نداشتند! ظاهراً بعضی از انگلیسی‌ها، طرفدار سلطنت یکی از شاهزادگان قاجار بودند که افسر بحریه‌ی بریتانیا بود.

به‌هرحال، سه روز بعد از انجام مراسم تحلیف، سفرای دولتین، شناسائی رسمی سلطنت مرا اعلام کردند. شک نیست که پشتیبانی ملتم از من، عامل اصلی این رویه بود.

دولتین روس و انگلیس، امیدوار بودند که من یک پادشاه مطیع و فرمانبردار باشم. در سیاست اصلی آن‌ها تغییری حاصل نشده بود و ایران را به دو منطقه‌ی اشغالی تحت نفوذ خود تقسیم کردند.

در این هنگام من از پدرم، که تا آخرین حد توانائی برای حفظ و صیانت استقلال و تمامیت ایران تلاش کرده بود، پیامی پرهیجان دریافت کردم که بر روی صفحه ضبط شده بود: «فرزندم، هرگز از هیچ هراس مکن.»

من دیگر پدرم را ندیدم. مرگ وی در ژوهانسبورگ به سال ۱۳۲۳ (۱۹٤٤) غمی عمیق در من پدید آورد و احساس کردم که به احترام خاطره‌ی او و به پیروی از راهی که رفته بود، باید کوشش برای حفظ استقلال ، تمامیت و موجودیت ایران را ادامه دهم. می‌دانستم که مانند سال‌های ۱۲۹۸و ۱۲۹۹ ایران، در دو راهی مرگ و زندگی قرار دارد. ولی ما در سال ۱۳۲۰ بودیم و من بیست و دو سال بیش نداشتم.

شناسائی رسمی و صریح حاکمیت و استقلال ایران

بیش از هر چیز، می‌بایست به حل و فصل مسائل و دشواری‌های ناشی از حضور قوای روس و انگلیس در ایران بپردازم: در زمستان ۱۳۲۰موفق شدیم قرارداد سه جانبه‌ی ایران، اتحاد جماهیر شوروی، بریتانیا را منعقد نمائیم. متفقین در ماده ۵ این قرارداد تعهد کردند که شش ماه پس از پایان مخاصمات، قوای خود را از ایران خارج کنند.

ماده ٦ قرارداد در اصول، تمامیت ارضی و حاکمیت ایران را بر سرزمین خود مورد تأیید قرار می‌داد. اما علی‌رغم این تعهد از ۱۳۲۰تا ۱۳۲۵من مجبور شدم بی‌وقفه برای دفاع از استقلال و تمامیت ارضی ایران و جلوگیری از مداخلات دو دولت در امور کشورم مبارزه کنم.

در زمینه‌ی اقتصادی، پیدایش بازار سیاه و سوءاستفاده متفقین از تنگناهای اقتصادی کشور، دشواری‌های بزرگی ایجاد کرد. من به‌سختی موفق شدم از پیاده کردن و انتقال کارخانه‌های اسلحه‌سازی ایران به روسیه جلوگیری کنم. ولی در مقابل ناچار شدیم همه‌ی کارخانه‌های کشور را به اختیار متفقین بگذاریم که این خود تقبل سهمی قابل ملاحظه در تلاش‌های نظامی آنان بود.

به هنگام نخست‌وزیری احمد قوام، یکی از سفیران کشورهای اشغال‌گر ایران نزد من آمد و اظهار داشت که نظر به اعتماد متفقین به حسن رفتار آن نخست‌وزیر، دولتین تقاضا و انتظار دارند اسکناس‌های مخصوص قوای اشغالی طبع و منتشر گردد. با توجه به این‌که مجلس شورای ملی صریحاً با این امر مخالفت کرده بود، من به سردی پاسخ دادم که خارجیان حق دستور دادن و مداخله در امور ایران را ندارند.

در زمینه‌ی سیاسی، مشکل بزرگی که پدیدار شد، دعاوی تجزیه‌طلبی در بعضی از مناطق مملکت بود که از خارج تشویق و پشتیبانی می‌شد: روس‌ها به‌پیروی از روش دیرین خود، یک حزب وابسته به سیاست شوروی به معنی حزب توده را در ایران ایجاد کردند که از آن زمان تاکنون، یا بطور علنی و یا

در خفا، همواره بر ضد حاکمیت ملی و وحدت مملکت قیام و اقدام کرده و می‌کند. هزینه‌ی روزنامه‌ی ناشر افکار این حزب، ابتدا به وسیله‌ی شخصی به نام مصطفی فاتح تأمین می‌شد که از مدیران عمده‌ی شرکت نفت ایران و انگلیس بود. فاتح همچنین مشاور سیاسی ژنرال فریزر نماینده‌ی نظامی بریتانیا در ایران بود که چند ماه بعد کوشش کرد که فرماندهی کل قوای مسلح ایران از من سلب شود. کوششی که چند سال بعد از آن، از سوی مصدق تجدید شد.

شوروی فعالانه از قیام جدایی‌خواهانه‌ی قاضی محمد در کردستان و پیشه‌وری در آذربایجان پشتیبانی کردند و برخلاف تعهد مندرج در قرارداد سه جانبه و اعلامیه‌ی کنفرانس تهران، پس از موعد مقرر، قوای خود را از خاک ایران خارج نساختند. وضع آذربایجان به سرعت، سخت بحرانی شد. شورشیان، پادگان تبریز را محاصره کردند و فرمانده‌ی پادگان تحت فشار شوروی‌ها تن به تسلیم داد. فرمانده مذکور بعداً به همین علت در دادگاه محکوم به اعدام شد اما من وی را مورد عفو قرار دادم.

بودن یا نبودن

شورشیان، پس از تسلیم پادگان تبریز، خودمختاری آذربایجان و کردستان را اعلام کردند. اما در برابر اوضاع بحرانی منطقه و مقاومت دلیرانه و یک‌پارچه مردم آذربایجان و کردستان، هری ترومن رئیس جمهوری ایالات متحده در هشتم مارس ۱۹۴۶ اتمام حجت قاطعی به مولوتف وزیر امور خارجه شوروی فرستاد که در پی آن قوای روس ایران را ترک کردند و سرانجام سرزمین ما از قوای اشغال‌گر بیگانه پاک شد.

اما نبرد و تلاش برای بقای ایران پایان نیافت و لازم آمد که ما همچنان به مبارزه برای حفظ استقلال کشور ادامه دهیم. به دنبال کوشش‌های تجزیه‌طلبانه در شمال غربی کشور، زمزمه‌هایی نیز در بعضی از ایالات جنوبی برخاست.

سپس منطقه خوزستان و شهر آبادان که توده‌ای‌ها در آن نفوذ بسیار داشتند، دچار اغتشاش و ناامنی شد. ایلات و عشایر منطقه فارس و اطراف اصفهان، سر به شورش برداشتند. پیدا بود که انگلیسی‌ها کوشش می‌کنند که در صورت ادامه‌ی نهضت تجزیه‌طلبی در شمال غربی، یک منطقه‌ی نفوذ در جنوب برای خود به‌وجود آوردند.

پیروزی این گروه‌های تجزیه‌طلب و شورشی آسان نبود، اما فیصله دادن کار در آذربایجان و کردستان بسی دشوارتر بود. چرا که شوروی‌ها قوای قابل ملاحظه‌ای را در این دو منطقه، مسلح و آماده کرده بودند.

در این هنگام نخست‌وزیر ایران، ابراهیم حکیمی بود. مردی هوادار انگلیسی‌ها، اما وطن‌پرست. که چون روس‌ها با وی مخالف بودند، استعفا داد و احمد قوام به جانشینی او انتخاب شد. بلافاصله بعد از تشکیل دولت، قوام راهی مسکو شد و در آنجا موافقت‌نامه‌ای پیرامون بهره‌برداری از منابع نفت ایالات شمالی ایران با روس‌ها امضاء کرد که طبق آن پنجاه و یک درصد سهام و منافع از آن شوروی‌ها و چهل و نه درصد متعلق به ایران می‌شد. خوشبختانه در موافقت‌نامه تصریح شده بود که تنفیذ و اجرای آن موقوف به تصویب قوه‌ی مقننه است.

قوام، پس از مراجعت به ایران و به اتکای موافقت‌نامه‌ی واگذاری بهره‌برداری نفت شمال به روس‌ها، با تجزیه‌طلبان آذربایجان وارد مذاکره شد و برای ارضای خاطر آنان از من خواست که به افسران شورشی دو درجه ترفیع بدهم. یعنی مثلاً ستوان یکم را به سرگردی ارتقاء دهم. من به او پاسخ دادم که اگر دستم را قطع کنند، چنین فرمانی را امضاء نخواهم کرد

غالب فرماندهان نظامی ما، جز سپهبد حاجی‌علی رزم‌آرا رئیس ستاد ارتش، با آغاز اقدامات نظامی برای بازپس گرفتن آذربایجان و کردستان موافق نبودند و از مداخله‌ی قوای شوروی در ایران بیم داشتند. با این وصف من تصمیم به مقابله با حوادث و اقدام قاطع برای نجات آذربایجان گرفتم.

گرچه بسیاری از سیاستمداران و فرماندهان نظامی با این اقدام موافق نبودند، اما ما اطلاع داشتیم که تدارکات نظامی شورشیان هنوز به حد کمال نرسیده و از جمله افرادی که برای کسب تعلیمات در زمینه‌ی قوای زرهی و نیروی هوایی به روسیه اعزام داشته‌اند یک سال بعد باز خواهند گشت. من شخصاً ترجیح می‌دادم که شرافتمندانه در نبرد به خاطر استقلال و تمامیت و آزادی کشورم جان بسپارم. تا اینکه پادشاه کشوری سرافکنده باشم.

در این هنگام مقاصد خود را با آمریکاییان در میان گذاشتم. جرج آلن سفیر آمریکا، که از دوستان صمیمی ایران بود، پشتیبانی کامل دولت ایالات متحده را از اقدام ایران به‌من اطلاع داد. ولی افزود که به خاطر ایران، آمریکا با شوروی وارد جنگ نخواهد شد. من هم‌چنین انتظاری نداشتم. ملتم یک‌پارچه از قیام و اقدام برای نجات آذربایجان پشتیبانی می‌کرد و هزاران جوان با شور و هیجان می‌خواستند داوطلبانه به صفوف ارتش بپیوندند، همین پشتیبانی و شور و شوق بزرگترین دل‌گرمی و مشوق من بود.

قوام‌السلطنه نیز سرانجام از مصالحه و مذاکره با شورشیان چشم پوشید و اقدامات ما برای بازپس ستاندن و نجات آذربایجان آغاز شد.

من و سپهبد رزم‌آرا، شخصاً بر اقدامات و نقل و انتقالات نظامی مراقبت می‌کردیم. ما مکرراً گاه با یک طیاره یک‌موتوره کوچک و گاه با یک هواپیمای دوموتوره بیشکرافت، که هر دو فاقد بی‌سیم و رادیو بودند، بر فراز صحنه‌های نبرد آینده پرواز می‌کردیم که دقیقاً طرح‌های نظامی را با اوضاع محل تطبیق دهیم. سرانجام بر اثر قیام شجاعانه مردم آذربایجان و پیشرفت قوای نظامی، نیروهای پیشه‌وری، که جیره‌خوار روس‌ها بودند، متلاشی شده و خود وی به اتفاق همدستانش به خاک شوروی گریختند.

سفیر شوروی در این هنگام به‌دیدار من آمد و از جریان اوضاع، که می‌گفت صلح جهانی را به خطر انداخته است! ابراز نگرانی کرد. من سیاست ایران را به‌روشنی برای وی تشریح کردم و گفتم که ما، هیچ‌کس را تهدید

نمی‌کنیم و فقط به‌خاطر تأمین استقلال و وحدت کشور خویش می‌کوشیم و بهر تقدیر شورشیان نیز تسلیم شده‌اند.

بدینسان توطئه‌ای که برای اضمحلال ایران فراهم شده بود، با شکست مواجه گشت.

فراموش نکنیم که روس و انگلیس برای بار اول با قرارداد ۱۹۰۷ می‌خواستند ایران را تجزیه و به مناطق نفوذ تقسیم کنند و پدرم پس از جنگ جهانی اول توانست تمامیت و وحدت ایران را به قیمت کوشش‌ها و تلاش‌های جان‌فرسا تأمین کند.

همین اندیشه‌ی تجزیه‌ی ایران به مناطق نفوذ، پس از جنگ دوم نیز از سرگرفته شد: در سال ۱۹۴۵ وزیر خارجه بریتانیا بوین و وزیر امور خارجه ایالات متحده بایرنز، در کنفرانس مسکو به روس‌ها پیشنهاد کردند که آذربایجان، کردستان و خوزستان به ایالات خودمختار تبدیل شوند.

استالین ابتدا پیشنهاد را پذیرفت. ولی ظاهراً مولوتف عقیده داشت که با اندکی انتظار خواهند توانست سرتاسر ایران را تحت‌نفوذ خود درآورند. به همین سبب سرانجام استالین با پیشنهاد و نظر آمریکا و انگلیس موافقت نکرد. طبیعتاً روس‌ها نه از عکس‌العمل و مقاومت من اطلاع داشتند. نه از شجاعت سربازان ایرانی و نه از وفاداری و یکپارچگی و دلبستگی ملتم در دفاع از میهن و تاج و تخت.

با تمام این احوال، کوشش‌ها و تحریکات داخلی برای تضعیف و تخریب مملکت ادامه یافت. رسالت و وظیفه من حفظ و صیانت استقلال و وحدت ملی بود و عوامل فساد و ستون پنجم داخلی، با الهام از بعضی از سیاست‌های خارجی، به مخالفت با این کوشش‌ها و تحریکات داخلی برای تضعیف و تخریب مملکت ادامه یافت.

رسالت و وظیفه‌ی من حفظ و صیانت استقلال و وحدت ملی بود و عوامل فساد و ستون پنجم داخلی، با الهام از بعضی از سیاست‌های خارجی،

به مخالفت با این کوشش‌ها برخاستند. سلاح آنان نیز، مانند کسانی که امروز بر ایران تسلط یافته‌اند، جز دروغ‌گویی و عوام‌فریبی نبود.

فصل سوم

برنامه هفت‌ساله
مصدق و دوران عوام‌فریبی

در سال ۱۳۲۶، من عازم آذربایجان شدم. چه در سرتاسر استان و چه به هنگام مراجعت به تهران استقبال مردم، با شور و شوق و هیجانی وصف‌ناپذیر همراه بود که هرگز از یاد نخواهم برد و اکنون که بدان می‌اندیشم، خود دچار تأثر و هیجان شدید می‌شوم.

دیگر زمان نوسازی و تجدید بنای کشور فرا رسیده بود. طرفداران قوام در انتخابات مجلس پیروز شده بودند. او نیز چون من توجه داشت که باید برنامه‌های وسیع و جدی برای توسعه و سازندگی ملی تدوین و اجرا کند

پایان ماجرای موافقت‌نامه با روس‌ها

لابد خوانندگان به یاد دارند که موافقت‌نامه‌ای میان احمد قوام با روس‌ها در مورد نحوه‌ی بهره‌برداری مشترک از منابع نفت شمال ایران بر اساس

۴۹-۵۱ منعقد شده بود.

روس‌ها در تصویب نهایی این موافقت‌نامه و تشکیل شرکت نفت ایران و شوروی اصرار فراوان داشتند و در حقیقت می‌خواستند در شمال کشور منطقه‌ی نفوذی برای خود، مشابه آنچه انگلیسی‌ها در جنوب به هم زده بودند، فراهم آورند. سرانجام، مطلب در مجلس شورای ملی ایران مطرح شد و قانونی با ۱۰۹ رأی موافق و ۲۷ رأی مخالف در مورد سیاست نفتی کشور به تصویب رسید. رهبر مخالفان دکتر محمد مصدق بود که بعداً از او سخن خواهم گفت.

در این قانون تصریح شده بود که:

اولاً- هر نوع مذاکره با دولت شوروی در مورد واگذاری امتیازات احتمالی نفت به آن کشور کان‌لم‌یکن و ملغی‌الاثر اعلام می‌شود.

ثانیاً- در آینده، به هیچ عنوان و شکلی دولت ایران مجاز به واگذاری امتیازات نفتی به خارجیان نخواهد بود.

ثالثاً- به دولت اجازه داده شده در صورت اکتشاف منابع جدید نفتی در سه سال آینده، جهت فروش نفت حاصل، با دولت شوروی وارد مذاکره شود.

علی‌رغم قسمت سوم تصمیمات فوق، روابط ایران با همسایه نیرومند شمالی به تیرگی گرائید و به شدت بحرانی شد. تیرگی روابط با شوروی ما را وادار کرد که برای تضمین امنیت خود و تدارک اسلحه و تجهیزات لازم با دولت ایالات متحده به توافق برسیم.

زمانی که روحانیون برای سلامت و توفیق من دعا می‌کردند

ایران اندک‌اندک به خود می‌آمد و نیرو و توانی می‌یافت. با وجود تحریکات حزب توده در مناطق نفتی، تولید نفت کشور منظماً افزایش می‌یافت: نوزده میلیون تن در سال ۱۹۴۶، بیست‌ویک میلیون تن در سال

۱۹۴۷ و بیست و پنج میلیون تن در سال ۱۹۴۸ که بیست‌وچهار میلیون تن آن تصفیه و صادر شده بود.

کشور از خطری حتمی نجات یافته بود و اندک‌اندک به آرامش و اعتماد باز می‌گشت که ناگهان سوءقصد ناصر فخرآرائی به جان من وقوع یافت که تا امروز بطور قطع ریشه‌ی آن را نیافته‌ام. بلافاصله بعد از این سوءقصد، بار دیگر اکثریت قریب به اتفاق ایرانیان نسبت به من احساسات گرمی ابراز داشتند؛ چرا که دریافته بودند نابودی من کشور را در چه هرج و مرج و نابسامانی و خونریزی، که متأسفانه امروز دستخوش آن است، فرو می‌برد. در اینجا باید بگویم که جامعه‌ی روحانیت ایران نیز در این ابراز احساسات عمومی شریک و سهیم بود و برجسته‌ترین روحانیون و مراجع مذهبی کشور، صریحاً اعلام داشتند که نجات مرا معجزه‌ای برای ایران می‌دانند. راستی که احساسات ملت ایران در این هنگام عمیق و صمیمانه بود.

هم‌میهنانم به‌خوبی دریافته بودند که آن‌ها و من با یکدیگر از چه مخاطراتی گذشته و چگونه به نجات وطن توفیق یافته‌ایم. آن‌ها به‌خوبی درک می‌کردند که در پرتو اتحاد و یکدلی و همبستگی، ملت و شاه ایران به چه کامیابی‌های بزرگ دیگری دست خواهند یافت.

من نیز به‌خوبی احساس می‌کردم که اگر چنین، آماج تیر دشمنان ایران قرار گرفته‌ام قطعاً راه درست را انتخاب کرده‌ام و چون تفضلات خداوند مرا نجات داده است، بی چون و چرا باید به پای‌مردی ادامه دهم و از تلاش باز نایستم.

اصلاح قانون اساسی
خطوط اصلی نخستین برنامه‌ی کشور

در سال ۱۳۲۸ به هنگام افتتاح مجلسین، ضرورت اصلاح قانون اساسی را متذکر شدم. قانون اساسی ۱۹۰۶ ما، از قوانین اساسی بلژیک الهام گرفته بود. اما در آن قانون حق انحلال مجلسین برای پادشاه پیش‌بینی نشده بود،

در اصلاحیه‌ی ۱۳۲۸، این اختیار که برای تأمین تعادل قوای سیاسی در کشور ضروری است، به پادشاه تفویض شد.

قبل از این اصلاح، نمایندگان مجلس شورای ملی حتی به هنگام انجام انتخابات، به تشکیل جلسات ادامه می‌دادند و بدین‌وسیله در جریان اخذ رأی مداخلات نامشروع داشتند. در زمان جنگ، سفارتین روس و انگلیس هر یک به صورتی از داوطلبان مورد نظر خود داشتند و به اتکای قوای اشغالی در دولت می‌کوشیدند، آن‌ها را به نخست‌وزیر تحمیل کنند. برای مقابله با این وضع غیرقابل قبول، من از محمد مصدق که دعوی رهبری ملی داشت و بعداً رئیس جبهه‌ی ملی شد، خواستم که دولتی تشکیل دهد و پس از اصلاح قانون به انجام آن، ضمن جلوگیری از مداخلات نامشروع دولتین و منتقدان داخلی بپردازد. مصدق پاسخ داد که به سه شرط حاضر است مأموریت تشکیل کابینه را بپذیرد. نخست آن‌که، انگلیس‌ها با این امر موافق باشند. دوم آن‌که هر بامداد با من ملاقات کند و تعلیمات لازم را دریافت دارد. سوم آن‌که محافظان مخصوصی را در اختیار او بگذارم.

من به مصدق پاسخ دادم که در انتخاب نخست‌وزیر هرگز با انگلیسی‌ها مشورت نکرده و نخواهم کرد و اگر در تقاضای خود اصرار دارد، ناچار خواهیم شد که نظر روس‌ها را نیز استفسار کنیم.

مصدق گفت: «در ایران، بدون موافقت انگلیسی‌ها هیچ‌کار نمی‌توان کرد.» اما روس‌ها به حساب نمی‌آیند. در پی این مذاکرات شگفت‌انگیز، من حسین علاء وزیر دربار را به نزد انگلیسی‌ها و سپهبد یزدان‌پناه افسر سابق قزاق را برای کسب نظر به نزد روس‌ها فرستادم.

روس‌ها بلافاصله موافقت خود را با اصلاحاتی که پیشنهاد می‌کردم اعلام داشتند، ولی انگلیسی‌ها مخالفت کردند. در نتیجه مصدق از قبول سمت ریاست دولت پوزش خواست و جریان مسخره انتخابات هم‌چنان ادامه یافت.

نیک به یاد دارم که در این زمان مطبوعات انگلیس، جریان انتخابات در ایران را مطابق اصول دموکراسی می‌دانستند.

پس از انجام تغییرات لازم در قانون اساسی، تهیه نخستین برنامه‌ی هفت ساله‌ی توسعه اقتصادی ایران آغاز شد. هدف‌های اصلی برنامه، بهبود وضع خطوط ارتباطی، کمک به بسط و توسعه کشاورزی و افزایش تولیدات نفت بود.

٦٥٦ میلیون دلار اعتبارات برنامه‌ی اول بدین ترتیب تقسیم می‌شد:

رفاه اجتماعی	٪۲۸/٦٪
کشاورزی	٪ ۲۵ ٪
حمل و نقل و ارتباطات	٪۲۳/۷٪
صنایع و معادن	٪۱٤/۳٪
توسعه تأسیسات نفتی	٪٤/۸٪
مخابرات	٪۳/٦٪

در فصل رفاه اجتماعی، توجه خاص به آموزش و بهداشت معطوف شده بود. مقرر بود که در هر استان یک بیمارستان ۵۰۰ الی ۷۰۰ تختخوابی بنا شود و ترتیبات پیش‌گیری از بیماری‌ها، گسترش و بهبود یابد. در همین برنامه، ساختمان ۵۰۰۰ مدرسه ابتدائی، ۱۵۰ دبیرستان، ۲٦ مدرسه حرفه‌ای پیش‌بینی شده بود و امیدوار بودیم که به این ترتیب یک میلیون کودک و ۱۷۵۰۰۰ سالمند از نعمت سواد برخوردار شوند. بالاخره احداث سه دانشگاه در استان‌های مختلف کشور در برنامه منظور گردیده بود.

در زمینه‌ی کشاورزی، آغاز مکانیزه کردن کار کشاورزی، احداث سدها و ترعه و مراکز تولید برق، در برنامه منظور گردید.

در زمینه‌ی صنعت قرار بود که اولویت خاص برای صنعت ذوب‌آهن، نساجی، آجرسازی، محصولات شیمیایی و نیز اکتشاف و بهره‌برداری از

معادن قائل شویم.

در قسمت ارتباطات علاوه بر مرمت ۶۷۰۰ کیلومتر راه‌های موجود، احداث سه هزار کیلومتر راه‌های جدید، اتمام ساختمان راه آهن تهران به تبریز، تهران به مشهد و تهران به یزد پیش‌بینی شده بود. هم‌چنین قرار بود که بندرهای کشور در خلیج فارس و دریای خزر، مرمت و تجهیز شود و برای بهبود وضع فرودگاه‌ها و نیز شبکه‌ی مخابراتی ملی، اقدامات اولیه صورت گیرد.

تقویت ارتش، تجدید سازمان ژاندارمری به منظور خلع سلاح عشایر نیز موردنظر بود. در زمینه‌ی مسائل اجتماعی تجدید نظر در قوانین جزایی و مدنی، افتتاح دادگاه‌های جدید به‌منظور تسریع در فعالیت دستگاه قضائی، اصلاحات اداری، عمران مناطق عشایری می‌بایست مورد توجه خاص قرار گیرد.

البته در سال‌های بعد، کشور ما توانست همه‌ی این هدف‌های برنامه‌ی اول را پشت سر بگذارد. ولی متأسفانه اجرای برنامه‌ی هفت‌ساله اول از سال ۱۳۲۵ تا سال ۱۳۳۲ به هنگام حکومت مصدق و بحران نفت، در بوته‌ی تعطیل ماند.

قتل سپهبد رزم‌آرا

در این اوان ما به مذاکرات خود با شرکت نفت ایران و انگلیس ادامه می‌دادیم. هدف آن بود که عواید ما از محل نفت بطور قابل ملاحظه‌ای افزایش یابد، دولت ساعد نتوانست این مهم را به انجام رساند.

دولت علی منصور نیز توفیق نیافت. سرانجام سپهبد حاجی‌علی‌رزم‌آرا رئیس ستاد ارتش (که به هنگام نجات آذربایجان نیز همین سمت را داشت) مأمور تشکیل کابینه شد. اما مذاکرات نفت به درازا کشید. من غالباً از خود سئوال کرده و می‌کنم که آیا از همین زمان، توقف بهره‌برداری از منابع نفت

جنوب که در زمان حکومت مصدق تحقق یافت، مورد نظر انگلیسی‌ها نبود و آیا به همین سبب مانع توفیق مذاکرات نمی‌شدند؟

رزم‌آرا که یک نظامی قابل و باکفایت بود، در مقابله با تحریکات و بازی‌های پارلمانی از خود تدبیر لازم نشان نداد و اشتباهات وی در همین زمینه بود که با تبلیغات جبهه‌ی ملی، به‌دست مصدق بهانه‌های بسیار داد.

این تشکیلات به اصطلاح ملی پس از جنگ، به دست مصدق بنیان نهاده شد، و مخصوصاً در ضدیت با خارجی راه افراط می‌رفت. از سال ۱۳۲۹ شعار ملی کردن نفت، به صورت شاه‌بیت اهداف سیاسی جبهه‌ی ملی درآمد. من با ملی کردن نفت موافق بودم، ولی راه و روش‌هائی را که مصدق برای نیل به آن توصیه می‌کرد، تأئید نمی‌کردم.

در این زمان جبهه‌ی ملی به ترتیب دادن تظاهرات خشونت‌آمیز بر ضد دولت پرداخت و کینه و نفرت نسبت به وی را در میان توده‌های مردم تشویق کرد. در روز ۱۶ اسفند ۱۳۲۹ سپهبد رزم‌آرا به‌دست یک نفر از اعضای فدائیان اسلام، هنگامی که برای شرکت در یک مراسم مذهبی به مسجد بزرگ شاه تهران آمده بود، به قتل رسید.

پس از قتل رزم‌آرا به وسیله افراطیون دست‌راستی، حسین علاء که مردی محترم و دنیادیده بود، مأمور تشکیل کابینه شد و مقرر گردید که پیش از هر کار، راه‌حلی معقول و مطلوب برای بحران نفت بیابد. ولی اغتشاشات و تظاهرات فروکش نکرد. مصدق که این تظاهرات را رهبری می‌کرد، به ملت وعده می‌داد که خارجیان را از ایران براند و روزانه صدها هزار لیره استرلینگ، درآمد برای کشور تحصیل کند. مجلسیان که تحت‌تأثیر مصدق واقع شده بودند به من توصیه کردند که وی را در مقابل مسئولیت‌هایش قرار دهم و به نخست‌وزیری برگزینم. همه عقیده داشتند که زمان تفویض مهام امور به مردی چنین کاردان فرا رسیده است. من در صحت این قضاوت عمومی تردید داشتم. و جریان اوضاع ثابت کرد که حق با من بود.

علت عدم اعتماد من به مصدق آن بود که درگذشته، تناقض‌های بسیار میان گفتار و کردارش مشاهده کرده بودم. مصدق رسماً بیان‌گر احساسات ملی ضداستعماری و میهن‌دوستانه ایرانیان بود و اعلام می‌داشت که باید از اعطای هرگونه امتیاز به خارجیان اجتناب کرد. و این رویه را «سیاست موازنه‌ی منفی» می‌نامید و در حقیقت بزرگ‌ترین نقطه‌ضعف او همین منفی‌بودن در همه‌ی شئون بود. مصدق یک روز با آب و تاب بسیار به من می‌گفت که رضاشاه در ساختمان راه‌آهن سرتاسری ایران اشتباه کرد. زیرا راه حمله به روسیه را به روی انگلیسی‌ها گشود! با این وصف به یاد آوریم که در زمان جنگ، هنگامی که سمت نخست‌وزیری را به مصدق پیشنهاد کردم، وی موافقت قبلی دولت بریتانیا را شرط قبول آن دانست!

مصدق و سیاست «موازنه‌ی منفی»

داوری درباره‌ی سیاست‌مداری چون مصدق آسان نیست. در شخصیت و رویه‌ی او تناقضات فراوان وجود داشت. ناطقی زبردست بود، اما میان گفته‌ها و کردارش هم‌آهنگی وجود نداشت و به آن‌چه می‌گفت عمل نمی‌کرد. گاه دچار شوق و التهاب و هیجان بود و گاه دستخوش سرخوردگی و افسردگی و نومیدی کامل. در سخنرانی‌هایش فریاد می‌زد، می‌گریست و دچار اغماء می‌شد.

بعضی‌ها او را با ربسپیر و بعضی دیگر با ری‌ینز مقایسه کرده‌اند، و حتی برخی از صاحب‌نظران با شخصیت‌های کمدی‌های کلاسیک ایتالیایی!

به روی‌هم می‌توان گفت که مصدق رفتاری کاملاً عقلانی نداشت و بیشتر تابع احساسات بود. ولی من سرانجام به این نتیجه رسیدم که وی با انگلیسی‌ها ارتباط و وابستگی داشت. اسنادی که وسیله‌ی سردار فاخر حکمت رئیس اسبق مجلس شورای ملی ایران انتشار یافت و مدارک منتشره از بایگانی وزارت امور خارجه بریتانیا و سفارت آن کشور در ایران، همه

دال بر صحت این استنباط من است. چگونه می‌توان قبول کرد، مردی که هفت‌سال قبل از آن، موافقت انگلیسی‌ها را اصل قبول سمت ریاست وزراء دانسته بود، این بار بدون موافقت‌و تأئید آنان نخست‌وزیری را پذیرفته باشد؟

در کشورهای دیگر نیز سیاست آنگلوساکسون‌ها مردان به‌ظاهر مخالف را، که می‌شد به نحوی بر رفتارشان تسلط داشت، به حکومت رساند. یا لااقل کسانی را که تصور می‌شد بر رفتارشان تسلط داشت زیرا اشتباهات فراوانی را می‌توان ذکر کرد.

هنگامی که در ۸ اردیبهشت ۱۳۳۰ مصدق مأمور تشکیل کابینه شد. ۷۳ سال داشت. وی یکی از ملاکین بزرگ ایران بود که سرانجام به آرزوی دیرین خود، یعنی قدرت مطلق، می‌رسید. من که از قدرت‌طلبی وی اطلاع داشتم، به او توصیه کردم که در همه چیز شرط حزم و احتیاط را به جای آورد. به وی گفتم که دشمنان استقلال سیاسی و اقتصادی ما فراوان و مکارند و برای اجتناب از مخاطراتی که در پیش است باید با احتیاط و تدبیر پیش رفت.

دو روز بعد از انتصاب مصدق به نخست‌وزیری، مجلس شورای ملی لایحه‌ی اجرائی قانون ملی شدن نفت را تصویب کرد. من با این لایحه کاملاً موافق بودم و بلافاصله آن را تنفیذ کردم. اما عقیده داشتم که بر اساس آن باید با انگلیسی‌ها به مذاکره پرداخت. مصدق با این امر مخالف بود و عقیده داشت که از طرفی اقتصاد بریتانیا و جهان غرب بدون نفت ایران فلج خواهد شد و از طرف دیگر ایران کاملاً قادر است که نفت خود را به بازارهای دنیا صادر کند. به همین سبب دولت مصدق با همه پیشنهادهائی که به منظور ترتیب بهره‌برداری و صدور نفت ایران شد، چه پیشنهاد هیأت اعزامی به ریاست استوکس و هاریمن، چه پیشنهاد بانک بین‌الملل، چه پیشنهاد حکمیتی که چرچیل و ترومن ارائه دادند مخالفت ورزید.

مصدق که اسیر منفی‌بافی سیاسی خود بود، موفق شد که راه را بر هر توافقی در زمینه بهره‌برداری از منافع نفتی ایران سد کند. نتیجه آن که به

هنگام عزلش درست همان وضع روز اول نخست‌وزیری، یعنی تصویب قانون اجرای ملی شدن نفت بود و نه یک گام بیش‌تر.

اما باید گفت که «شرکا»ی دیروز و مخالفین بعدی ما در این اوان بی‌کار ننشستند. در مقابل تظاهرات ضد خارجی و طرد کارشناسان غیرایرانی، شرکت نفت ایران و انگلیس دفاتر خود را تعطیل کرد و نه تنها دیگر درآمدی از ممر نفت عاید ایران نشد، بلکه بر اثر مخالفت انگلیسی‌ها، ایران از فروش نفت به خارج نیز ناتوان و عاجز ماند.

فعالیت پالایشگاه بزرگ آبادان تقریباً تعطیل شد. شرکت نوبنیاد ملی نفت ایران ذخائر فراوانی در انبارهای خود داشت، ولی نه می‌توانست آن‌ها را بفروشد و نه قدرت حمل و نقل و صدور نفت را داشت.

اختلاف ایران و انگلیس سرانجام به دادگاه بین‌المللی لاهه کشید و از لحاظ حقوقی اصل ملی شدن نفت به تأئید رسید. قاضی انگلیسی به نفع ایران رأی داد و قاضی روسی از حضور در دادگاه امتناع کرد! اما به هر حال در عمل کاری از پیش نرفت.

هرج و مرج داخلی و خطر مداخله خارجیان

دو ماه پس از نخست‌وزیری مصدق، دولت بریتانیا رزم‌ناو مورتیزیوس را به نزدیکی بندر آبادان اعزام داشت و قوای خود را در سرحد عراق و چتربازان را در قبرس متمرکز کرد و به تهدید ایرانیان برخاست. در آن موقع من سفیر بریتانیای کبیر را احضار کردم و به وی گفتم، «باید بدانید که در صورت تجاوز به خاک ایران، من پیشاپیش سربازانم به دفاع از کشور برخواهم خاست.»

در تیر ۱۳۳۱ واضح شد که بیش از این نمی‌توان به مردی که کشور را به ورشکستگی می‌کشاند اعتماد کرد. از هنگام ملی شدن نفت تا آن زمان ما حتی موفق به فروش یک قطره نفت نشده بودیم. هیچ توافقی ممکن

نبود، برنامه‌ی عمرانی هفت‌ساله به علت فقدان اعتبارات لازم متوقف شده بود و مملکت به سوی پرتگاه می‌رفت.

مصدق که از آینده نامطمئن و پریشان‌خاطر بود، تحت‌تأثیر اطرافیانش از من خواست که فرماندهی کل قوا و وزارت جنگ را به وی تفویض کنم. من صراحتاً با این توقع مخالفت کردم و در نتیجه وی در تاریخ تیر ۱۳۳۱ استعفا کرد و احمد قوام به نخست‌وزیری رسید.

من شخصاً الهیار صالح را که یکی از سران جبهه‌ی ملی و مردی منطقی و معقول بود برای تصدی نخست‌وزیری مناسب‌تر می‌دانستم، اما اکثریت مجلس به احمد قوام ابراز تمایل کرد. قوام‌السلطنه گرچه سیاست‌مداری مجرب بود، اما در آغاز مرتکب اشتباهاتی جبران‌ناپذیر شد و با ملی کردن نفت مخالفت ورزید.

اشتباه فاحش قوام، تهران را به آشوب کشید از بیست‌و هفتم تا سی‌ام تیر ۱۳۳۱ تظاهرات خشونت‌آمیزی در پایتخت صورت گرفت. من به ارتش دستور دادم که از تیراندازی به سوی مردم خودداری کند و سرانجام برای اجتناب از بروز یک جنگ داخلی، بار دیگر مصدق را به نخست‌وزیری منصوب کردم و شرائطش را پذیرفتم.

تصور می‌کنم در این هنگام مصدق به‌خوبی می‌دانست که کشور رو به ویرانی می‌رود، اما چنان از یک طرف دستخوش احساسات عوام‌فریبانه و ضدخارجی، و از طرف دیگر آن‌قدر در مسائل اقتصادی بی‌اطلاع بود که جز ادامه راه قبلی، کاری نمی‌توانست انجام دهد.

از این پس دیگر مصدق دربست زندانی متحدان افراطی چپ و راست خود شد. او که خود را قبلاً قهرمان دفاع از همه‌ی اصول قانون اساسی ایران می‌خواند، برخلاف همه‌ی قوانین مملکتی، به فعالیت مجلس سنا پایان داد و دیوان‌عالی کشور را منحل کرد. انتخابات مجلس شورای ملی را متوقف ساخت، در حالی که هشتاد نماینده از مجموع صدوسی‌و دو نفر انتخاب

شده بودند. و چون اکثر همین نمایندگان منتخب نیز با او مخالفت کردند برای تعطیل مجلس شورای ملی، متوسل به‌ترتیب یک همه‌پرسی شد.

در این همه‌پرسی، رأی‌گیری مخفی نبود و ناچار آراء موافق، اکثریت یافتند. سپس مصدق برای تحمیل عقاید خود، به برقراری حکومت نظامی پرداخت که قبلاً همواره با آن مخالف می‌بود. (اصولاً مصدق در تمام مدت زمامداریش به غیر از یک روز، با استفاده از حکومت نظامی به اداره‌ی امور پرداخت) و چون صندوق‌های دولت خالی بود، محرمانه دستور داد که بدون پشتوانه و بدون رعایت مقررات پولی و بانکی، اسکناس انتشار دهند که در نتیجه تورم شدیدی پدیدار شد و به وخامت اوضاع افزود.

از طرف دیگر، مصدق قادر به جلوگیری از گسترش نفوذ حزب توده نبود. طرفداران حزب توده، اندک‌اندک در همه جا نفوذ یافتند. مخصوصاً در ارتش که در این هنگام مستقیماً تحت‌نظر مصدق بود که شخصاً به پیروی از سیاستی که انگلیسی‌ها در زمان جنگ پیشنهاد می‌کردند، وزارت جنگ را بعهده داشت.

سرتیپ ریاحی
از مصدق تا بازرگان

همه‌ی این مشقات و بحران اقتصادی، به‌این بهانه به ایران تحمیل شد که مصدق می‌خواست ایران را از سلطه‌ی نفوذ انگلیسی‌ها نجات دهد. نتیجه‌ی اعمال او این شد که انگلیسی‌ها تسلط خود را بر بازارهای نفت ایران هم‌چنان حفظ کردند، حال آن‌که از این منابع دیگر حتی یک دینار عاید ایران نمی‌شد. نفت ما در انبارها باقی ماند و یا استخراج نشد. ولی انگلیسی‌ها مشکلات خود و مشتریان خود را با افزایش خرید نفت به قیمت ارزان‌تر، از عراق و به‌خصوص از کویت حل کردند. تصور می‌کنم در کویت قیمت استخراج هر بشکه نفت در این هنگام نه سنت بوده و در ایران سیزده سنت! بدین ترتیب انگلیسی‌ها در همه‌ی جبهه‌ها پیروز شدند. گوئی هدف

واقعی مصدق درست خلاف آنچه بود که اعلام می‌کرد.

باید اضافه کرد که «دوستان» انگلیسی مصدق هنگامی که احساس کردند که دیگر برای آنها مفید نیست و می‌توان بدون دخالت وی راه‌حلی برای مشکل نفت پیدا کرد، او را به حال خود رها کردند.

در مرداد ۱۳۳۲، پس از حصول اطمینان از پشتیبانی ایالات متحده آمریکا و انگلیس، که سرانجام سیاست مشترکی را آغاز کرده بودند و پس از بررسی اوضاع با کرمیت روزولت نماینده‌ی سازمان مرکزی اطلاعات ایالات متحده، بر آن شدم که برای یافتن راه‌حلی وارد عمل شوم: در ۲۵ مرداد ۱۳۳۲ سرهنگ نعمت‌الله نصیری فرمانده گارد شاهنشاهی را مأمور کردم که فرمان برکناری مصدق را به وی ابلاغ کند و سپهبد فضل‌الله زاهدی را که از دوستان پیشین مصدق و وزیر سابق دولت او بود به نخست‌وزیری برگزیدم

مصدق بر خلاف نص صریح قانون اساسی ایران، به فرمان برکناری خود، اعتنا نکرد و به این هم اکتفا ننموده به یک کودتای نظامی دست زد. مأمور انجام این توطئه کسی جز سرتیپ ریاحی رئیس ستاد ارتش نبود. کودتای نظامی مصدق با شکست مواجه شد. ولی شرکت در این توطئه‌ی خلاف قانون اساسی کشور، مانع آن نشد که ریاحی در زمان سلطنت مستبدانه‌ی! من، ثروتی عظیم از راه فعالیت‌های ساختمانی فراهم آورد و اکنون همین شخص وزیر جنگ بازرگان است.

پس از ابلاغ فرمان برکناری مصدق، من که از طرح‌های سیاسی و جاه‌طلبی‌های او کاملاً باخبر بودم، تصمیم گرفتم که برای جلوگیری از هرگونه خون‌ریزی، کشور را ترک کنم و ایرانیان را در انتخاب راه آینده‌ی کشور آزاد بگذارم. این تصمیم بی‌مخاطره نبود، ولی با تعمق و تأمل و سنجش نتایج، آن را اختیار کردم. پس از ترک ایران، ابتدا با هواپیمای دو موتوره‌ی شخصی خود به بغداد رفتم. سفیر ما در بغداد، حتی در مقام توقیف من برآمد! ولی من به زیارت عتبات عالیات شتافتم و سپس راهی

رم شدم و در آنجا بود که از سرنوشت فلاکت‌بار سیاست‌مداری که ایران را به ورشکستگی و سقوط کشانده بود، آگاه شدم.

بیداری ایرانیان

باید گفت که ملت ایران در آستانه‌ی سقوط حتمی، به‌خود آمد و نسبت به خطر عظیمی که حیات کشور را تهدید می‌کرد، آگاهی و وقوف یافت.

پس از آن‌که من ایران را ترک کردم، کشور سه روز دچار فتنه و آشوب بود. به‌خصوص در دو روز اول در تهران، هواداران مصدق و توده‌ای‌ها، تظاهرات وسیع و خشونت‌آمیزی ترتیب دادند. در روز سوم یعنی ۲۸ مرداد کارگران، اصناف، دانشجویان، پیشه‌وران، صاحبان مشاغل آزاد، سربازان و پاسبانان، همه‌ی زنان و مردان و حتی کودکان، با همتی بی‌نظیر و شجاعتی وصف‌ناپذیر به میدان‌ها و خیابان‌ها ریختند و به مقابله با تفنگ‌ها و مسلسل‌ها و حتی تانک‌های دیکتاتور غیرمسئول پرداختند و اوضاع را یک‌روزه دگرگون کردند. بر اثر یک تیراندازی اخطارگونه، مصدق با پیژامه از خانه‌ی خود گریخت و به زیرزمین یکی از منازل مجاور پناه برد. ناگفته نماند که به دستور مصدق ۲۷ چوبه‌ی‌دار در میدان سپه تهران برپا کرده بودند که در ملاءعام تعدادی از مخالفین وی را که تنی چند از آنان یاران سابق خود وی بودند، اعدام کنند.

پس از این ماجراها، من بی‌درنگ به وطن بازگشتم و با استقبالی پرشور و گرم از جانب هم‌وطنانم مواجه گشتم. گرمی و وسعت احساسات مردم، در حقیقت رأی اعتمادی بی‌چون و چرا به من بود. من تا آن زمان پادشاهی بودم که سلطنت را به ارث دریافت کرده بودم و از آن پس پادشاه منتخب ملتم شدم.

مصدق در مقابل دادگاه به بازی خود ادامه داد: گاه می‌کوشید جلب ترحم کند. گاه شوخی می‌کرد، گاه با خشونت سخن می‌گفت. به‌هرحال توانست

نمایشی برای مطبوعات بین‌المللی فراهم آورد. بعضی‌ها عقیده داشتند که چون مصدق از مادر، به خاندان قاجار منسوب بود، نسبت به سلسله‌ی ما دشمنی خاص داشت. من از این موضوع مطمئن نیستم. ولی می‌دانستم که در دادگاه، به عنوان قیام و اقدام علیه قانون اساسی، با خطر محکومیت به مرگ مواجه است. پس در نامه‌ای به دادگاه نوشتم که شخصاً از همه تقصیرات او نسبت به خودم چشم‌پوشی می‌کنم. در نتیجه با تخفیف مجازات، مصدق به سه سال زندان محکوم شد و بعد از پایان مدت محکومیت، به ملک بزرگ خود احمدآباد، که در غرب تهران واقع است رفت و در سال ١٣٤٥ درگذشت.

محاکماتی که بعد از سقوط مصدق انجام یافت، حقایق شگفت‌انگیزی را پیرامون جریانات سیاسی سال‌های ١٣٢٠ تا ١٣٣٢ بر همگان روشن کرد.

از جمله آن‌که شماره‌ی افسران قوای مسلح که عضو حزب توده بودند، در این مدت از یکصد و ده تن به ششصد تن رسیده بود. نقشه‌ی حزب توده آن بود که از مصدق برای برکناری من استفاده کند و سپس خود او را دو هفته بعد از رفتن من، از میان بردارد. حتی کمونیست‌ها تمبرهای جمهوری خلق ایران را که می‌بایست بعد از برکناری مصدق اعلام شود، آماده چاپ و انتشار کرده بودند که من این تمبرها را به چشم خود دیده‌ام

قیام ملت ایران به هواداری از من، این نقشه‌ها را برهم زد و پس از استقرار مجدد حکومت قانونی در ایران، حزب توده به فعالیت‌های زیرزمینی و تخریبی پرداخت. اندکی قبل از این ماجرا استالین درگذشته بود و بر اثر تغییر تدریجی سیاست شوروی، رویه‌ی حزب توده نیز بعداً دچار تحولاتی شد.

پشتیبانی سیاسی و مالی روس‌ها از حزب توده محل تردید نیست. بعضی‌ها، انگلیسی‌ها و مخصوصاً آمریکائیان را متهم کرده‌اند که در جریان قیام مردم علیه مصدق، به مخالفین وی کمک‌های مالی کرده‌اند. مدارک

انکارناپذیر نشان می‌دهد که در این جریان سازمان مرکزی اطلاعات آمریکا شصت‌هزار دلار خرج کرده است. آیا می‌توان تصور کرد که با این مبلغ ناچیز و در مدت چند روز ترتیب یک قیام ملی به منظور برانداختن یک حکومت غیرقانونی میسر باشد.

نزدیک به سی ماه لازم آمد که چهره‌ی واقعی مصدق، به صورت آن شاگرد جادوگر افسانه‌ها، بر ایرانیان روشن و شناخته شود که چه جریان‌ها برانگیخت، بدون آن که خود قادر به تسلط بر آنها باشد.

در آخر ماه مرداد ۱۳۳۲ حکومت اراذل و اوباش بر کوچه و خیابان‌های شهر پایان گرفت و ایرانیان توانستند در صلح و صفا و امنیت به کار و زندگی خود بپردازند. ولی در طی این مدت، کشور دچار ویرانی، سخت مقروض شده بود و در حقیقت طی مدت کمتر از سه سال ما صدها میلیون دلار از دست داده و متضرر شده بودیم.

در فصل بعد خواهیم دید که ایران چگونه توانست مسأله‌ی نفت را حل کند.

فصل چهارم
از عصر نفت تا دوران اتم

تاریخ‌نویسان روایت کرده‌اند که آتش معبد مقدس زرتشت در آذربایجان هرگز خاموش نمی‌شد. چنین پیداست که این شعله‌ها تنها بر تاریخ ملت ما پرتوافکن نبود، بلکه آینده‌ی ایران را نیز روشن و تابناک ساخت.

فراموش نکنیم که نخستین چاه نفت به دستور داریوش کبیر حفر گردید. این چاه در منطقه شوش، گوشه‌ای از خوزستان نفت‌خیز قرار داشت که بیست‌وپنج قرن بعد شاهد حفر چاه‌های کنونی در آن بودیم.

تاریخ نفت، پرماجراترین فصل تحولات اقتصادی و سیاسی بسیاری از ملل عالم در عصر حاضر است. فصلی مملو از تحریکات، توطئه‌ها نشیب و فرازها، دگرگونی‌های سیاسی و اقتصادی، سوءقصدها، کودتاها و انقلاب‌های خونین. حوادثی که در سال‌های اخیر بر میهن ما گذشت و ماجراهائی که امروز ایران با آن مواجه است، هم‌چنین حوادث منطقه‌ی خاورمیانه بدون بررسی دقیق مسأله‌ی نفت، قابل فهم و تجزیه و تحلیل نسیت.

یک تاریخ غیرانسانی

امپراتوری عظیم نفت، یکی از غیرانسانی‌ترین حکومت‌هائی است

که تاریخ جهان به خود دیده، حکومتی که نه اصول اخلاقی بر آن حاکم است و نه ملاحظات اجتماعی و انسانی، اگر تحصیلات و سوءاستفاده‌های ناجوانمردانه‌ی تراست‌های بزرگ نفتی جهان در کشور ما پایان گرفت، نه به‌آن خاطر بود که این جهان‌خواران اصول انصاف و مروت و انسانیت را پذیرفتند، بلکه به‌خاطر پیروزی ملت ایران در مبارزه‌ای بود که در ابتدای قرن بیست آغاز شد.

چنان‌که دیدیم، امتیاز نفت ایران در سال ۱۹۰۱ برای مدت شصت سال به ویلیام ناکس دارسی اعطاء شد. این امتیاز شامل بود بر حق اکتشافات، استخراج، تصفیه و فروش و صدور نفت در سرتاسر خاک ایران، به‌جز پنج ایالت شمالی، شرکت صاحب امتیاز متعهد بود که ۱۶٪ از منافع حاصل را به دولت ایران بپردازد. در قرارداد تصریح شده بود که ایران حق مداخله و نظارت در امور شرکت را ندارد و ایرانیانی که در تأسیسات نفتی کار می‌کنند، در امور نفتی و مدیریت اشتغال نداشته، فقط در حد کارگر ساده و غیرمتخصص خواهند بود.

دارسی، پس از اخذ این امتیاز همه حقوق خود را به دولت بریتانیا واگذار کرد و بدین ترتیب شرکت بزرگ و توانای نفت ایران و انگلیس بوجود آمد که به سرعت یکی از پرنفوذترین شرکت‌های نفتی جهان شد

در سال ۱۳۱۲ دولت ایران توانست قرارداد دارسی را لغو کند. قرارداد جدیدی که منعقد شد، درآمد چندان بیشتری عاید کشور ما نمی‌کرد. در موافقت‌نامه سهم ایران از هر بشکه نفت صادره از ۰/۱۷ دلار به ۰/۲۳ دلار افزایش یافت و حوزه عمل شرکت نفت ایران و انگلیس به مساحتی برابر یک‌صدهزار میل مربع کاهش یافت. هم‌چنین شرکت مکلف گردید، در موارد ممکن از استخدام خارجیان خودداری کند.

تحقیرها و بی‌عدالتی‌ها

در این میان منافع شرکت نفت ایران و انگلیس به ارقام سرسام‌آوری رسید. نه تنها یکصدمیلیون دلار سرمایه‌گذاری اولیه شرکت کاملاً در اوایل دهه ۱۹۳۰-۱۹۲۰ مستهلک گردیده بود، بلکه درآمد شرکت به بیست‌برابر این رقم بالغ می‌شد. ایران از این درآمدهای سرشار سهم شایسته‌ای نداشت. سهامداران شرکت، بعضی در درجه اول دریاداری انگلستان، و نیز خزانه آن کشور به درآمدهای سرشاری رسیدند. بعنوان مثال در سال ۱۹۵۰ در حالی‌که شرکت فقط ۴۵ میلیون دلار حق‌الامتیاز به دولت ایران پرداخت، میزان مالیات تأدیه‌شده به خزانه بریتانیا ۱۱۲ میلیون دلار بود و این خود معیاری است برای سنجش میزان سود سهامداران!!

علاوه بر این، شرکت نفت ایران و انگلیس در روابط خود با ایران، سیاست تبعیضی در پیش گرفته بود. چرا که حق‌الامتیازی که به عراق و کویت و سایر ممالک پرداخت می‌شد به مراتب بیش‌تر بود. هم‌چنین تمامی گازی را که از استخراج نفت حاصل می‌شد می‌سوزاندند و از این ممر هیچ چیز عاید ایران نمی‌شد.

انگلیسی‌ها حتی به اجرای همین قرارداد نیز تن در ندادند و مخصوصاً به تربیت کارشناسان فنی ایرانی و کاهش تعداد کارگران خارجی راضی نشدند.

دستمزد ایرانیان ناچیز و به مراتب کمتر از خارجیان بود و برخلاف تعهد خود، انگلیسی‌ها از تأمین مسکن برای کارگران ایرانی سرباز زدند. در حالی‌که شرکت‌های نفتی آمریکائی با دولت عربستان سعودی قراردادهائی بر مبنای ۵۰-۵۰ منعقد کرده بودند.

حق‌الامتیازی که شرکت نفت ایران و انگلیس به‌ما می‌پرداخت حتی کمتر از سی‌درصد بود و قسمت مهمی از عواید و منافع حاصل از بهره‌برداری نفت ایران را، انگلیسی‌ها در سایر ممالک برای توسعه اکتشاف و استخراج و تصفیه نفت سرمایه‌گذاری می‌کردند.

در حقیقت رفتار انگلیسی‌ها با ایران چیزی نبود، جز تحمیل و تحقیر و بی‌عدالتی.

ایران، سرانجام به بهره‌برداری از نفت خود توفیق یافت

در بیست‌ونهم اسفند ۱۳۲۹ قانون ملی شدن صنعت نفت به تصویب مجلس شورای‌ملی ایران رسید.

من گرم‌ترین و پرشورترین طرفدار این قانون بودم. ولی عقیده داشتم که باید به همراه آن به مذاکره با شرکت‌های نفتی پرداخت تا ترتیب صحیح و معقولی برای استفاده از ثروت‌های کشور داده شود. اقداماتی که بعداً در زمینه‌ی اجرای قانون صورت گرفت. همه آمیخته با عدم تدبیر و ناشی‌گری و در نتیجه، بی‌حاصل بود و به توقف تقریباً کامل فعالیت‌های اقتصادی در ایران منتهی شد.

بریتانیای کبیر، از دولت ایران به دیوان داوری لاهه شکایت برد و ٤٨٠٠ تن متخصصان فنی خود را از کشور ما خارج کرده به منع فروش نفت از جانب ایران پرداخت. نتیجه آن‌که شرکت ملی نفت ایران که تازه تأسیس شده بود، حتی به نصف قیمت، موفق به فروش و صدور نفت نشد. تنها یک کشتی کوچک نفت‌کش حاضر به حمل نفت صادراتی ایران شد که انگلیسی‌ها آن را هم در بندر عدن ضبط و توقیف کردند. طی مدت سه سال نه تنها ایران از محل نفت درآمدی نداشت، بلکه مبالغ زیادی را صرف نگاهداری تأسیسات نفتی خود نمود.

پس از مذاکرات طولانی سرانجام در سال ۱۳۳۳ ما قراردادی با یک کنسرسیوم مرکب از هشت شرکت نفتی بزرگ جهان امضا کردیم. مقرر شد که این شرکت‌ها بصورت «عامل» شرکت ملی نفت، عمل نمایند. مدت اعتبار قرارداد ۲۵ سال بود و امکان تمدید آن به مدت پانزده سال دیگر یعنی هر پنج سال یک بار پس از انقضای موعد وجود داشت. در قرارداد اصل ۵۰-۵۰

ملحوظ شده بود و نیمی از سود بهره‌برداری نصیب ایرانیان می‌شد.

سه سال بعد ما توفیق یافتیم که برای نخستین بار شرکت ملی نفت ایران را در مجموع فعالیت‌های نفتی کشور، شریک و سهیم گردانیم و آن قراردادی با شرکت آجیب به ریاست انریکو ماته‌ئی بود که شرکت مشترک نفت ایران و ایتالیا تشکیل شد و پنجاه درصد سهام آن متعلق به ایران بود. اندکی بعد قرارداد دیگری بر همین اساس با شرکت نفت پان‌امریکن برای استخراج نفت فلات قاره ایران تشکیل شد. و چون در هر دو قرارداد، از یک طرف شرکت ملی نفت ایران مالک پنجاه درصد سهام شرکت بهره‌برداری‌کننده بود، و از طرف دیگر دولت ایران پنجاه درصد مالیات از منافع را دریافت می‌داشت، عملاً سهم کشور به ۷۵٪ می‌رسید. مضافاً این‌که در قرارداد با کمپانی شل ۸۵ میلیون دلار به عنوان حق‌القدم و بلاعوض به دولت ایران پرداخت گردید.

از این پس سیاست نفتی ایران بر این اصل قرار گرفت که دیگر مطلقاً هیچ نوع امتیازی، به هیچ شرکت خارجی، داده نشود و شرکت‌های خارجی یا به‌عنوان واسطه و یا به‌عنوان شریک، به هزینه‌ی خود به اکتشاف بپردازند و اگر به نفت دست یافتند آن زمان دولت ایران در هزینه و منافع استخراج و بهره‌برداری شریک و سهیم باشد.

چه بسیار جلسات و مجامع که برای بحث در این موضوع از ۱۹۵۰ تا ۱۹۷۳ تشکیل شد. در این تاریخ بود که سرانجام توفیق یافتیم قرارداد خود را با شرکت‌های عامل نفت، بکلی دگرگون سازیم و مالکیت کامل و مطلق ایران را بر منافع و تأسیسات نفت، بی‌چون و چرا مستقر نمائیم. در حقیقت در این زمان بود که قانون ملی‌شدن نفت پس از تقریباً یک ربع قرن تلاش ایران و من، به نتیجه‌ی نهائی خود رسید و آرزوی ما جامه‌ی عمل پوشید. از این پس شرکت‌های عامل نفت دیگر خریدار ساده‌ای بیش نبودند و ایران نه تنها مدیریت کامل همه تأسیسات نفتی خود را به عهده

گرفت، بلکه در تعیین شرایط فروش نفت نیز آزادی کامل یافت.

مرگ انریکو ماته‌ئی

از ۱۳۳۷ که شکیبائی من در برابر تحمیلات و سوءاستفاده‌های شرکت‌های بزرگ نفتی واقعاً به پایان رسید و ما در مقامی بودیم که می‌توانستیم با آنان جداً به مقابله بپردازیم، اندک‌اندک حوادث و وقایعی غریب و شگفت‌انگیز وقوع یافت.

وقوع چنین حوادثی، در انقلابی‌ترین دوران تاریخ بهره‌برداری از منابع نفتی جهان، شاید شگفت‌آور هم نباشد. چرا که منافعی بس مهم در معرض خطر قرار گرفته بود که برای حفظ آن‌ها نه از نیرنگ و خدعه دریغ شد، نه از خشونت، نه از افترا، نه حتی از جنایت. شرکت‌های بزرگ نفتی برای مقابله با کشورهای تولیدکننده‌ی نفت، توسل به‌هر سلاحی را جایز می‌شمردند.

دو واقعه دارای اهمیت و توجه خاص است:

نخست، مرگ ناگهانی انریکو ماته‌ئی رئیس شرکت نفت ایتالیا که یک قرارداد نفتی انقلابی با ایران منعقد کرده بود.

هنگامی که من ماته‌ئی را شناختم وی مردی بود تقریباً پنجاه ساله، فعال و پرتحرک که بازارهای نفتی جهان را می‌شناخت و به خطراتی که در مبارزه با شرکت‌های بزرگ نفتی جهان متوجه او بود، وقوف کامل داشت. ولی همیشه عادت داشت بگوید: «من وقت ترسیدن ندارم.» ماته‌ئی برای صرفه‌جوئی در وقت، همواره با هواپیما یا هلی‌کوپتر سفر می‌کرد و ظاهراً مجموع ساعات پرواز او به ۵۷۰۰ می‌رسید. جت کوچک وی همواره آماده‌ی پرواز بود و خلبانی ماهر و محتاط به نام سرگرد برتوزی داشت.

در ساعت ۱۷ و ۲۵ دقیقه روز ۲۷ اکتبر ۱۹۶۲ هواپیمای وی از یک فرودگاه سیسیل پرواز کرد، و قرار بود که در ساعت ۱۸ و ۵۷ دقیقه در فرودگاه میلان فرود آید. ویلیام مک‌لال، رئیس دفتر مجله‌ی معروف تایم در ایتالیا در این

سفر ماته‌ئی را همراهی می‌کرد.

برفراز فرودگاه میلان هوا بارانی و مه‌آلود بود و برج مراقبت آخرین پیام سرگرد برتوزی را دریافت کرد که اعلام آمادگی فرود آمدن می‌نمود. ولی دیگر از وی پیامی نرسید و در ساعت ده بعدازظهر خبر داده شد که هواپیمای وی در نزدیک باسکاب در ایالت باوی سقوط کرده و هیچ‌کس از این حادثه جان سالم به در نبرده است. اضافه کنیم که در اوائل ماه اکتبر، طی بازرسی همین هواپیما یک بمب در آن کشف کرده بودند.

در گزارش رسمی، علت سقوط هواپیما فقدان دید کافی ذکر شد. آیا باید این گزارش را پذیرفت و مرگ وی را یک حادثه دانست؟

به اتفاقات دیگری بپردازیم:

به‌محض این‌که ایران حاکمیت مطلق ثروت‌های زیرزمینی خود را به‌دست آورد، بعضی از وسائل ارتباط جمعی دنیا مبارزه‌ای وسیع علیه کشور ما آغاز کردند و مرا پادشاهی مستبد خواندند. فعالیت‌های ضدایرانی سازمان‌های به‌اصطلاح دانشجوئی در خارج از کشور تشویق شد. این مبارزه در سال ۱۳۳۷ آغاز شد و در سال ۱۳٤۱ به اوج خود رسید. ولی هرگز از پای ننشست و گرچه پس از انقلاب شاه و ملت در این سال، در مقابل پیشرفت‌ها و تحولات ایران، تا حد زیادی دشمنان ما ناچار به‌سکوت شدند، اما دوباره مبارزه‌ی تبلیغاتی خود را در سال ۱۳٥٤ از سر گرفتند.

سیاست نفتی ایران

سیاست نفتی ایران، نقطه‌ی مقابل کوته‌بینی شرکت‌های بزرگ نفتی جهان بود. وزرای نفت کشورهای صادرکننده‌ی نفت در اواخر دسامبر ۱۹۷۳به دعوت من در تهران گرد آمدند. در همین مجمع بود که به تاریخ ۲۳ دسامبر تصمیم گرفته شد نرخ یک بشکه نفت از ٥/۰۳۲ به ۱۱/٦٥۱ دلار افزایش داده شود.

وسایل ارتباط جمعی جهان، بلافاصله مرا متهم به تخریب اقتصاد غرب و بلکه دنیا کردند. برای روشن کردن رویه و دیدگاه‌های خود، طی یک کنفرانس مطبوعاتی که اندکی بعد در کاخ سعدآباد برپا شد، توضیح دادم که حتی قیمت جدید کافی نیست و معتدل و معقول است. چرا که فروش‌هائی به نرخ هر بشکه ۱۷ دلار انجام شده و پیشنهادهائی تا معادل هر بشکه ۲۳/۶۰ دلار دریافت گردیده.

افزودم که قصد ما ایجاد نابسامانی و عدم تعادل در اقتصاد جهانی نیست، بلکه سیاست جدید نفتی ما به انجام تعادل طویل‌المدت اقتصاد دنیا کمک خواهد کرد، چرا که قیمت نفت باید با هزینه‌ی تولید منابع دیگر نیرو و یا جانشین آن، هم‌آهنگ و متناسب باشد.

بسیار غیرعادی و حتی زننده بود که قیمت نفت، از بهای آب‌معدنی اویان هم کمتر باشد. حال آن‌که نفت ماده‌ای است بسیار مهم که در آن سال حدود هفتاد هزار محصول مختلف از آن مشتق می‌شد و ساختن بسیاری از این محصولات، به درجه‌ای از پیشرفت صنعتی و وسائل پیچیده نیاز داشت که سهم قیمت نفت در کل بهای آن‌ها، بسیار ناچیز بود.

عقیده‌ی من آن بود که باید به نفت بیش‌تر به‌صورت ماده‌ی اولیه‌ی محصولات و مصنوعات پتروشیمی نگریست که به تدریج کامل‌تر و پیچیده‌تر و متنوع‌تر می‌شود.

استفاده از نفت برای تولید حرارت یا روشنائی یا راه بردن خطوط آهن، از دیدگاه من سیاست عاقلانه‌ای نبود و نیست. من عقیده داشتم و دارم که باید در سیاست نیرو، آینده‌نگر بود و فقط به‌زمان حال نیاندیشید و نگفت «از پس مردن من عمر چه دریا چه سراب».

علیه سیاست کوته‌بین شرکت‌های نفتی بود که من اعلام خطر کردم.

ارائه‌ی راه‌حل سازنده برای جلوگیری از نابسامانی اقتصاد جهانی

برای آن‌که بتوان تدریجاً نفت را فقط بصورت ماده‌ی اولیه‌ی صنایع شیمیائی و پتروشیمی به کار برد، لازم بود و هست که منابع جدیدی برای تولید نیرو فراهم شود. چون بهره‌برداری از انواع مختلف ذغال‌سنگ و منابع نیروی ناشی از آفتاب و یا مواد گداخته‌ی زیرزمینی، یا جذر و مد اقیانوس‌ها و دریاها، تا هنگامی که قیمت نفت ارزان و باصرفه باشد، هیچ‌کس به دنبال بهره‌برداری از این منابع گران‌قیمت نخواهد رفت.

اگر استفاده از نفت ارزان به‌آهنگ کنونی ادامه یابد، دنیا در آینده‌ی نزدیک با بحران کمبود فاحش منابع نیرو و سقوط کامل اقتصادی مواجه خواهد شد. نتیجه آن‌که توجه عاجل به سایر منابع نیرو ضروری و حیاتی است. ضمن همین توضیحات بود که شش سال پیش گفتم که فروش نفت به‌قیمت عادلانه، در نهایت امر به‌صرفه و صلاح کشورهای صنعتی خواهد بود. ولی باید نیل به قیمت عادله را متدرجاً و در مراحل مختلف انجام داد تا آماده‌سازی منابع جایگزین، از طریق سرمایه‌گذاری‌های ضروری میسر و مقدور باشد. و نیز اقتصاد جهان بتواند یک برنامه درازمدت و سنجیده‌ی صرفه‌جوئی در نفت را به مرحله‌ی اجرا و عمل درآورد.

عقیده‌ی من این بود و هست که برپایه‌ی این دو سیاست، از یک طرف با سرمایه‌گذاری در منابع نیروی جایگزین نفت و از طرف دیگر با صرفه‌جوئی تدریجی در مصرف آن، جهان خواهد توانست بدون مشکل عمده به دوران جدید منابع نیروی پایان‌ناپذیری چون اتم و خورشید برسد.

عقیده‌ی من این بوده و هست که سیاست نفت ارزان، سیاستی است کوته‌نظرانه که به اتلاف منابع موجود نفت خواهد انجامید و جهان را با یک فاجعه‌ی عظیم اقتصادی مواجه خواهد کرد.

لازمه‌ی سیاست قیمت عادلانه نفت آن بود و هست که مرحله

به‌مرحله و به‌تدریج، در قیمت فروش نفت، تجدید نظر شود تا کشورهای مصرف‌کننده و به‌خصوص ممالک صنعتی، بتوانند اقتصاد خود را با آن تطبیق دهند. به همین سبب بود که پیشنهاد کردم برای اجتناب از ورود در یک دور تسلسل باطل و جهنمی، میان کشورهای صادرکننده نفت و ممالک عمده‌ی مصرف‌کننده از جمله اعضای سازمان همکاری و توسعه اقتصادی، یعنی کشورهای بزرگ صنعتی غرب، هم‌آهنگی‌های لازم را از طریق مذاکرات جدی و مستمر به‌وجود آورد و قیمت نفت بر اساس توافق آن‌ها در حدی که برای اقتصاد جهان قابل تحمل باشد، تعیین گردد.

بعداً درباره‌ی پیشنهادهای دیگر خود در زمینه‌ی راه و روش‌های اجتناب از پیدایش یک بحران اقتصادی جهانی سخن خواهم گفت.

عجب نیست اگر به اشاره و اغوای گروه‌های فشار بین‌المللی، وسایل ارتباط جمعی جهان غرب فقط به قسمت اول پیشنهادهای من، یعنی افزایش قیمت نفت توجه کردند و نه به مجموع آن‌ها.

هم‌چنین پیشنهاد کرده بودم که میزان عوارض و مالیاتی که کشورهای صنعتی وارد کننده‌ی نفت از فروش آن در داخل سرزمین خود وصول می‌کنند به یک‌برابر قیمت خرید محدود شود. یعنی آنچه خزانه‌ی کشورهای مصرف‌کننده از محل نفت دریافت می‌کند، بیش از آنچه حاصل ممالک تولیدکننده می‌شود، نباشد. اما کسی به این پیشنهاد هم توجه نکرد. زیرا بهانه‌ی تبلیغات بر اساس گرانی نفت و تورم را علیه کشورهای تولید و صادرکننده کاملاً سلب می‌کرد.

پس از شش سال، جهان نظرات مرا تائید کرد

روزنامه‌ی لوموند، که همواره مخالف سیاست ایران و شخص من بوده است در مقاله‌ای که در ضمیمه‌ی دیپلماتیک خود به تاریخ مارس ۱۹۷۹ تحت عنوان «بحران نیرو و قیمت نفت» انتشار داد. همه‌ی این استدلال‌ها

را تائید کرد.

در این مقاله که پنج سال و سه ماه، پس از کنفرانس تهران، انتشار یافت همه‌ی آن‌چه من گفته بودم، مورد تائید قرار گرفته و بر ضرورت و لزوم فروش نفت به‌قیمتی عادلانه، صحه گذاشته شده است.

در این مقاله به‌رسوائی غیرقابل قبول اتلاف سالیانه ۱۲۰ میلیارد مترمکعب گاز در جهان، که بی‌حاصل و بی‌مصرف سوزانده می‌شود، اشاره شده و به‌صراحت ذکر گردیده که سهم مالیات و عوارض داخلی در قیمت نفت در کشورهای صنعتی بیش از قیمت خرید آن از ممالک صادرکننده است. سرانجام نویسنده‌ی مقاله، نزدیک شش سال بعد از من، بر ضرورت یک توافق جهانی بر سر قیمت نفت تأکید می‌کند.

در این مقاله دقیقاً همه‌ی عقاید و پیشنهادهای من بازگو شده، بدون آن‌که اشاره‌ای به کنفرانس مطبوعاتی کاخ سعدآباد شده باشد! در مقابل، مقاله‌ی روزنامه لوموند به یک مطالعه‌ی شرکت نفت کنتیننتال در سال ۱۹۷۶ (دایر بر این‌که، امکان رقابت میان پنج منبع دیگر نیرو را با نفت به‌وجود خواهد آورد) و یک گزارش مؤسسه‌ی معروف راند،که برای سازمان مرکزی اطلاعات آمریکا تهیه شد (دایر بر این‌که افزایش قیمت نفت به سی دلار هر بشکه، ذخائر نفتی قابل بهره‌برداری جهان را دوبرابر خواهد کرد) استناد می‌کند.

بالاخره باید گفت که در ماه اوت ۱۹۷۸ جیمز شلزینگر وزیر نیروی وقت ایالات متحده امکان رسیدن قیمت نفت خام را به چهل و حتی پنجاه دلار در هر بشکه مورد توجه قرار داد.

کافی است به نام‌ها و تاریخ‌ها توجه کنیم. سیاستی که وسایل ارتباط جمعی جهان، شش سال پیش «خانمان برانداز» و «تهدیدآمیز و شرم‌آور» می‌خواندند و همگان را به‌مبارزه با آن دعوت می‌کردند. امروز به‌عنوان تنها سیاست معقول و منطقی مورد قبول و تائید قرار گرفته.

اما کسی که آن را پیشنهاد کرد و امروز با حسن‌تدبیر و تعقل می‌توانست

وسایل و موجبات اجرای آن را فراهم آورد، از صحنه‌ی سیاست جهان فعلاً کنار رفته است.

گناه من آن بود که حق داشتم.

تصویب قانون جدیدی پیرامون نفت در ایران، به خشم وسائل ارتباط جمعی جهان در باره‌ی کشورم و خود من افزود. طبق این قانون شرکت‌های نفتی خارجی، فقط به‌عنوان خریدار نفت و یا طرف قرارداد شرکت ملی نفت ایران حق داشتند در کشور ما عمل کنند. می‌بایست در مرحله‌ی اول به شرکت‌های خارجی اجازه‌ی اکتشاف در منطقه‌ی محدود و معینی داده شود و در صورت حصول نتیجه و کشف نفت، شرکت مورد بحث منحل می‌شد و شرکت ملی نفت ایران می‌بایست نفت حاصل را به قیمت بین‌المللی و با تخفیف حداکثر ۵٪ به آن بفروشد.

از این پس شرکت ملی نفت ایران به‌احداث پالایشگاه‌های نفت در افریقا و آسیا پرداخت و با شرکت نفت بریتانیا در بهره‌برداری از نفت و گاز دریای شمال شریک شد و حق مشارکت در اکتشاف منابع نفتی آب‌های گروئن‌لند را به اتفاق شرکت‌های بریتانیایی و آمریکائی و نروژی کسب نمود. هیچ‌یک از این توفیقات برای شرکت‌های بزرگ نفتی خوشایند نبود

در سال ۱۹۷۷ شرکت ملی نفت ایران با درآمدی معادل ۲۲ میلیارد دلار مقام نخست را در میان پانصد شرکت سودآور جهان به‌دست آورد و با فاصله‌ی زیاد بر دو شرکت بزرگ اکسون و شل پیشی جست.

بدین‌سان، وعده‌ای که به ملت خود داده بودم که شرکت ملی نفت ایران را به صورت بزرگ‌ترین شرکت نفتی جهان درآورم، جامه‌ی عمل به‌خود پوشید و تحقق پذیرفت.

قبل از آغاز حکومت نفرت و حماقت و مسخرگی بر ایران، کشور ما چهارمین تولیدکننده‌ی بزرگ نفت در دنیا بود و در میان ممالک صادرکننده، مقام دوم را داشت. بعلاوه شرکت ملی پتروشیمی ایران از یازده کارخانه

واحد وابسته، بهره‌برداری می‌کرد و شرکت ملی گاز روزبه‌روز مقام مهم‌تری در جهان بدست می‌آورد. همه‌ی ذخایر گاز ایران هنوز به‌درستی شناخته نشده، ولی آنچه قطعی است، ما را در ردیف اتحاد جماهیر شوروی و در مقام نخست جهانی قرار می‌دهد.

انسان‌ها در مقابل هرج و مرج

برای تجزیه و تحلیل و درک صحیح آنچه از یک‌سال پیش تاکنون در ایران می‌گذرد. توجه به چند نکته‌ی مهم ضرورت دارد.

تاریخ نشان خواهد داد که با رئیس مملکتی که به آینده‌ی ملتش دل‌بسته بود و جهان را به همبستگی و تعاون می‌خواند، چه رفتاری شد.

برکناری من، از صحنه‌ی سیاست جهانی، باعث شد که بعضی‌ها بتوانند نظرات مرا به نام خود وانمود کنند و سیاست افزایش قیمت نفت را تا حد ارزش اقتصادی واقعی آن به سود خود اجرا نمایند. حال آن‌که من می‌خواستم این سیاست به‌نحو هماهنگی اجرا شود و به‌نفع همگان باشد.

هنگامی که من از قدرت‌های بزرگ غربی مصراً می‌خواستم که به‌اندیشه‌ی بهره‌برداری از منابع نیروی جایگزین نفت باشند، کسی به اهمیت این موضوع توجه کافی نکرد و هنگامی که کشور ما کوشید خود به این سیاست جامه‌ی عمل بپوشاند، در راه پیشرفت ما کارشکنی و ایجاد موانع بسیار کردند.

من بارها به دو رئیس‌جمهور و یک معاون رئیس‌جمهور آمریکا گفتم که کشور آن‌ها که تواناترین ممالک جهان غیرکمونیست است، نباید و نمی‌تواند به‌خود اجازه دهد که تأمین نفتش در گرو ممالک دیگر باشد.

آیا آن‌ها این گفته‌ی مرا به یاد دارند؟ البته اکنون کوشش ایالات متحده بر این است که سیاست کاهش وابستگی خود را به منابع نیروی خارجی به مرحله اجرا درآورد و «بحران ایران» را موجب اجرای این سیاست قلمداد می‌کنند. ولی امروز دیگر این سخن بهانه‌ای بیش نیست.

ظاهراً کاهش صدور نفت ایران به خارج، موجب بروز یک «هراس واقعی در کشورهای صنعتی جهان» شده و این بیم و نگرانی به ممالک در حال توسعه نیز تسری یافته است.

واقعیت این است که از وقتی که من از صحنه‌ی سیاسی و اقتصادی جهان کنار رفته‌ام، یک تهاجم همه‌جانبه علیه تعادل و ثبات اقتصادی و سیاسی دنیا آغاز شده است که بیش از همه متوجه قدرت‌های بزرگ غربی است. این بحران در حقیقت وسیله‌ای است برای ایجاد و گسترش عدم‌ثبات در خاورمیانه و در اقتصاد جهانی.

به‌همین سبب امروزه عقیده‌ی عمومی بر این است که حوادث اخیر ایران، تعادل قوا را در جهان به‌هم زده و «وضع جدیدی» به‌وجود آورده است که انسان‌ها باید خود را با آن تطبیق دهند. متأسفانه این وضع جدید، چیزی جز هرج و مرج و نابسامانی نیست و این بیان دعوتی است از انسان‌ها که خود را با نابسامانی‌ها منطبق سازند. یعنی آن‌ها را بپذیرند.

چرا باید چنین باشد، چرا انسان‌ها نباید بتوانند با سیاستی مدبرانه اوضاع را تحت تسلط آورند؟

آن‌چه من می‌خواستم، پیش‌بینی و پیش‌گیری از این نابسامانی و هرج و مرج بود، که سال‌ها پیش از دیگران، فرا رسیدن آن را احساس و مشاهده می‌کردیم. من بارها گفتم و تکرار کردم که آینده‌ی ایران دیگر نباید در گرو نفت باشد. من بارها گفتم که مردم زمان ما با سرعتی وصف‌ناپذیر، ذخائری را که طی میلیون‌ها سال فراهم آمده مصرف می‌کنند. طبق پیش‌بینی‌های کنفرانس جهانی نیرو که در استانبول منعقد شد، در صورت ادامه‌ی آهنگ فعلی مصرف نفت در جهان، ذخائر شناخته‌شده تا سی‌وهفت سال دیگر به پایان خواهد رسید. بعداً چه خواهد شد؟

سیاست، هنر پیش‌بینی

پیشرفت بشر و ادامه‌ی برنامه‌های اقتصادی و اجتماعی کشورهای جهان، هنوز بستگی تام به نفت دارد. توسعه‌ی اقتصادی نیز منوط به ادامه‌ی وصول درآمد نفت است که در سال ۱۹۷۷به ۲۱میلیارد دلار بالغ شده بود.

در حدود سی‌سال دیگر که تعداد نفوس ایران به ٦۵ میلیون نفر بالغ خواهد شد، منابع نفتی ما به پایان می‌رسد. برای آن زمان از هم‌اکنون باید چاره اندیشید. سیاست چیزی نیست جز هنر پیش‌بینی. در نتیجه ما بر آن شدیم که نیروگاه‌های بزرگ تولید برق اتمی بسازیم. دو نیروگاه اول که در نزدیکی بندربوشهر ساخته می‌شد، به آلمان‌ها سفارش داده شد و قرار بود به ترتیب در سال‌های ۱۳۵۸و ۱۳۵۹به پایان برسد و یک سال پیش، متجاوز از هشتاد درصد کارهای آن انجام شده بود. نیروگاه‌های سوم و چهارم که در کنار شط کارون احداث می‌گردید، به فرانسه سفارش داده شده بود و تاریخ پایان ساختمان آن‌ها به ترتیب ۱۳٦۲ و ۱۳٦۳بود. اکنون ساختمان این نیروگاه‌ها تعطیل و تمام وجوهی که مصرف آنها شده بود به‌دور ریخته شده است. احداث چهارده نیروگاه دیگر نیز در دست بررسی بود و سرانجام می‌بایست قدرت تولید برق اتمی ما به ۲۵۰۰ مگاوات برسد

در بهار سال ۱۹۷۷ به دعوت ایران، پانصد تن از کارشناسان برجسته‌ی اتمی جهان، برای بررسی در باره‌ی استفاده‌ی صلح‌آمیز از نیروی اتم در توسعه‌ی اقتصادی و چگونگی ترتیب همکاری بین‌المللی در این زمینه، در شیراز گرد هم آمدند. در پاسخ پیامی که رئیس‌جمهوری ایالات متحده به مناسبت این کنفرانس برایم فرستاد، من صریحاً یادآور شدم که باید از بروز هرگونه هرج و مرج و فقدان مسئولیت در استفاده از نیروی اتم اجتناب کرد، وگرنه انسانیت با مخاطرات جدی روبرو خواهد شد. در این پیام اضافه کرده بودم که کوشش ایران، فقط در زمینه‌ی استفاده‌ی غیرنظامی از نیروی اتم است و در این راه با کلیه کشورهای علاقمند جهان همکاری خواهیم کرد

سیاست نیرو، که مبانی آن را فوقاً شرح داده‌ام، یکی از سرزنش‌های اصلی‌است که نسبت به من ابراز شده. گناه بزرگ من این بود که خواستم به موقع، و قبل از آنکه دیر شده باشد، ایران را از دوران نفت خارج کنم و به عصر اتم برسانم، که خوشبختانه در کشور ما حتی خطر تشعشعات اتمی نیز به سبب صحراهای بزرگی که داریم موجود نیست.

پس از بهمن ۱۳۵۷ همه طرح‌های بزرگ ایران در خارج با اشکال‌تراشی و مقاومت روبرو شد و آن‌ها را «تحقق‌ناپذیر» و ناممکن جلوه دادند. حال آنکه همین دولت‌ها و مقامات، یک سال پیش از آن، با شوق و التماس در مقام جلب سفارش‌ها و قراردادهای اجرای آن بودند.

گفته شد برقی کردن شبکه‌ی خطوط ایران جاه‌طلبانه و غیرممکن است. ساختمان راه‌آهن زیرزمینی تهران، بلندپروازی و تحقق‌ناپذیر است. شاهراه جنوب به تهران، بی‌فایده و ناممکن است. ساختمان شاه‌لوله گاز به شوروی غیرمقدور است و ... و گناه من این بود که برای میهنم بلندپروازی می‌کردم و مرا متهم به داشتن «جاه‌طلبی‌های شخصی» می‌کردند.

مگر نه این است که احتمال زنده ماندنم تا پایان این طرح‌های طویل‌المدت ناچیز بود. من برای خودم هیچ نمی‌خواستم. هدف و آرزوی من این بود که همه پیش‌بینی‌های لازم، برای تأمین آینده‌ی ایران انجام شود، که وحدت و تمامیت ایران تضمین گردد، که ایرانیان مرفه باشند.

خوشبختانه، علی‌رغم همه‌ی تبلیغات، درستی هدف‌ها و روش‌های من بر کلیه روشن‌بینان جهان و دل‌بستگان به ایران آشکار شده است و سیاست مالیخولیائی بازگشت به قرون وسطی و ایجاد رعب و وحشت و اختناق دیگر مقبول هیچکس نیست.

هدف من نه خواب و خیال بود و نه اهریمنی.

قسمت سوم
انقلاب سفید

فصل اول
مبانی انقلاب سفید

در سال ۱۳۳۲ دوازده سال از آغاز مبارزه‌ی من برای دفاع از موجودیت و تمامیت ایران می‌گذشت، و دیدیم که با چه دشواری‌هائی روبرو شدم و سرانجام چگونه توفیق بدست آوردم.

لازم آمد که بیست‌و پنج‌سال دیگر، هم برای دفاع از موجودیت و وحدت ایران و هم برای پیشرفت و توسعه‌ی کشورم بکوشم. در صفحات بعد مراحل مختلف این کوشش و تلاش را بازگو خواهم کرد. من یک هدف بیشتر نداشتم و هرگز آنرا پنهان نکردم و آن سازندگی ایرانی مترقی و توانا بود که مردمش، هم از مواهب و مزایای تمدن مادی برخوردار باشند و هم از اعتلای معنوی و اخلاقی و فرهنگی.

پنج هدف اصلی برنامه‌ی دوم

من به‌خوبی می‌دانستم که چنین هدف‌های بلندپایه‌ای با منافع و خواسته‌های سیاست‌های بیگانه‌ای که همواره ایران را ذلیل و ناتوان می‌خواستند، هم‌آهنگ نیست و دیر و یا زود با آنها برخورد خواهد یافت.

با این‌حال، علی‌رغم فشارهای خارجی و سوءنیت و فساد بعضی از مسئولان داخلی، دمی از پای ننشستم و به‌تلاش خود ادامه دادم.

طی مدت سی و هفت سال، هیچ چیز مرا از انجام و کوشش برای رسیدن به آرمان‌هایم باز نداشت و حتی سوءقصدهائی که نسبت به من شد اراده‌ام را استوارتر کرد.

در سال ۱۳۲۲ هنگامی‌که هنوز آتش جنگ فرو ننشسته و کشور ما با دشواری‌های بی‌مانندی روبرو بود، من هدف‌های اصلی سیاست اقتصادی و اجتماعی کشورم را در پنج مورد خلاصه کردم.

- نان برای همه.
- مسکن برای همه.
- پوشاک برای همه.
- بهداشت برای همه.
- آموزش برای همه.

این هدف‌ها را به همه‌ی دولت‌هائی که مباشر امور مملکتی می‌شدند، یادآوری می‌کردم و سرانجام با تائید و رأی ملت ایران، آن را به مرحله‌ی اجرا درآوردم.

فراموش نباید کرد که پیش از اصلاح قانون اساسی در سال ۱۳۲۸ پادشاه دارای اختیارات کافی برای رهبری امور مملکتی نبود. پس از این اصلاح و کسب اختیار انحلال مجلسین، من توفیق یافتم بعد از حکومت مصدق، دولت‌های جدی، میهن‌پرست و پرکاری را مصدر امور نمایم.

بر اساس پنج اصل فوق و به تناسب افزایش تدریجی جامعه‌ی ایرانی و نیازهایش، اندک‌اندک اصول و مبانی دیگری برای سیاست اقتصادی و اجتماعی کشور اعلام نمودم، که نتیجه‌ی آن‌ها نوزده اصل انقلاب سفید ایران است که در فصول بعدی به تجزیه و تحلیل آن‌ها خواهیم پرداخت

و نتایج اجرای آن‌ها را بازگو خواهم کرد.

قبلاً گفتیم که چگونه نخستین برنامه‌ی هفت ساله‌ی کشور با شکست مواجه شد. راستی که ترازنامه‌ی دولت مصدق برای ایران نکبت‌بار بود. در برنامه‌ی دوم، قسمت مهمی از برنامه‌ی اول، که اجرا نشده و یا ناتمام مانده بود، ملحوظ گشت. هزینه‌های این برنامه به حدود هفتاد میلیارد ریال (اندکی کم‌تر از یک میلیارد دلار) می‌رسید.

قسمت عمده‌ی اعتبارات مورد نیاز برنامه‌ی هفت ساله‌ی دوم می‌بایست از عواید نفتی کشور تأمین شود، به‌همین سبب بهره‌برداری صحیح و عقلانی از منابع نفت و گاز کشور، به‌صورت یکی از هدف‌های عمده‌ی سیاست اقتصادی ما درآمد که من شخصاً به آن پرداختم. هم‌چنین نوسازی کشاورزی ایران و ایجاد زیربنای لازم برای توسعه‌ی آن، در برنامه‌ی دوم از اولویت خاص برخوردار بود، در این زمینه بود که احداث چند سد بزرگ و شبکه‌های آبیاری و ایجاد کارخانه‌های کود شیمیائی و مراکز تولید نیرو، در برنامه پیش‌بینی شد.

پس از سال ۱۳۳۷ طول شبکه‌ی خطوط آهن کشور، سه‌برابر شد. در همین سال کشور ما دارای ۵۰۰۰ کیلومتر جاده‌های آسفالته و نزدیک به سی‌هزار کیلومتر راه‌های درجه‌ی سوم شده بود و احداث ۲۴۰۰ کیلومتر شاه‌لوله نفت ایران آغاز گردید. سرتاسر ایران را شور سازندگی و پیشرفت فرا گرفته بود.

هم‌چنین در سال ۱۳۳۷ بود که توفیق یافتیم سرانجام به کمبودهای مالی و ارزی که از حکومت مصدق به‌ارث رسیده بود پایان دهیم و برای اول بار در تاریخ ایران تعادل پرداخت‌های خارجی ایران به صورت مثبت درآمد.

زمین از آنِ کشاورزان

از همین زمان، من اصلاحات ارضی را ضروری‌ترین تدبیر برای تحول

اجتماعی ایران می‌دانستم، که در فصل بعد مفصلاً به آن خواهیم پرداخت
در سال ۱۳۲۰ املاک اختصاصی خود را به دولت منتقل کردم که متأسفانه کاری با آن‌ها نکرد. در نتیجه ناچار شدم که آن‌ها را باز پس بگیرم و مستقیماً بر تقسیم اراضی و املاک سلطنتی میان کشاورزان نظارت کنم تا انجام پذیرد. کار تقسیم املاک سلطنتی تا حکومت مصدق به‌خوبی پیش می‌رفت. ولی چون او به قدرت رسید اجرای طرح را متوقف کرد. پس از سقوط دولت او، کار از سر گرفته شد و این بار کامیاب شدم که آن را به آخر برسانم.

برای کمک به روستائیان، بانک عمران روستایی بنیان نهاده شد و علی‌رغم مقاومت‌ها و مخالفت‌ها، قانونی در زمینه‌ی تقسیم اراضی خالصه و دولتی به تصویب قوه مقننه رسید. در نتیجه نزدیک به ۲۰۰/۰۰۰ هکتار از این اراضی تا سال ۱۹۵۵ میان ۲٤/۰۰۰ زارع تقسیم شد و بالاخره در بهمن ۱۳٤۱ قانون محدودیت مالکیت اراضی مزروعی به تصویب ملی رسید.

در این هنگام بود که من نخستین اصول و مبانی ملی و اجتماعی ایران را اعلام کردم و به تائید و تصویب ملت رساندم. تا این زمان بیشتر کوشش من متوجه حفظ و صیانت استقلال و تمامیت ارضی ایران بود که در معرض مخاطرات جدی قرار داشت، با وجود همه‌ی دشواری‌ها، من در همین مدت بحرانی و پرتلاطم توفیق یافتم که املاک سلطنتی را میان زارعین تقسیم کنم و صدی نود دارائی شخصی خود را به فعالیت‌های فرهنگی و عمرانی و خیریه اختصاص دهم. با اتکاء به پشتیبانی ملتم بود که برنامه‌ی وسیع اصلاحات اجتماعی خود را در کنگره‌ی کشاورزان (زمستان ۱۳٤۱) به اطلاع ایرانیان رساندم. در ششم بهمن ۱۳٤۱، ملت ایران با اکثریت نزدیک به اتفاق آراء شش اصل اول انقلاب سفید را تصویب کرد و بدین‌سان انقلاب ایران بر مبنای رأی عمومی و اراده‌ی ملت از قوه به فعل پیوست.

دوران برنامه‌های عمرانی ملی از هفت سال به پنج سال کاهش داده شد تا با واقعیات و نوسان‌های اقتصادی هم‌آهنگی بیشتری پیدا کند. و پس از

آغاز انقلاب سفید بود که سه برنامه‌ی پنج‌ساله‌ی عمرانی کشور (۱۳٤۱ تا ۱۳۵۷)، تماماً به خدمت ترقی اجتماعی و توسعه‌ی اقتصادی ایران، یعنی انقلاب اجتماعی و ملی ما درآمد.

در همین زمان من به هم‌وطنانم یادآور شدم که اگر بعضی از احزاب و فرقه‌های سیاسی، مرام و مسلک خود را تنها راه نجات می‌دانند و اگر بعضی دیگر، پیشرفت کشور را در منازعات طبقاتی و برتری‌جویی‌ها جستجو می‌کنند، نیروی اصلی انقلاب ما آن است که برای تحقق استیلای یک طبقه‌ی اجتماعی و یا یک نظام عقیدتی پی‌ریزی نشده، انقلاب سفید ما بر اساس شعارهای پیش‌ساخته و تکراری نیست، بلکه در مکتب‌ها و مرام‌ها و نظام‌های عقیدتی دیگر، هرچه را به خیر و صلاح ملت ایران باشد اختیار می‌کنیم و به‌کار می‌بندیم. به ایرانیان گفتم که هدف اصلی من آن است که ایران را طی مدت بیست سال به حد توسعه و پیشرفت ممالک مترقی جهان برسانم و مسلماً در مراحل نهائی، کار دشوارتر خواهد بود.

اصلاحات ارضی در سه مرحله انجام شد، در مرحله‌ی اول مقرر گردید که هیچ مالکی بیش از یک ده نداشته باشد و مازاد این نصاب، به کشاورزانی که در اراضی مربوط، به بهره‌برداری و فعالیت مشغول بودند، فروخته شد و ترتیب بازپرداخت قیمت اراضی بزرگ مالکان از طریق فروش سهام کارخانجات دولتی فراهم گردید.

در مرحله‌ی دوم اصلاحات ارضی که از سال ۱۳٤٤ آغاز شد، مالکانی که راساً به بهره‌برداری اراضی مزروعی خود نمی‌پرداختند، مکلف شدند آن‌ها را یا به‌صورت طویل‌المدت (سی‌سال) به زارعان اجاره داده و یا بفروشند.

بالاخره در مرحله‌ی سوم، مقرر گردید که صاحبان اراضی استیجاری یا به تقسیم عواید با مستأجران بپردازند و یا بر اساس قراردادهای اجاره، به‌فروش اقدام کنند.

هم‌چنین مقرر شد که اراضی مزروعی موقوفه‌ی عام به اجاره‌ی نودونه

ساله به زارعان واگذار شود و اراضی مزروعی موقوفه‌ی خاص را دولت خریداری کند و سپس به کشاورزان بفروشد.

در عوض مالکان حفظ و مالکیت اراضی بایر، به شرط بهره‌برداری و آبادی آن‌ها، برای مالکان باقی ماند. البته بدون آن‌که نحوه بهره‌برداری کشاورزی بر بهره‌کشی فرد از فرد استوار باشد.

نخستین آتش‌افروزی علیه اصلاحات

به هنگام ارائه‌ی اصول شش‌گانه انقلاب، به ایرانیان یادآور شده بودم که اگر تائید و تصویب آن به رأی عمومی واگذار می‌شود به‌آن خاطر است که دیگر هیچ‌کس نتواند در این اصول تغییری به وجود آورد، و نظام ارباب و رعیتی را بار دیگر تجدید کند و برتری و استیلای منافع فردی بر منفعت عمومی را تحقق بخشد.

ملت ایران در سال ۱۳٤۱ ندای مرا دریافت و نظرات و پیشنهادهایم را با شور و هیجانی بی‌مانند با اکثریتی قاطع تصویب و تائید کرد. اما شش ماه بعد با یک شورش خونین رؤسای ایلات در جنوب کشور، و اغتشاشات دامنه‌داری در تهران در جهت مخالفت با اصلاحات اجتماعی روبرو شدیم. در مخالفت با پیشرفت ایران آشوب‌گران و آتش‌افروزان دنباله‌ی کار نفتی‌ها را گرفتند.

شورش جنوب و اغتشاشات تهران به‌وسیله گروهی از خان‌ها و بزرگ‌مالکان ترتیب یافت که چاره‌ی دیگری برای مبارزه و مقابله با اصلاحات ارضی نمی‌دیدند.

اتحاد ملعون میان عوامل سرخ و سیاه که در زمان حکومت مصدق آغاز شده بود، اندک‌اندک انجام یافت اما هنوز مکتب غریب (مارکسیسم اسلامی) یعنی جمع غیرممکن بین اضداد پدیدار نشده بود.

اغتشاشات خرداد۱۳٤۲جنبه‌ی کاملاً ارتجاعی و غارت و چپاول و

آتش‌افروزی به دست اراذل و اوباش داشت.

محرک اغتشاشات، غارت‌ها و آتش‌افروزی‌ها، فردی ناشناس به نامِ آیت‌الله خمینی بود که مخصوصاً با اصلاحات ارضی و آزادی زنان شدیداً مخالفت می‌ورزید. در این هنگام وی از اعتبار و حمایتی در داخل کشور برخوردار نبود و عملاً مورد عفو قرار گرفت و تبعید شد.

در ده سال متعاقب این حوادث بود که «مارکسیسم اسلامی» در ایران پدیدار شد. برای هر مسلمان معتقد، این ترکیب، غیرقابل تصور است زیرا مارکسیسم مکتبی است مبتنی بر مادی‌گرائی مطلق و نفی و انکار وجود پروردگار و دین را «افیون و مخدر ملت‌ها» می‌خواند. خوشبختانه در میان روحانیون، فقط آشوب‌گران و متفکران مالیخولیایی یافت نمی‌شود، بسیارند آن‌هایی که جداً و صمیمانه به‌رسالت معنوی و روحانی و اخلاقی خود در اعتلای انسان‌ها عمل می‌کنند. اما این گروه نتوانستند مانع فعالیت مارکسیت‌های اسلامی بشوند که تصور می‌کنند می‌توان میان کمونیسم و اسلام تلفیق و تألیفی به عمل آورد.

امروزه، روحانیونی که تن به قبول افکار مالیخولیایی حاکم بر ایران نمی‌دهند، یا مجبورند گوشه‌ی عزلت اختیار کنند و تنها به عبادت اکتفا و یا حتی جلای وطن کنند، وگرنه با خشونت «پاسداران انقلاب» مواجه می‌شوند و یا تحویل «دادگاه‌های انقلاب اسلامی» می‌گردند که قضاوت نمی‌کنند، بلکه فقط محکوم می‌کنند.

چگونه می‌توان بر اندیشه‌های مالیخولیایی و عوام‌فریبانه‌ی کسانی که می‌خواهند کمونیسم را با اسلام تلفیق کنند و سخنان پیامبر خدا را هم‌طراز نوشته‌های ضددیانت قرار می‌دهند، صحه نهاد؟ چه بزرگ است مسئولیت کسانی که ایران را به‌نام دین دچار چنین هرج و مرج بی‌مانند کرده‌اند.

دنیا به‌خوبی می‌بیند که از چند ماه پیش به این طرف، ایران دستخوش ناامنی، آدم‌کشی، نفاق، حکومت وحشت و اختناق و کینه شده و در آستانه‌ی

یک جنگ داخلی است.
تاریخ قضاوت خواهد کرد که من، ایران را از همه‌ی بلیات مصون و محفوظ نگاه داشتم.
پاسخ من به تاریخ جز این نیست.

فصل دوم
اصلاحات ارضی

از همان سال ۱۳۲۰ که با دشواری‌ها و مسئولیت‌های بسیار و در مقتضیاتی توان‌فرسا با مسائل ملی رودررو شدم. همواره از خود می‌پرسیدم آن‌چه برای ملت ایران از هر چیز دیگر در تلاش برای بقا و هستی و در مبارزه‌اش با تخریب و نیستی، سودمند خواهد بود چیست؟

طبیعتاً وحدت ملی در مفهوم جامع و کاملش، و نیز حفظ و صیانت روح ایرانی که تغییرپذیر و قابل جایگزینی نبوده و نیست. اما می‌بایست که به جهات و جوانب مادی زندگی نیز توجه کرد. من طبیعتاً و فطرتاً یک سیاست‌مدار حرفه‌ای نبودم و رسالتم آن بود که آن‌چه را برای میهنم تحقق‌پذیر است، از آن‌چه نیست تمیز و تشخیص بدهم. من نمی‌بایست به دنبال آن‌چه شاید کمال مطلوب، اما تحقق‌ناپذیر بود بروم. چه در زمینه‌ی مسائل معنوی و اخلاقی و چه در زمینه‌ی مسائل اقتصادی و مادی. می‌دانستم که در سیاست باید واقع‌بین بود. من به‌خوبی می‌دانستم حکومتی که از ترکیب افکار کمونیست‌ها و ملاهای در واقع خدانشناس الهام بگیرد، حکومتی تخیلی، خطرناک و بدفرجام بیش نیست و متأسفانه جریان حوادث، درستی

پیش‌بینی‌های مرا نشان داد.

اصول و مبانی

هیچ چیز را نمی‌توان و نباید از مردم پنهان داشت و من هرگز چنین نکرده بودم. در کتاب انقلاب سفید، یادآور شده بودم که ما در سیاست ملی ایران روش اختناق افکار و تحدید آزادی‌های فردی و اجتماعی و حق انتقاد را کنار خواهیم گذاشت، تا توسعه و ترقی ایران یک ظاهرسازی نباشد. در همین کتاب افزوده‌ام که باید به باورهای معنوی و حقوق فردی و اجتماعی احترام گذاشت، به تشئید و تحکیم همکاری و تعاون بین ملت‌ها پرداخت. اصلاحات بنیادی را بر تدابیر ظاهرفریب ترجیح داد و در مقام ایجاد یک اقتصاد دموکراتیک و اعتلای فرهنگ ملی برآمد.

در زمستان ۱۳٤۱ به‌هنگام سخنرانی در نخستین کنگره‌ی ملی شرکت‌های تعاونی روستایی، شش اصل نخستین انقلاب سفید را به ملت ایران عرضه داشتم که عبارت بودند از:

۱- اصلاحات ارضی و الغای نظام ارباب و رعیتی.

۲- ملی کردن جنگل‌ها و مراتع.

۳- تبدیل کارخانه‌های دولتی به شرکت‌های سهامی و فروش سهام آن‌ها جهت تضمین اصلاحات ارضی.

٤- مشارکت کارگران در سود خالص کارخانه‌ها.

۵- تجدید نظر اساسی در قانون انتخابات به منظور اعطای حقوق کامل و برابر سیاسی به زنان.

٦- ایجاد سپاه دانش به‌منظور سوادآموزی و اشاعه‌ی فرهنگ در روستاها.

این برنامه کاملاً عملی و قابل اجرا و منطبق با باورها، سنت‌ها و نیازهای ایرانیان و ضرورت‌های اقتصادی و اجتماعی زمان بود. سپس به تدریج

این شش اصل، با افزودن سیزده اصل دیگر به شرح زیر تکمیل گردید، که هریک به اقتضای تحول جامعه و توسعه‌ی امکانات ملی و پیدایش نیازها و مقتضیات جدید، به ملت ایران ارائه گردید.

۷- ایجاد سپاه بهداشت، از مسئولان طبیب و دندان‌پزشک و پرستار به منظور تأمین نیازهای بهداشتی و درمانی روستاها.

۸- ایجاد سپاه ترویج و آبادانی به منظور عمران و نوسازی روستاها و شهرها.

۹- ایجاد خانه‌های انصاف در روستاها، به‌منظور تعمیم عدالت در دهات کشور و حل مسائل حقوقی کوچک روستاییان به وسیله‌ی خودشان در روستاها و بر اساس کدخدامنشی.

۱۰- ملی کردن تمام منابع آب‌های زیرزمینی کشور.

۱۱- نوسازی شهرها و روستاها، با همکاری سپاه ترویج و آبادانی.

۱۲- انقلاب اداری و آموزشی.

در سال ۱۳۵٤ پنج اصل دیگر افزوده شد که عبارتند از:

۱۳- تأمین امکان فروش سهام واحدهای بزرگ صنعتی به کارگران.

مقرر شد دولت اعتبارات لازم را بصورت وام در اختیار کارگران قرار دهد که بازپرداخت وام‌ها از محل سود سهام تأمین گردد.

۱٤- مبارزه با تورم و گران‌فروشی و دفاع از منافع مصرف‌کنندگان.

۱۵- آموزش رایگان و اجباری در هشت سال اول تحصیل.

...آموزش رایگان در همه مقاطع تحصیلی به شرط قبول اصل خدمت به دولت یا در محلی که دولت معین می‌کند، در زمانی معادل ... سال‌های استفاده از مزایای آموزش رایگان.

۱٦- تغذیه‌ی رایگان برای کودکان خردسال در مدارس، شیرخوارگان تا دو سالگی و مادران نیازمند.

۱۷- تعمیم بیمه‌های اجتماعی به همه‌ی ایرانیان.

و بالاخره:
۱۸- مبارزه با معاملات سوداگرانه‌ی اراضی و اموال غیرمنقول، به منظور جلوگیری از افزایش نامعقول قیمت منازل مسکونی و آپارتمان‌ها... و مال‌الاجاره.
۱۹- مبارزه با فساد و رشاء و ارتشاء.

قبلاً در باره‌ی مراحل سه‌گانه‌ی اصلاحات ارضی سخن گفتم. در پایان مرحله‌ی سوم، دیگر از مالکیت بزرگ اراضی مزروعی در کشور ما خبری نبود و همه‌ی کشاورزان، مالک اراضی مزروعی خود شدند.

برای درک اهمیت این موضوع باید توجه داشت که در سال ۱۳۳۵ معادل ۷۱٪ جمعیت ایران، روستانشین بود و بیش از نیمی از اراضی مزروعی به بزرگ مالکان تعلق داشت که حدود سی نفر از آنان، از جمله بعضی از روسای ایلات، هر یک مالک بیش از چهل روستا بودند. ۰/۲٪ (دو دهم‌درصد) مالکان اراضی بیش از ۳۳/۸٪ اراضی مزروعی را در اختیار خود داشتند.

این بزرگ مالکان، غالباً یا در تهران و یا در خارج از ایران می‌زیستند و اداره‌ی املاک آن‌ها با مباشران و پیشکاران‌شان بود که بیش‌تر با روش‌های قرون وسطائی عمل می‌کردند و عملاً مانع توسعه و گسترش کشاورزی نوین در ایران بودند.

وظایف بانک اعتبارات و توسعه‌ی کشاورزی

برای پر کردن خلائی که از الغای نظام ارباب و رعیتی پدید آمده بود، به بانک اعتبارات و توسعه کشاورزی مأموریت تقبل و انجام طرح‌های مختلف مربوط به اجرای اصلاحات ارضی در کشور واگذار شد. در نهایت امر، این بانک بیش از ۲۰۰ شعبه در سرتاسر کشور تأسیس کرده بود و وام‌های

ضروری را در اختیار تعاونی‌های روستائی، اتحادیه‌های کشاورزان و طبیعتاً خود زارعان قرار می‌داد. گروه‌های سیار وزارت کشاورزی و بانک، منظماً به مناطق کشاورزی که دچار خشک‌سالی و یا آفت شده بود، می‌رفتند و کمک‌های لازم را به کشاورزان و دامداران معمول می‌داشتند.

میان سال‌های ۱۳٤۱تا ۱۳٤٦میزان وام پرداختی بانک، به کشاورزان از بیست میلیارد ریال تجاوز کرد، به موازات این اقدامات، شرکت‌های تعاونی و تعاونی‌های کشاورزی با کمک و هم‌یاری کشاورزان بنیان گرفت و توسعه یافت و چون تعداد کشاورزان فراوان شد، به‌منظور تأمین هم‌آهنگی در فعالیت این شرکت‌ها، ترتیب تمرکز آنان در اتحادیه‌های منطقه‌ای داده شد.

در سال۱۳٤۲سازمان مرکزی تعاون روستایی با سرمایه‌ای معادل یک‌میلیارد ریال به‌وجود آمد. وظایف این سازمان عبارت بود از آماده‌سازی و تربیت مدیران و متخصصان لازم برای اداره‌ی تعاونی‌های روستایی و کشاورزی و اتحادیه‌های تعاونی، آموزش اعضای این شرکت‌ها، بازاریابی برای محصولات کشاورزی، تشویق و گسترش صنایع دستی روستایی، ایجاد ارتباط میان تعاونی‌های روستایی و کشاورزی و تعاونی‌های مصرف.

هدف غایی و رسالت نهایی سازمان، می‌بایست آن می‌بود که کشاورزان آزاد و مستقل را به آن حد از توانائی فنی و امکان مالی برساند که خود راساً همه‌ی امور مربوط به خود را به‌دست گیرند و سهام سازمان را نیز مجموعاً خریداری و مدیریت آن را تقبل نمایند.

بانک‌های اعتبارات کشاورزی و شرکت‌های تعاونی کشاورزی و روستایی، سازمان‌ها و تأسیسات متعارف کشاورزی نوین در همه‌ی جهان به شمار می‌رود. ولی لازم است در این‌جا به سازمان دیگری در کشاورزی جدید ایران اشاره نماییم، که در کشورهای دیگر مشابه آن تأسیس نشده و می‌تواند به‌عنوان تجربه‌ای سودمند و موفق، مورد بررسی قرار گیرد. مراد شرکت‌های سهامی زراعی است.

شرکت‌های سهامی زراعی

هدف از تشکیل این شرکت‌ها، افزایش بازده و بهبود کیفیت محصولات کشاورزی از طریق تجمع واحدها و مکانیزه کردن کشاورزی و به کار بردن روش‌های نوین کاشت و برداشت است.

هر کشاورز، به قدر ارزش زمین خود در شرکت‌های سهامی زراعی سهیم و شریک می‌شود ولی به کاشت حصه خود هم‌چنان ادامه می‌دهد. اما بدون موافقت شرکت حق فروش آن‌را ندارد و سهام‌داران شرکت در خرید آن حق تقدم کامل دارند. وراث وی نیز بجای زمین، از سهم شرکت به‌عنوان حق‌الارث دریافت می‌دارند و بدین ترتیب از قطعه‌قطعه شدن زمین که موجب کاهش بازده فعالیت کشاورزی است، جلوگیری می‌شود.

تشکیل شرکت‌های سهامی زراعی، ضمن حفظ اصل مالکیت خصوصی اراضی مزروعی، موجبات تجمع قطعات کوچک مزروعی و ایجاد واحدهای بزرک مکانیزه را فراهم می‌آورد و تلفیق مطلوبی است میان مالکیت خصوصی و بهره‌برداری جمعی.

تأسیس شرکت‌های سهامی زراعی این امکان را برای کشاورزان صاحب زمین در ایران تأمین کرد که نیروهای خود را برای بهبود و توسعه‌ی کار خویش متمرکز سازند و از عواید قابل ملاحظه‌ای نیز برخوردار شدند. نتایج پانزده ساله‌ی اجرا و تحقق اصلاحات ارضی را می‌توان در چند رقم خلاصه کرد:

- بیش از دو میلیون خانواده‌ی کشاورز ایرانی، مالک اراضی مزروعی خود شدند.
- پرداخت بیش از ۲۰ میلیارد ریال وام از طریق ۲۸۷۰ تعاونی روستائی به ۲/۸۰۰/۰۰۰ نفر اعضای آن‌ها.
- تأسیس ۱٤۷ اتحادیه‌ی شرکت‌های تعاونی که بیش از ۲۸۰۰ تعاونی فوق‌الذکر در آن‌ها عضویت یافتند.

- تشکیل ۸۹ شرکت سهامی زراعی با نزدیک شصت‌هزار سهامدار و عضو، که فعالیت آن‌ها بر مساحتی معادل چهارصدهزار هکتار اراضی مزروعی شامل می‌شد.
- کلیه این شرکت‌ها سودآور و دارای بهره و بازده اقتصادی و رضایت‌بخش بودند.
- تشکیل ۳۵ شرکت تعاونی کشاورزی تخصصی که در مساحتی معادل ۸۸۰۰۰ هکتار به فعالیت زراعی اشتغال داشتند و حیطه‌ی کاشت و برداشت آنان بر ۵۷۰۰۰ خانواده‌ی کشاورز شامل می‌شد.
- ایجاد ۱۰۲۲ خانه‌ی فرهنگ روستایی که نزدیک به دومیلیون تن، از خدمات متنوع آموزشی و فرهنگی آنان استفاده می‌کردند. هم‌چنین برابر ۲۵۰/۰۰۰ کودک روستانشین سه تا شش ساله از ۷۴۹ مجتمع مهد کودک و شیرخوارگاه و کودکستان استفاده کرده و علاوه بر خدمات بهداشتی و مقدمات آموزش، یک وعده‌غذای رایگان دریافت می‌کردند.
- در طی مدت پانزده سال مورد اشاره، تولیدات کشاورزی ایران به‌طور متوسط سالیانه پنج درصد افزایش یافت. به‌عبارت دیگر در همین مدت مجموعاً دوبرابر شد.

تأثیر انقلاب سفید بر زندگی روستاها

فراموش نکنیم که علاوه بر اصلاحات ارضی که مستقیماً و بدون واسطه، زندگی روستایی ایران را دگرگون کرد. همه‌ی اصول دیگر انقلاب نیز بر آن تأثیر مثبت و مطلوب نهادند: اصل سوم، تأمین اعتبارات لازم برای اجرای اصلاحات ارضی را میسر ساخت، به این معنی که پنجاه و پنج واحد صنعتی به شرکت‌های سهامی تبدیل شدند که ارزش سهام آن‌ها به ۷/۷ میلیارد ریال بالغ می‌گردید.

سرمایه‌ی این شرکت‌ها به ۱۵۴/۰۰۰ سهام ۵۰/۰۰۰ ریالی منقسم گردید

و به‌وسیله‌ی بانک اعتبارات و توسعه کشاورزی ایران به معرض فروش گذاشته شد و از آن محل، امکان تأدیه غرامات مالکین اراضی مزروعی، فراهم گشت.

این تدبیر نه تنها گردش سرمایه‌ها و توسعه‌ی فعالیت صنعتی را موجب گشت، بلکه قشر قابل ملاحظه‌ای از افراد جامعه به‌صورت شریک و سهامدار شرکت‌های بزرگ صنعتی کشور درآمدند و مستقیماً در بسط و توسعه‌ی ملی و ثمرات رونق اقتصادی سهیم گردیدند.

بدیهی است بعضی از بخش‌های اساسی اقتصاد کشور مانند خطوط آهن، صنایع اسلحه‌سازی، استخراج معادن ذغال سنگ، تولید برق، صنعت نفت، استخراج و بهره‌برداری از معادن مس هم‌چنان در مالکیت و اداره‌ی دولت، که نماینده‌ی مصالح عمومی بود، باقی ماند. حال آنکه کارخانه‌های دولتی در بخش‌های صنایع غذائی، ریسندگی و بافندگی، مصالح ساختمانی و... به بخش خصوصی منتقل گردید.

در دوران پانزده سال مورد اشاره، دولت به نوسازی و تجهیز همه‌ی صنایع تحت مالکیت خود پرداخت و تا صنعت و یا واحدی به حد کارآیی مکفی نرسید، نسبت به فروش آن اقدام نشد. کار تجدید بنای صنایع کشور، به سازمانی خاص به نام گسترش و نوسازی صنایع واگذار شده بود که با برنامه‌ای منظم به این مهم می‌پرداخت.

فصل سوم
اقدامات سپاه دانش، سپاه بهداشت و سپاه ترویج و آبادانی

سپاه‌های دانش، بهداشت و ترویج و آبادانی که هر سه بر اساس اصول انقلاب شاه و ملت تأسیس شد، نقشی بس مهم و اساسی و مؤثر در آبادانی روستاها و گسترش خدمات بهداشتی، آموزشی و رفاهی و فرهنگی در میان کشاورزان و همه‌ی روستانشینان، ایفا نمود.

افراد این سپاه‌ها را مشمولان وظیفه‌ی مرد و یا دختران داوطلب تشکیل می‌دادند. مخصوصاً شور و شوق و هیجان دختران در این خدمت، حیرت‌انگیز بود. خود من هنگام بازدید از یک مرکز آموزش دختران داوطلب از آنان پرسیدم کدام یک مایل است دوران خدمت خود را در روستاها بگذراند. بدون استثنا همه اعلام آمادگی و ابراز تمایل کردند.

پیش از سال ۱۳۴۲ فقط ۱۶ تا ۳۴٪ کودکان لازم‌التعلیم، به تناسب مناطق مختلف کشور، به مدرسه می‌رفتند و دیگران از این نعمت محروم بودند. در مقابل ۷۴٪ کودکان شهرنشین از خدمات آموزشی استفاده می‌کردند. البته قانون تعلیمات اجباری در سال ۱۳۲۱ به تصویب رسیده بود، ولی امکان

اجرای آن وجود نداشت. و در سطح کل کشور و در مجموع طبقات سنی، ۸۵٪ ایرانیان از نعمت سواد محروم بودند و خواندن و نوشتن نمی‌دانستند

من به‌خوبی می‌دانستم که برای حل این مشکل باید از شور و شوق جوانان ایران یاری جست. آیا امکان داشت و قابل تصور بود که جوانان مشمول خدمت وظیفه‌ی عمومی، حاضر به‌خدمت در روستاها برای سوادآموزی و گسترش آموزش نباشند و پاسخ آنان به این ندای ملی منفی باشد؟ ابداً. پاسخ جوانان ایران مثبت و توأم با شور و هیجان و اخلاص عمل بود و احترام و ستایش همگان را برانگیخت و حتی موجب تعجب و تحسین در ممالک خارجی شد و کشورهای متعدد از این اصل انقلاب شاه و ملت الهام گرفتند.

سپاه دانش توفیقی بی‌مانند به‌دست آورد. فقط در سطح روستاهای کشور طی مدت پانزده سال، تعداد دانش‌آموزان مدارس سپاه دانش ۶۹۲٪ افزایش یافت و در پنج سال اول ۵۱۰/۰۰۰ پسر و ۱۲۸/۰۰۰ دختر، همچنین ۲۵۰/۰۰۰ مرد سالمند و ۱۲/۰۰۰ زن سالمند از آموزش این سپاهیان استفاده کرده و خواندن و نوشتن فرا گرفتند.

در همین مدت سپاهیان دانش موفق شدند با کمک و خودیاری روستائیان ۱۰۷۰۰ مدرسه ساده در روستاها بسازند و ۷۲۰۰ بنای قدیمی را مرمت کنند.

سپاهیان دانش در همین مدت توانستند ۹۵۰ مسجد بنا کنند و ۸۲۰۰ مسجد را تعمیر کردند. همچنین ۵۰۰۰ حمام عمومی و ۶۰۰۰۰ کیلومتر راه روستائی احداث نمودند که در آن‌ها ۲۴۵۰ پل کوچک و ۲۰/۰۰۰ آبرو تعبیه شده بود. اینان در ایجاد و نوسازی ۸۷۰۰ مزرعه نمونه و اجرای برنامه غرس ۲/۵۰۰/۰۰۰ اصله درخت به‌منظور ایجاد فضای سبز و یا باغات قابل استحصال و تأسیس ۷۵۰۰ باشگاه ورزشی روستائی و نصب ۵۰۰۰ صندوق پست در روستاها نیز همکاری و مشارکت مستقیم و مؤثر داشتند.

تا پایان سال ۱۳۵۷، بیست و هشت دوره از پسران و ۱۸ دوره از دختران به خدمت سپاه دانش رفتند، که مجموع تعداد آنان به بیش از یک‌صد هزار تن بالغ گردید. بسیاری از این گروه پس از پایان دوره‌ی سپاهی‌گری به خدمت وزارت آموزش و پرورش درآمدند و کار تعلیم نوجوانان و جوانان را ادامه دادند.

بعضی دیگر در راهبری خانه‌های انصاف مشارکت مؤثر نمودند.

هزینه‌ی مدارس سپاه دانش ثلث هزینه‌ی مدارس متعارف مشابه بود و همه‌ی خدمات عمرانی و فرهنگی و اجتماعی جنبی را سپاهیان به رایگان و داوطلبانه انجام می‌دادند.

بخشی مهم از این خدمات به عهده‌ی سپاه ترویج و آبادانی بود که بر اساس اصل هشتم انقلاب و شاه و ملت دو سال بعد بنیان گرفت و در آغاز کار وظایف مشخص دیگری نیز برعهده داشت.

سپاه ترویج و آبادانی

نخستین وظیفه‌ی هر یک از افراد این سپاه، تهیه‌ی «شناسنامه» هر روستا بود. این شناسنامه مشتمل بود بر اطلاعات دقیقی در مورد موقعیت و مشخصات جغرافیائی، کشاورزی، اقتصادی و فرهنگی هر ناحیه.

بر اساس تکمیل این پرسشنامه و اطلاعاتی که به دست می‌داد، می‌بایست بررسی‌های دقیق‌تری در مورد مسائل و معضلات محلی به عمل آید و وزارت کشاورزی و عمران روستائی مأموریت داشت که بر اساس مجموع پرسشنامه‌ها، شناسنامه‌ی جامع و کاملی از همه‌ی روستاها و زندگی روستایی ایران فراهم آورد.

کار دیگر این سپاهیان، آموزش و ترویج روش‌های نوین کاشت و برداشت بود و می‌بایست در مزرعه‌ی نمونه‌ی کوچکی که مساحت آن از یک‌هزار متر کمتر نباشد، عملاً طرز استفاده و فواید این راه و روش‌ها به

روستاییان آموخته شود. هم‌چنین سپاهیان ترویج و آبادانی وظیفه داشتند شیوه‌های بهبود کیفیت دام‌داری، تهویه و تنظیف محل‌های نگاهداری دام‌ها و تلقیح آن‌ها را به کشاورزان بیآموزند و نیز فعالیت‌های اجتماعی و فرهنگی را در روستاها گسترش دهند.

بعضی از اقدامات و خدماتی که این سپاهیان در ٦٦٧٥٤ روستای کشور ما انجام دادند به قرار زیر است: احداث راه‌ها و شبکه‌های آب‌رسانی روستایی، انجام کمک‌های بهداشتی و درمانی به روستاییان در غیبت سپاه بهداشت، ساختمان حمام‌های عمومی، مدارس، کتابخانه‌ها، نصب موتورهای کوچک مولد برق و بهره‌برداری از آن‌ها، کمک به بهره‌برداری از شبکه‌ی پست و تلگراف و تلفن، احداث ابنیه‌ی عمومی، از جمله محل استقرار تعاونی‌های روستائی و مدارس... .

تشکیلات سپاه بهداشت و پیش‌بینی شبکه‌ی پزشکی از طریق تلویزیون

فوقاً به فعالیت‌ها و خدمات سپاهیان دانش و سپاهیان ترویج و آبادانی اشاره کردیم. قسمتی از خدمات سپاهیان بهداشت جنبه‌ی عمومی و اختصاص به پاک‌سازی و به‌سازی محیط زیست، تأمین آب آشامیدنی و امثال این‌ها داشت، ولی وظیفه و رسالت اصلی آنان، انجام خدمات پیش‌گیری و درمان بیماری‌ها بود.

در طی هشت سالی که از فعالیت سپاه بهداشت گذشته بود، تعداد روستاییانی که از خدمات بهداشتی و درمانی استفاده می‌کردند، از یک میلیون نفر به هشت میلیون نفر بالغ گردید. توفیق این سپاه چنان بود که در سال ۱۳٥۲تصمیم گرفته شد، همه‌ی خدمات بهداشتی و درمانی در سطح روستاهای کشور به آنان تفویض شود و به دنبال این تصمیم سازمان سپاه بهداشت و مراکز بهداشتی و درمانی روستاها تشکیل گردید.

در سال ۱۳٥٦سازمان فوق،۱٤۲۲مرکز بهداشت و درمان روستایی

و ۱۲٤۰ پزشک در اختیار داشت. هم‌چنین چهارصد آزمایشگاه تشخیص طبی و تعداد قابل ملاحظه‌ای درمانگاه‌های ثابت و سیار در اختیار این سازمان بود که هزینه‌ی تهیه و یا فعالیت بسیاری از آن‌ها را خود روستانشینان تقبل کرده بودند. نقش روانی سپاهیان بهداشت را نباید از دیده به‌دور داشت. حضور آنان در روستاها و خدمات مؤثر و ملموس و محسوسی که انجام می‌دادند، سبب شد که روستانشینان به طب جدید اعتماد پیدا کنند و از مراجعه به اشخاص فاقد صلاحیت اجتناب نمایند و بدین ترتیب «سپاهی» به عنوان عامل درمان و نجات و سلامت در دل روستانشینان ایرانی مقامی والا یافت.

در حقیقت افراد این سه سپاه سربازان انقلاب اجتماعی و ملی ایران بودند. سربازانی که در پیکار با فقر و جهل و عقب‌افتادگی می‌کوشیدند و از هیچ مانعی هراس نداشتند و در حیطه‌ی مسئولیت و عمل خود از هیچ خدمتی برای بهبود شرایط زندگی هم‌میهنان‌شان دریغ نمی‌ورزیدند.

حقوق و مزایای این سپاهیان، دقیقاً معادل افسران هم‌رتبه‌ی آنان در قوای مسلح بود. به عنوان مثال، یک فارغ‌التحصیل دانشگاه، چه زن، چه مرد، حقوق و مزایای معادل ستوان یکم ارتش دریافت می‌داشتند. چرا که میان آنان تفاوتی نبود.

فراموش نکنیم که طی این دوران، اندک‌اندک سطح زندگی و قوه خرید در کشور ما ارتقاء یافت و در نتیجه عواید عمومی نیز رو به تزاید رفت و دستگاه‌های دولتی توانستند به نوبه‌ی خود، حجم هزینه‌های عمرانی را در سطح روستاهای کشور افزایش دهند. آن‌چه سپاهیان انجام دادند، در حقیقت مکمل و مزید بر برنامه‌های متعارف عمران و توسعه‌ی ملی بود. زیرا که مفهوم تحول و احساس ترقی را به قلب روستاهای دور و نزدیک ایران بردند و بدین ترتیب کشاورزان و روستاییان از نزدیک دگرگونی کشور خود را احساس نمودند.

تلاش سپاهیان انقلاب، باعث تسریع در همه‌ی برنامه‌های عمرانی شد

و سرانجام این امکان را به‌وجود آورد که ایران، از مدار عقب‌افتادگی خارج شود و در شمار ممالک متحول درآید.

برنامه‌ی آینده‌ی ما این بود که از طریق ماهواره‌هایی که ایران قصد خریداری آن را داشت، یک شبکه‌ی درمانی تلویزیونی به وجود آوریم، به نحوی که هر طبیب ساده در یک روستای دورافتاده بتواند با پزشکان متخصص در تهران یا مراکز بزرگ تماس بگیرد، بیمار خود را ارائه دهد و چاره‌جوئی نماید. ایجاد چنین شبکه‌ای می‌توانست امکان مراجعه به برجسته‌ترین متخصصان و پزشکان را برای دورافتاده‌ترین ایرانیان بوجود آورد.

با استفاده از ماهواره‌ها و اجرای برنامه‌ای که مجموعاً سی‌میلیارد دلار تمام می‌شد، قرار بود یک شبکه‌ی کامل مخابراتی برای سرتاسر کشور احداث شود و در نتیجه ایران از حیث مخابرات در صف مقدم ممالک دنیا قرار می‌گرفت.

از دیدگاه من، این عمل یکی از جنبه‌های عمده و اصلی تمدن بزرگ به شمار می‌رفت.

توسعه‌ی جنگل‌ها و مراتع

اکنون به دو اصل دیگر انقلاب اجتماعی و ملی ایران می‌پردازیم.

یکی، ملی شدن جنگل‌ها و مراتع و دیگری، ملی شدن منابع آب.

هر دوی این اصول با سنت‌های کهن ملی و مذهبی ایرانیان و ضرورت‌های کنونی بسط و توسعه اقتصاد کشور هم‌آهنگی تام و تمام داشت.

متأسفانه مساحت جنگل‌های ایران چندان زیاد نیست. بر روی هم ۳میلیون و ۴۰۰ هزار هکتار جنگل در دامنه‌های شمالی کوه‌های البرز و استان‌های ساحلی دریای خزر وجود دارد و تا سه میلیون هکتار دیگر به‌طور پراکنده در سایر نقاط کشور و از این مجموع فقط ۱/۳ میلیون هکتار از لحاظ

صنعتی قابل بهره‌برداری است و مابقی بر اثر حوادث و فقدان نگاهداری صحیح درگذشته، نمی‌تواند به فوریت مورد استفاده قرار گیرد.

براساس اسناد و مدارک موجود، ایران از عهد عتیق تا اوائل قرن هیجدهم دارای جنگل‌های متعدد و متنوع بود. مساحت جنگل‌های موجود در داخل سرحدات کنونی ایران، در زمان هخامنشیان به بیش از ۱۶ میلیون هکتار می‌رسید. انهدام جنگل‌های ایران از زمان حمله‌ی مغول آغاز گشت و مخصوصاً در سه قرن اخیر و اوائل قرن بیستم به حد اعلای خود رسید.

میان سال‌های ۱۹۰۳ تا ۱۹۱۳ تقریباً یکصدو سی هزار تن ذغال چوب از قطع اشجار جنگلی ایران استحصال گردید که بیش از سی‌وسه‌هزار تن آن به‌خارج صادر شد.

در طول تاریخ، جنگل‌های ایران تحت نظام مالکیت شخصی نبود و طبق اصول اسلامی نیز شطها و رودخانه‌ها و جنگل‌ها و مراتع و دریاچه‌ها و مرداب‌ها قابلیت تملک خصوصی و فردی نداشته متعلق به عامه‌ی مردم است.

در دوران خان‌خانی و ضعف قدرت مرکزی، بزرگ‌مالکان و صاحبان قدرت و نفوذ، به تدریج بخشی مهم از جنگل‌ها و مراتع کشور را به مالکیت خود درآوردند و به نحوی غیرعقلانی مورد بهره‌برداری قرار دادند و تخریب و انهدام آنها را باعث شدند. در نتیجه قسمتی مهم از جنگل‌های ایران از میان رفت و در مناطق مرکزی صحرا توسعه و گسترش فراوان یافت.

من، در سال ۱۳۴۲ یادآور شدم که جنگل ثروتی است طبیعی و ملی که در پیدایش و گسترش آن دست بشر دخالت نداشته و بنابراین حاصل کار و کوشش شخص یا اشخاص معینی نمی‌تواند باشد، بلکه طبیعت آن را به ما ارزانی داشته تا همگان از مواهبش بهره‌مند شوند. طبیعتاً این بیان من بر مراتع نیز شمول داشت. مساحت مراتع ایران به هیجده میلیون هکتار می‌رسید که حدود ۸ میلیون آن مراتع معمولی و ده میلیون هکتار آن بیشه‌زار

و یا کم و بیش مشجر بود.

این مراتع برای تغذیه نیمی از دام‌های کشور کافی بود و نه بیشتر. به‌همین سبب دام‌های ایران نحیف بودند و از غذای کافی برخوردار نمی‌شدند و کمبود مرتع سوءاستفاده‌های زیادی را سبب می‌شد.

تصویب‌نامه‌ی قانونی اجرای اصل ملی کردن جنگل‌ها و مراتع در بهمن ۱۳٤۱ قطعیت یافت و از آن پس همه‌ی جنگل‌ها و مرتع‌های ایران بصورت ثروتی ملی متعلق به همه‌ی ایرانیان درآمد و ترتیبی برای پرداخت غرامات معقولی به مالکان خصوصی داده شد.

حفاظت، بهره‌برداری و توسعه جنگل‌های کشور به سازمان جنگل‌بانی محول شد. برای تجدید و احیای جنگل‌ها، هرگونه تردد غیرمجاز و بهره‌برداری در قسمت مهمی از جنگل‌های کشور ممنوع گردید و به شرکت ملی نفت ایران مأموریت داده شد که مراکز متعدد توزیع مواد نفتی در سطح روستاها و نقاط دورافتاده‌ی کشور بوجود آورد تا نیاز مردم به مصرف ذغال چوب از میان برود.

در طی این مدت ۹ میلیون اصله درخت در ٢٦ نقطه‌ی کشور کاشته شد و ۲۸۰۰۰ هکتار کمربند سبز در اطراف شهرهای بزرگ و یا حاشیه‌ی راه‌های اصلی کشور احداث گردید. و چندین جنگل بزرگ بصورت پارک جنگلی ملی درآمد.

بعلاوه در مساحتی برابر ۸۰۰ هزار هکتار، نهال‌ها و بوته‌های مخصوص برای جلوگیری از پیشرفت شن در صحاری مرکزی ایران کاشته شد.

در زمینه‌ی مراتع، مقررات خاصی برای استفاده‌ی دامداران از آن‌ها وضع گردید و حقوق و امتیازات بزرگ مالکان سابق بر این اراضی ملغی شد و وزارت کشاورزی مأموریت یافت برنامه‌ی خاصی برای توسعه و بهره‌برداری مراتع ملی به مرحله‌ی اجرا درآورد.

تلاش ملی برای تأمین آب

در سال ۱۳۴۷ اصل ملی شدن منابع آب‌های تحت‌الارضی و سطح‌الارضی در سرتاسر کشور به تصویب رسید. تصویب این اصل هم بر سنت‌های ملی دیرین ایرانی به زمان هخامنشیان می‌رسد، استوار بود و هم بر تعالیم دین اسلام.

متأسفانه ایران در طول تاریخ خود همواره با کمبود آب مواجه بوده است تا آنجا که داریوش بزرگ دعا می‌کرد که اهورامزدا ایران را از خطر دشمن، دروغ و خشک‌سالی محفوظ نگاه دارد.

در حالی‌که متوسط میزان سالیانه‌ی بارندگی در جهان از ۸۶۰ میلی‌متر تجاوز نمی‌کند. مجموع منابع آب ایران، به نسبت بارندگی مطلوب و یا خشک‌سالی بین ۲۸۰ تا ۵۲۰ میلیارد متر مکعب متغیر و به‌طور متوسط برابر ۳۷۸ میلیارد مترمکعب است.

از این مجموع در حدود ۷۳٪ به جنگل‌ها، مراتع، اراضی غیرمزروعی و یا دیم اختصاص می‌یابد و یا به دریاچه‌ها و دریاها می‌ریزد. در حدود ۲۷٪ یعنی به‌طور متوسط تقریباً ۱۰۳ میلیارد مترمکعب از طریق رودخانه‌ها و چشمه‌سارها، در دسترس و قابل‌استفاده است.

در سال ۱۳۴۶ حدود ۶۶/۸ میلیارد متر مکعب برای تأمین نیازهای شهری و صنعتی و کشاورزی ایران کفایت داشت که از این رقم ۲۶/۲ میلیارد متر مکعب آن فقط به مصرف زراعت می‌رسید.

این ارقام به‌خوبی نشان می‌دهد که اگر فقط یک‌سال کمبود باران در کشور باشد، چه مشکلی پدید می‌آید و اگر خشک‌سالی تکرار شود چه فاجعه‌ای است. همچنین افزایش سریع نفوس، توسعه‌ی شهرها، گسترش صنایع ذوب‌آهن، فلزات، پتروشیمی، تولید برق و ارتقای میزان مصرف، ضرورت و وجوب اتخاذ و اجرای یک سیاست جامع و درون‌نگر تأمین و توسعه‌ی منابع آب و جلوگیری از اتلاف آن را بر همگان روشن ساخته

و می‌سازد.

قبل از سال ۱۳٤۲ پنج سد بزرگ و کوچک در کشور ما ساخته شده بود. پس از این تاریخ هشت سد بزرگ بر این رقم افزوده شد که مجموعاً ظرفیت دریاچه‌های زیر این سدها بر ۱۳ میلیارد مترمکعب بالغ گردید و امکان آبیاری ۸۰۰۰۰۰ هکتار اراضی مزروعی (از جمله ٤۰۰۰۰۰ هکتار اراضی جدید) را تأمین نمود. ظرفیت نصب شده‌ی تولید برق این سدها به ۱۰۸٤ مگاوات بالغ گردید.

هنگامی که من ناگزیر از ترک ایران شدم، پنج سد بزرگ دیگر در دست ساختمان بود که تنها یکی از آن‌ها، یعنی سد رضاشاه‌کبیر بر روی شط کارون، می‌تواند ۱۵۰۰۰۰ هکتار اراضی جدید زراعی را مشروب و ۱۰۰۰ مگاوات برق تولید نماید. با ساختمان دو سد دیگر بر شط کارون، که در دست بررسی بود، میزان تولید برق در این مجموع به ۳۰۰۰ مگاوات بالغ می‌گردید. بعلاوه مطالعاتی برای استفاده از آب‌های زیرزمینی این منطقه آغاز شده بود.

طرح دیگری که در زمینه‌ی تأمین منابع آب در دست انجام و اتمام بود، مرکز شیرین کردن آب دریا در ساحل خلیج فارس بود که می‌بایست به مدد نیروی برق حاصل از نیروگاه‌های اتمی تحقق یابد.

قرار بود آب حاصل از این طرح، هم به‌مصارف شهری و خانگی و رفع کمبودهای موجود در شهرها و روستاهای سواحل جنوبی کشور برسد وهم به مصارف صنعتی و کشاورزی.

هدف نهایی و طویل‌المدت ما این بود که سطح اراضی زیر کشت را از ۲/۷ میلیون هکتار به ۱۵ میلیون هکتار برسانیم و برای نیل به این منظور لازم بود که هم نیرو، هم آب کافی در اختیار باشد.

تولید نیروی برق ایران در سال‌های ۱۳٤۲ تا ۱۳۵۷ از ۲/۳۸۸ میلیون کیلووات ساعت به بیش از ۲۰ میلیارد کیلووات ساعت و ظرفیت نصب

شده‌ی مراکز تولید برق، از ۸۵۰ مگا وات به ۷۵۰۰ مگاوات رسید و قرار بود که در سال‌های ۱۳۵۹ و ۱۳٦۰، ۲٤۰۰ مگاوات تولید برق از نیروگاه‌های اتمی نیز به این رقم اضافه شود، برنامه‌ی نهایی ما آن بود که طی بیست سال آینده ۲۵۰۰۰ مگاوات برق اتمی تولید کنیم.

ملاحظه می‌شود، ارزش اتهاماتی که در زمینه عدم‌توجه کافی به کشاورزی، نسبت به سیاست من وارد آمد، تا چه اندازه‌ای بود. درکشوری که با کمبود آب مواجه است، لازم آن بود که ابتدا سرمایه‌گذاری‌های سنگین و عمده در این قسمت انجام شود و آن‌چه در توان بود، انجام شد.

فصل چهارم
انقلاب سفید و کارگران

بر اثر انقلاب شاه و ملت، ۲/۵ میلیون خانواده‌ی ایرانی، یعنی حدود دوازده میلیون نفر، مالک اراضی مزروعی خود شدند. اگر چنین تحولی خوش‌آیند بزرگ مالکان روحانی و غیرروحانی نبود و نیست، تعجب نباید کرد.

اصل دیگر سیاست ما، تأکید و تکیه بر توسعه‌ی سریع صنایع کشور بود. من نمی‌توانستم یک آن از خاطر ببرم که با توجه به آهنگ افزایش نفوس در ایران، تعداد جمعیت کشور در سال ۱۳۷۰ از پنجاه میلیون نفر تجاوز خواهد کرد و برای ایشان باید منبع درآمد و اشتغال فراهم کرد.

جمعیت تهران در سال ۱۳۳۵ برابر با یک میلیون و ۷۰۰ هزار نفر و در سال ۱۳۵۷ معادل ٤ میلیون و ۵۰۰ هزار نفر بود. جمعیت اصفهان در سال ۱۳۳۵ برابر ۲۵۵ هزار نفر و در سال ۱۳۵۷ معادل یک میلیون نفر بود. جمعیت تبریز در سال ۱۳۳۵ برابر با ۳۰۰ هزار نفر و در سال ۱۳۵۷ معادل ۹۰۰ هزار نفر بود.

جمعیت مشهد در سال ۱۳۳۵ برابر با ۲۵۰ هزار نفر و در سال ۱۳۵۷

معادل با ۹۵۰ هزار نفر بود. جمعیت شیراز در سال ۱۳۳۵ برابر ۱۷۱ هزار نفر و در سال ۱۳۵۷ معادل ۷۵۰ هزار نفر بود.

البته پدیده‌ی شهرگرائی منحصر و مختص به ایران نیست. اما نمی‌توانستیم از توجه به آن در کشور خود غافل باشیم و پیچیدگی آن را به‌دست فراموشی بسپاریم.

تأمین مسکن برای کارگران

تأمین مسکن، یکی از الویت‌های اصلی سیاست ملی ما بود. برای نیل به این منظور می‌بایست که به اصلاحات عمده‌ی شهری، ایجاد شهرهای جدید، اصلاح محلات قدیمی شهرهای موجود و به‌خصوص جلوگیری از معاملات سوداگرانه‌ی اراضی بپردازیم.

برای مبارزه با این معاملات سوداگرانه و جلوگیری از افزایش سرسام‌آور قیمت زمین، اصل هیجدهم انقلاب اعلام شد. اعلام این اصل در سال ۱۳٥٦صورت گرفت. ولی قبل از آن نیز از توجه به این مطلب غافل نبودیم. مؤثرترین راه جلوگیری از سوءاستفاده‌ها این بود که دولت راساً به احداث و ساختمان مسکن برای نیازمندان بپردازد. هم یک برنامه‌ی ملی طویل‌المدت ضرورت داشت و هم یک برنامه‌ی فوری و سریع که نیازهای عاجل را برآورد.

یکی دیگر از مبانی سیاست مسکن، تأمین شرایط مطلوب و تشویق‌آمیز برای سرمایه‌گذاری خصوصی در زمینه‌ی مسکن بود. به‌همین منظور بود که شرکت‌های متعدد پس‌انداز و وام مسکن تشکیل شد. امکانات بانک رهنی ایران افزایش یافت، بانک ساختمان و صندوق سرمایه‌گذاری بانک‌های ایران در برنامه‌های خانه‌سازی بنیان گرفت و بالاخره برنامه‌ی وسیعی برای ایجاد و تشویق و گسترش تعاونی‌های مسکن تدوین گشت.

طبق آمار موجود، وزارت آبادانی و مسکن به تنهایی تا پایان سال

۱۳۵۷ سی و یک هزار واحد مسکونی (خانه‌های سازمانی)، خانه‌های ارزان‌قیمت، خانه‌های کارگری ساخته و تحویل داده و احداث نزدیک به چهل هزار واحد مسکونی دیگر را آغاز کرده بود. به‌علاوه ۲۰۵۶ طرح شهرسازی و عمرانی در شهرها و ۶۸۹۲ طرح عمرانی و نوسازی در روستاها به انجام رسیده بود.

چنین مقرر بود که هر واحد بزرگ صنعتی، هر مؤسسه‌ی اقتصادی ملی با کمک دولت و استفاده از اراضی ملی، بتواند به خانه‌سازی برای کارگران و کارمندان خود بپردازد و این خانه‌ها هرچه ممکن است به محل کار نزدیک باشد تا از رفت و آمد و اتلاف و بروز مشکل عبور و مرور جلوگیری شود. در این مدت ۲۱۱۵ طرح رفاهی و فرهنگی برای جوانان نیز به انجام رسید که مشتمل بود بر ساختمان مدارس، دانشگاه‌ها، بیمارستان‌ها، درمانگاه‌ها، مراکز ورزشی و تفریحی، اردوگاه‌های تابستانی و امثال آن‌ها، هم‌چنین اجرای ۸۷۹ طرح دیگر در حال پیشرفت بود.

البته باید به این طرح‌ها، مجموع فعالیت‌های عمرانی و به‌سازی سپاه ترویج و آبادانی در سطح روستاها و حتی شهرهای کوچک کشورمان افزوده شود.

به منظور کمک به تأمین مسکن، دوازده میلیون متر مربع زمین در اختیار شرکت‌های تعاونی مسکن گذاشته شد و طی مدت ده سال ۵۴۴۰۰۰ نفر از وام‌های طویل‌المدت ساختمان و یا خرید مسکن استفاده کردند که مجموع این وام‌ها به رقم ۱۰۳ میلیارد ریال بالغ گردید.

با تمام این تفاصیل باید قبول کنیم که برنامه‌ی تأمین مسکن برای کارگران، از نقاط ضعف سیاست ما محسوب می‌شد. چرا که با تمام کوشش‌هایی که انجام گرفت، موادی مثل سیمان و آجر و امکانات کافی برای نیل به همه‌ی برنامه‌ها و هدف‌های خود در اختیار نداشتیم.

تأمین بهداشت و سلامت کارگران

شمول بیمه‌های اجتماعی بر همه‌ی کارگران، یکی دیگر از هدف‌های عمده‌ی کشور محسوب می‌شد. ایران در این زمینه، نیم قرن از کشورهای دیگر عقب بود و من می‌بایست که این تأخیر را سریعاً جبران کنم.

اصل شانزدهم انقلاب به تأمین خدمات پزشکی و درمانی جهت زنان باردار و نوزادان اختصاص یافت که مجموعاً هر سال حدود صدها هزار تن از مزایای این اصل بهره‌مند می‌شدند. اعلام و تصویب و اجرای این اصل، گامی دیگر در راه تحقق طب ملی و تأمین موجبات و وسائل درمان برای همگان بود. به همراه اعلام این اصل، اجرای برنامه‌ی وسیعی در زمینه‌ی پیش‌گیری بیماری‌های ساری و انجام تلقیحات ضروری و به‌سازی و پاک‌سازی محیط زیست آغاز گردید.

تصمیم بر آن بود که برای هر یک از شهروندان، دفترچه‌ی درمانی خاص تهیه گردد که در آن همه‌ی سوابق و اطلاعات مربوط به سلامت وی مندرج باشد و به این ترتیب کار تلقیح و ردیابی بیماری‌ها و درمان آن‌ها تسهیل گردد.

من همواره کوشش برای تأمین بهداشت عمومی و گسترش خدمات درمانی را از هدف‌های مقدم و اعلای دولت‌ها اعلام می‌کردم. گرچه خوانندگان ایرانی این سطور، غالباً با اسامی و مشخصات سازمان‌هایی که ذکر می‌کنم آشنا هستند، معذالک یادآوری نام آن‌ها را به منظور تجلیل از خدمات‌شان ضروری می‌دانم.

نخست شیر و خورشید سرخ ایران که قدیمی‌ترین سازمان خدمات درمانی و بهداشتی و امداد کشور ما محسوب می‌شود. دیگر سازمان شاهنشاهی خدمات اجتماعی، و بنگاه حمایت مادران و نوزادان و بنیاد پهلوی. هر سه‌ی این سازمان‌ها در زمینه‌ی درمان، مبارزه با بیماری‌های همه‌گیر، گسترش خدمات بهداشتی، تأمین سلامت گروه‌های مختلف و

اجتماعی، خدمات امدادی، بهیاری و نوسازی محیط زیست، خدمات وسیع و متنوعی را بر عهده داشتند.

مؤسسات دیگری که هریک به نوبه‌ی خود، در کار بهداشت و درمان فعالیت داشته و به اجرای برنامه‌های دولت کمک و یا آن‌ها را تکمیل می‌کردند، به قرار زیر هستند: جمعیت آموزشی و بهزیستی فرح پهلوی، بنیاد ملکه پهلوی، سازمان ملی حمایت از نابینایان و ناشنوایان، انجمن ملی حمایت کودکان، انجمن ملی مبارزه با جذام، انجمن ملی مبارزه با سرطان، سازمان ملی خون و...

کوشش‌های اجتماعی و انسانی شهبانو

بسیاری از سازمان‌هائی که به آن‌ها اشاره کردم. تحت ریاست عالیه‌ی شهبانو خدمت می‌کردند که با قلبی رئوف و کوششی بسیار به آن‌ها می‌پرداخت. کافی است تنها به یک مورد اشاره کنیم:

امروزه درمان جذام، کاری عادی است، اما تجدید زندگی فعال جذامیان شفا یافته و بازگشت آنان به اجتماع، با مقاومت افراد و پیش‌داوری‌های مختلف روبرو می‌شود. برای پیروزی بر این مشکل، شهبانو راه‌حل خاصی ارائه دادند: برای جذامیان شفایافته، دهکده‌ی خاصی با برخورداری از همه‌ی تأسیسات اجتماعی و فرهنگی و رفاهی ساخته شد که در آن استقرار یافتند.

جذابیت این دهکده چنان بود که روستاییان بسیاری بدان روی آوردند و با بیماران فعلی یک‌جا به‌فعالیت پرداختند و کار ادغام، خود به‌خود جامه‌ی عمل پوشید. روزی که شهبانو برای بازدید به این دهکده رفتند، با استقبالی پرشور و هیجان مواجه گردیدند.

تلاش مداوم شهبانو برای ارتقا و پیشرفت زنان ایرانی با موانع و مشکلاتی ناشی از سنت‌های قدیم و باورهای اجتماعی روبرو می‌شد که لازم آمد به تدریج در رفع آن‌ها اقدام شود. اندک‌اندک در مناطق مختلف

کشور، کلاس‌های مختلط بوجود آمد. زنان پذیرفتند که پزشکان مرد به معاینه و مداوای آنان بپردازند.

رفت و آمد پرستاران زن موتورسوار که برای انجام خدمات درمانی به روستاها می‌رفتند امری عادی شد. همه این‌ها انقلابی بزرگ در زندگی روستاها و شهرهای ایران بود.

شهبانو ریاست عالیه‌ی انجمن ملی حمایت کودکان را به‌عهده داشتند. این انجمن با همکاری کارشناسان سازمان‌های بین‌المللی که بدان‌ها وابسته بود، به‌اصلاح و تکمیل قوانین مربوط به کودکان توجه خاص مبذول داشت و هم‌چنین بیمارستان‌ها، درمانگاه‌های تخصصی، شیرخوارگاه‌ها، اردوهای تابستانی برای کودکان در سرتاسر کشور تأسیس نمود.

هدف همه‌ی سازمان‌های اجتماعی و درمانی که به ریاست عالیه‌ی شهبانو فعالیت می‌کردند، تکمیل و تسهیل کار دستگاه‌های دولتی با استفاده از خدمات داوطلبانه و کمک‌های بخش خصوصی بود، و در این زمینه توفیق بسیار به دست آوردند.

مناسب است اشاره‌ای هم به بیمارستان قلب ملکه پهلوی بکنیم که به همت مادرم بنیان یافت و از مجهزترین و بهترین بیمارستان‌های تخصصی در جهان بشمار می‌رفت. این مؤسسه که همه‌ی پزشکان آن ایرانی بودند، علاوه بر خدمات درمانی، وظیفه‌ی مهمی در آموزش تخصصی بیماری‌های قلب و عروق به عهده داشت.

سیاست تأمین اجتماعی

اصل هفدهم انقلاب شاه و ملت، به تأمین اجتماعی و گسترش و تعمیم آن به همه‌ی گروه‌های حرفه‌ای و اجتماعی اختصاص داشت. هدف غائی و نهائی سیاست ملی ما آن بود که همه‌ی افراد فعال جامعه، در مقابل خطرات ناشی از حوادث، بیماری‌ها، ناتوانی‌های ناشی از کار بیمه شوند

و نیز همه‌ی ایرانیان بتوانند از نوعی بیمه ایام پیری و سالخوردگی یعنی بازنشستگی بهره‌مند گردند. هم‌چنین می‌بایست تدابیر و مقررات خاصی برای حمایت از نوجوانان، خانواده‌های نوپا و نیز کودکان استثنائی در این مجموعه مقررات و نظامات، ملحوظ و منظور گردد.

باید صراحتاً بگوییم که قوانین و مقررات تأمین اجتماعی در کشور ما، از مترقی‌ترین و کامل‌ترین قوانین جهانی در این زمینه به‌شمار می‌آمد. به‌عنوان مثال در پیشرفته‌ترین ممالک، حقوق بازنشستگی از ۵۰ الی ۶۰ درصد حقوق تجاوز نمی‌کند، حال آن‌که این رقم در ایران در بعضی موارد حتی به صد درصد اصل حقوق می‌رسید و کوشش بر آن بود که میزان مقرری بازنشستگی از حداقل مصوب حقوق و دستمزد کم‌تر نباشد و با نوسان‌های شاخص هزینه زندگی منطبق گردد.

مشارکت کارگران در سود خالص کارخانه‌ها

اصل چهارم انقلاب شاه و ملت، یعنی مشارکت کارگران در سود خالص کارخانه‌ها، در سال ۱۳۴۲ اعلام شد و به تصویب رسید. اجرای این اصل بر انعقاد الزامی قراردادهای دسته‌جمعی کار نهاده بود که حتی‌الامکان بدون مداخله‌ی مستقیم دولت، کارگران و کارفرمایان بتوانند از طریق نمایندگان و اتحادیه‌های خود، ترتیب مشارکت کارگران را در سود خالص واحدهای صنعتی و صرفه‌جوئی‌های ناشی از کاهش ضایعات بدهند.

فقط در سال ۱۳۵٦ تعداد ۵۳۰ هزار تن از کارگران بخش خصوصی و بخش دولتی توانستند اضافه درآمدی معادل ۱۲ میلیارد ریال از این ممر تحصیل نمایند که تقریباً برابر یک تا دو ماه دستمزد متعارف آنان بود. در طی چهارده سال اجرای این اصل، میزان کل دریافتی از این بابت، یک‌صد و بیست و هشت برابر شد.

در این رهگذر، بانک رفاه کارگران مأموریت یافت که با اعطای وام

به کارگران، ایجاد تعاونی‌های کارگران را تسهیل نماید. بر روی‌هم چندین میلیارد ریال در این زمینه پرداخت شد که از محل آن کارگران توانستند به خرید و یا تعمیر منازل و یا تهیه‌ی وسایل زندگی بهتر بپردازند. نرخ بهره‌ی وام‌های بانک در بعضی از موارد فقط ٤٪ یعنی بسیار باصرفه بود.

بدین‌ترتیب، همکاری واقعی و مؤثر کار و سرمایه در ایجاد و توسعه‌ی واحدهای بزرگ صنعتی و هم‌بستگی و اشتراک منافع همه‌ی عوامل انسانی تولید کارگران، متخصصان فنی، مهندسان و مدیران از قوه به فعل پیوست.

سه اصل عمده‌ی حاکم بر قوانین و مقررات کارگری ما عبارت است از:

۱- هر کارگر ایرانی دارای حق اشتغال و حق برخورداری از تأمین اجتماعی است و اگر کار خود را از دست بدهد و دچار بی‌کاری شود، از بیمه‌ی بیکاری استفاده خواهد کرد.

۲- حداقل دستمزد، با توجه به نوسانات شاخص هزینه‌ی زندگی، هر سال تعیین می‌شود. این حداقل، با توجه به بخش‌های مختلف صنعت و موقع جغرافیائی واحدهای صنعتی معتبر است. طبقه‌بندی مشاغل به‌منظور تعیین عادلانه‌ی دستمزدها، الزامی است.

۳- بازده کار در تعیین میزان دستمزد مؤثر است. تأکید برای اجرای دقیق این اصل، می‌بایست بهره‌وری کار را به تدریج افزایش دهد.

هم‌چنین، کوشش ما بر آن بود که آموزش حرفه‌ای را در جوار فعالیت صنعتی، هرچه بیشتر توسعه دهیم تا میزان مهارت و تخصص کارگران با توجه به نیازهای روزافزون کشور، افزایش یابد. در این رهگذر، توجه کامل بعمل آمد که درهریک از مراکز استان‌ها، واحد بزرگی برای آموزش حرفه‌ای تأسیس شود که هم به تربیت کارگران جوان و آماده سازی آنان بپردازد و هم به تکمیل مهارت کارگران شاغل در حین خدمت. هم‌چنین مراکز بازآموزی فعال و پرتحرکی تأسیس شد که با استقبال فراوان کارگران

ما مواجه گشت چرا که طبق قوانین کار ایران، هر کارگر حق داشت تا بالاترین سطوح تخصص، تحصیلات تخصصی و مهارت فنی خود را در این مراکز تکمیل کند.

بالاخره باید گفت که همکاری اتحادیه‌های کارگری و سازمان‌های کارفرمایان با یکدیگر و با دولت همواره در سطحی رضایت‌بخش بود. چرا که همیشه منافع عالی و نهائی اقتصاد کشور و کارگران ایرانی را مدنظر داشتند.

مشارکت کارگران در مالکیت واحدهای صنعتی

در زمینه‌ی مشارکت کار و سرمایه، به آنچه فوقاً گذشت اکتفا نکردیم. برای من، مشارکت کارگران درسود خالص واحدهای صنعتی، سرآغازی بیش نبود و می‌خواستم که به تدریج کارگران ایرانی در مالکیت واحدهای صنعتی شریک و سهیم باشند تا هر نوع دوگانگی و تضاد میان عوامل اصلی تولید از میان برداشته شود.

در تابستان ۱۳۵٤ اصل سیزدهم انقلاب در زمینه‌ی گسترش واحدهای صنعتی به تصویب رسید. واحدهای بزرگ صنعتی که حداقل پنج‌سال ازتأسیس آن‌ها می‌گذشت، مکلف شدند وضع خود را به شرکت‌سهامی عام تبدیل و تا معادل ٤۹٪ از سهام خود را در درجه‌ی اول به کارگران و کارمندان همان واحد و در مرحله‌ی بعد به عامه مردم بفروشند.

واحدهای صنعتی بخش عمومی نیز متعهد شدند تا ۹۹٪ سهام خود را به معرض فروش بگذارند تا به این ترتیب مالکیت واحدهای تولیدی و صنعتی هر چه بیشتر عمومیت یابد و همگان در بسط و توسعه‌ی اقتصاد ملی شریک و سهیم شوند. تصویب این اصل، یکی از مبانی دموکراسی اقتصادی در ایران بود و نقطه‌ی عطفی در تحول اجتماعی و سیاسی جامعه‌ی ما محسوب می‌شد. زیرا که می‌بایست هم‌بستگی و اشتراک منافع گروه‌های

عمده‌ی صنعتی را در راهبری اقتصاد صنعتی و پیشرفت و توسعه‌ی ایران به مرحله‌ی تحقق رساند و هم‌چنین از پیدایش انحصارهای بزرگ و کارفرمایانی بصورت فئودال‌های دیروز جلوگیری کند.

اعلام و تصویب این اصل، ابتدا با تعجب و انتقاد و حتی مخالفت بسیار مواجه شد. اما پس از یک سال، خود کارفرمایان متوجه شدند که روابط صنعتی و بازده کار بهبود یافته و در نتیجه سود بیشتری هم نصیب خود آن‌ها خواهد شد.

آشوب‌گران وابسته به حزب توده و عوامل ارتجاع بیش از همه با این اصل مخالف بودند، زیرا که مشارکت کارگران در مالکیت واحدهای صنعتی و رفع تضادهای طبقاتی، آنان را خلع‌سلاح می‌کرد و بهترین بهانه‌ی تخریب و براندازی را از آنان سلب می‌نمود.

آن‌ها، شکست این تجربه را الزامی و غیرقابل اجتناب می‌دانستند و از عدم تحقق پیش‌بینی‌های خود سخت دل آزرده و عصبی شدند. چرا؟ پاسخ به این سئوال دشوار نیست.

قرار بود سهام بیشتر واحدهای صنعتی بخش دولتی، البته به استثنای صنایع اساسی و کلیدی چون نفت و گاز و پتروشیمی و راه‌آهن و اسلحه‌سازی و برق و فولاد، در پائیز ۱۳۵۷ به معرض فروش گذاشته شود. در همین اوان بود که در تهران و مشهد و اصفهان و تبریز و قم، اغتشاشات و تظاهرات خشونت‌آمیز همراه با قتل و غارت و آتش‌افروزی به وقوع پیوست و شهرهای ما را به خون و آتش کشید. همین حوادث بود که سرانجام به تغییراتی منتهی شد که مطبوعات بین‌المللی آنرا «هرج و مرج پایان‌ناپذیر» و «کلاف سردرگم» نام گذارده‌اند.

قبل از این تاریخ، ۱۵۳ واحد بزرگ صنعتی که به خانواده‌ها و یا گروه‌های معدودی از سهامداران تعلق داشت، سهام خود را به معرض فروش گذاشته و ۱۶۳ هزار تن از کارگران آن‌ها، این سهام را خریداری

کرده بودند. کار فروش سهام ۳۲۰ واحد بزرگ صنعتی دیگر با سرمایه‌ای معادل ۱۷۰ میلیارد ریال نیز در دست اجرا و انجام بود.

در غالب موارد، خرید سهام به وسیله کارگران از طریق اعطای وام‌های خاص تسهیل شد و شورائی به نام نظارت بر گسترش مالکیت واحدهای صنعتی، بر این مهم نظارت داشت. وام‌های پرداختی می‌بایست در مدت ده سال از محل سود سهام خریداری شده مستهلک شود.

در خاتمه، بد نیست به ذکر چند رقم بپردازم:

پانزده سال پیش حداقل دستمزد یک کارگر ساده معادل دوهزار ریال در ماه بود. در سال ۱۹۷۸حداقل دستمزد یک کارگر ساده معادل ده‌هزار ریال در ماه بود که می‌باید تقریباً ۲۰٪ هم بابت حق مشارکت در سود خالص واحدهای صنعتی به آن اضافه کرد.

کارگران در غالب موارد از خانه‌های ارزان‌قیمت، غذای ارزان قیمت در کارگاه و امکان خرید پنج کالای اصلی یعنی نان و گوشت و قند و برنج و روغن به قیمت‌های ارزان و تثبیت شده، بهره‌مند بودند. بسیاری از فروشگاه‌های کارگری، طبق گزارش‌هایی که به من رسیده، طی آشوب‌ها و اغتشاشات سال گذشته به آتش کشیده شدند و نابود گردیدند. بالاخره باید گفت که فرزندان و کودکان این کارگران می‌توانستند از آموزش رایگان در همه‌ی مقاطع تحصیلی استفاده کنند.

در سال ۱۳۵٤به هنگام بازدید از کارخانه‌ی قند قوچان یکی از کارگرها در پاسخ سئوال من از وضع زندگی‌شان گفت که نزدیک به۸۰٪ کارگران دارای وسیله نقیله‌ی شخصی هستند. و نیمی از آنان از خدمه‌ی خانگی استفاده می‌کنند.

چنین بود و چنین است، پاسخ من به تاریخ در باره‌ی توسعه‌ی اقتصادی و اجتماعی و رفاه کشاورزان و کارگران.

فصل پنجم
انقلاب در دستگاه قضاوت

گفته‌اند که دستگاه قضاوت در ایران، گه‌گاه تحت تأثیر و نفوذ ارباب قدرت و ثروت، و غیرعادلانه بوده است. شاید چنین باشد. اما من شخصاً جز رضایت و خوشنودی از حاصل کارِ خانه‌های انصاف، که بر اثر انقلاب شاه و ملت ایجاد شد، در مردم ندیدم.

پدرم، دستگاه قضائی ایران را بکلی نوسازی کرد و قوانین مدنی، جزائی و تجاری جدیدی با الهام از قوانین اروپائی، به‌خصوص فرانسوی به تصویب رساند. از آن پس، دستگاه قضائی ایران از مداخلات و نفوذ روحانیون به‌دور ماند و به اصطلاح «غیرمذهبی» گردید. ولی البته دستگاه جدید قضائی کشور چنان‌که باید و شاید نبود. شبکه‌ی آن در سرتاسر کشور گسترش نداشت و مخصوصاً روستانشینان از آن بی‌بهره بودند، هزینه‌های قضائی سنگین بود و ساکنان روستاها که غالباً از نعمت سواد محروم، و فاقد توانایی مالی کافی بودند، نمی‌توانستند در مقابل دستگاه دادگستری از حقوق خود بطور شایسته دفاع نمایند.

مسائل روستانشینان غالباً بسیار ساده و بیشتر به حصه‌ی زمین آنان و

اختلافات‌شان با همسایگان در سر تعیین حدود اراضی، استفاده از حق آب و یا مالکیت دام‌ها بود. در مورد این دعاوی کوچک، می‌بایست به دادگستری شهرها مراجعه کنند، از خدمات وکلای دادگستری استفاده و مراحل مختلف قضائی را طی نمایند. مراجعه به دیوان عالی کشور، در مرحله‌ی تمیز، مستلزم آمد و رفت به پایتخت کشور بود.

همه‌ی این دشواری‌ها باعث می‌شد که روستاییان به‌جای مراجعه به دادگستری، با آن همه هزینه‌ی رفت و آمد و انتظار، در بسیاری از موارد مسائل فیمابین خود را با نیرنگ و خشونت حل نمایند و در نتیجه پرونده‌های متعدد اختلافات محلی بر سر زمین و دام به‌وجود می‌آمد که بیشتر وقت و نیروی ژاندارمری و مراجع دولتی و قضایی را به خود اختصاص داده بود.

یک جنبه‌ی مسأله این بود و جنبه‌ی دیگر آن که روستاییان بهتر از قضات حرفه‌ای، قادر به درک و حل و فصل دعاوی کوچک و مربوط به آب و زمین و دام و امثال آن بودند و طبیعتاً طرفین دعوا را با روابط خاص محلی بهتر و بیش‌تر می‌شناختند. پس چنین به‌نظر آمد که اگر برای حل و فصل این قبیل مسائل و دعاوی از ریش‌سفیدان و سالخوردگان و خبرگان محلی و مورد اعتماد روستائیان کمک گرفته شود، هم مشکلات مردم زودتر حل می‌شود، هم از اتلاف وقت و نیرو و هزینه‌ی بسیار جلوگیری می‌گردد، وهم کار دستگاه‌های اداری و قضائی سبک و سهل خواهد شد.

خانه‌های انصاف

اساس کارِ خانه‌های انصاف بر حل و فصل مسائل و دعاوی کوچک از طریق کدخدامنشی و اطلاعات محلی نهاده شد. نخستین خانه‌ی انصاف در زمستان ۱۳٤۲ در روستای مهیار از توابع اصفهان گشایش یافت. تعداد خانه‌های انصاف در پایان سال ۱۳٥٦ به ۱۳٥۷ رسید که نزدیک به ۱۹ هزار روستای کشور در حیطه‌ی عمل و صلاحیت آنان بود.

خانه‌ی انصاف در حقیقت یک دادگاه واقعی روستایی است که پنج تن قضات آن را اهل هر ده، برای مدت سه سال انتخاب می‌کنند. اعضای خانه‌های انصاف، افتخاراً خدمت می‌کنند و در نتیجه عدالت و قضاوت، رایگان در اختیار روستائیان قرار می‌گیرد. آئین دادرسی در خانه‌های انصاف، ساده و بی‌پیرایه بود و قضات در انتخاب راه و روش و تحقیق و تجسس آزاد بودند و چون همه نسبت به یکدیگر آشنائی داشتند، کارهای مردم سریع و آسان فیصله می‌یافت.

فعالیت خانه‌های انصاف، با استقبال و توفیق فراوان روبرو شد. این خانه‌ها، در نخستین سال فعالیت خود به ۱۸هزار پرونده رسیدگی، و آن‌ها را حل و فصل کردند و در پایان سال ۱۳۵۶ تعداد کل پرونده‌هائی که در خانه‌های انصاف رسیدگی شده و فیصله یافته بود از سه میلیون تجاوز کرد. چه هزینه‌ها که بدین ترتیب صرفه‌جوئی شد.

توفیق کار و فعالیت خانه‌های انصاف، تنها جنبه‌ی کمی و مقداری نداشت. بررسی کارشناسان و متخصصان نشان می‌دهد که آرای صادره به وسیله خانه‌های انصاف، عادلانه، منصفانه، منطقی و عاری از فساد و اعمال نفوذها بوده است. استادان حقوق و قضات بسیاری، از این نتیجه‌ی مثبت و درخشان اظهار تعجب کردند. اما من، که روشن‌بینی وذکاوت و شم قوی روستاییان ایرانی را به‌خوبی می‌شناختم، از ابتدای کار نسبت به نتیجه‌ی آن خوش‌بین بودم.

بر اثر همین توفیق بود که تصمیم گرفته شد در شهرها نیز برای رسیدگی به دعاوی کوچک و محلی، دادگاه‌های منتخب اهل هر محله و شهر تشکیل شود.

این مراجع در ۱۳۴۵ آغاز به‌کار کردند و شوراهای داوری نام گرفتند.

آنها نیز از پنج قاضی اهل محل برای مدت سه سال تشکیل می‌شدند، فقط می‌بایست یکی از این پنج تن، از میان افراد آشنا به حرفه‌ی قضایی

و مسائل حقوقی (قضات شاغل یا بازنشسته، وکلای دعاوی...) انتخاب شود زیرا که مسایل و دعاوی شهری، مشکل‌تر و پیچیده‌تر و تا حدی فنی‌تر بود. خدمات شوراهای داوری، که غالباً در محل مدارس و شهرداری‌ها و عمارات وابسته‌ی عمومی دیگر تشکیل می‌شد، رایگان بود.

در پایان سال ۱۳۵٦ در ۲۰۳ شهر ایران مجموعاً ۲۸۳ شورای داوری به فعالیت مشغول بود که از ابتدای تأسیس بیش از ۷۵۰هزار پرونده را رسیدگی و آن‌ها را حل و فصل کرده بودند.

در سال ۱۳۵٦ تصمیم گرفته شد که حیطه‌ی صلاحیت خانه‌های انصاف و شوراهای داوری گسترش یابد و رسیدگی به بیشتر دعاوی در مرحله‌ی بدایت به آنان محول شود تا در کار قضاوت، تسریع قابل ملاحظه‌ای بوجود آید و از اتلاف وقت و هزینه‌ی بسیار اجتناب شود.

توفیق خانه‌های انصاف و شوراهای داوری، همانند کامیابی سپاهیان دانش و بهداشت نشان‌دهنده‌ی برتری راه‌حل‌های انقلابی بر راه‌های متعارف، در حل و فصل مسائل اجتماعی در یک جامعه‌ی در حال بسط و توسعه‌ی سریع بود.

در طی مسافرت‌های متعدد به شهرها و روستاهای کشور، غالباً از روستاییان در باره‌ی خانه‌های انصاف و فعالیت و نتایج کارشان پرسش می‌کردم. پاسخ‌ها همه جا گرم و آمیخته با تایید بود و نشان می‌داد که مردم به آرای آن‌ها اعتماد و اطمینان دارند. در حقیقت فعالیت خانه‌های انصاف دارای جنبه‌ی کدخدامنشی وحل و فصل دعاوی به‌طور دوستانه و خانوادگی بود و از تبدیل موضوعات بسیار کوچک به دعاوی و اختلافات پیچیده و احیاناً سیاسی جلوگیری می‌کرد.

تشکیل خانه‌های انصاف، یک ابتکار انقلابی و موفق و یک تجربه‌ی شجاعانه بود. مشارکت قضات منتخب مردم در امور قضائی، جنبه و جلوه‌ای از سیاست کلی توسعه و تصمیم مشارکت مردم در راهبری امور عمومی

بود که همواره بدان توجه فراوان داشتم. بدین‌سان، ما به همگان نشان دادیم که سرآمدان و نخبگان برگزیده‌ی مردم قادرند مسائل آن‌ها را حل و فصل کنند و به حکومت عامه، جامه‌ی عمل بپوشانند.

در حال حاضر همه‌ی کوشش کسانی که مدعی حکومت بر ایران هستند، بر این است که سرآمدان و نخبگان جامعه‌ی ایرانی را از میان ببرند و یا از کشور برانند و تا حدی هم توفیق یافته‌اند، اما سرانجام با شکست روبرو خواهند شد و نخواهند توانست به مقصود خود نائل شوند.

ابتکار تشکیل خانه‌های انصاف و شوراهای داوری در زمینه‌ی دستگاه قضایی، پاسخ من به تاریخ بوده است.

فصل ششم
انقلاب آموزشی و اصلاحات فرهنگی
دفاع از تمدن ایرانی و هویت ملی

همه دیدند و می‌دانستند که من بیش از هر چیز به اندیشه‌ی آینده بودم. هم رسالت و وظیفه‌ی من این بود و هم اقتضای منش و طبیعتم. مفهوم سازندگی آینده‌ی ایران، توجه به آموزش جوانان بود. به همین سبب در کنار تأمین بهداشت و سلامت ایرانیان، سیاست آموزشی، از الویت خاص برخوردار بود.

به‌هنگام آغاز سلطنت پهلوی فقط صدی یک از ایرانیان باسواد بودند. آری در کشوری که صدها تن از برجسته‌ترین نوابغ انسانیت، چون فارابی و رازی و حلاج و ابن‌سینا، غزالی و فردوسی و سعدی و مولوی و حافظ و نظامی و خیام و روزبهان و رودکی و شیخ بهایی و فرخی سیستانی، منوچهری و سنایی و عطار و خاقانی و خواجه نظام‌الملک و پروین اعتصامی و... را تربیت کرد، تنها یک درصد از نفوس، خواندن و نوشتن می‌دانستند و اثری از آموزش واقعی نبود.

طبیعتاً آغاز هر کار دشوارتر است و امکانات ما هم محدودتر بود.

طبق سرشماری ۱۳۳۵، ۱٤/۹٪ از ایرانیان باسواد بودند و از چهار میلیون نفر کودکان لازم‌التعلیم فقط ۱۷۲۰۰۰۰ تن آنان توانستند در آن سال به مدرسه راه یابند.

پس می‌بایست در جستجوی راه‌حل‌های انقلابی برای مبارزه با بی‌سوادی و گسترش آموزش بود، من قبلاً به این تدابیر و راه‌حل‌ها، یعنی تشکیل سپاه دانش، اشاره کردم.

حاصل کار سپاه دانش وکوشش‌های متعارف اداری را در زمینه‌ی گسترش آموزش عمومی می‌توان در چند رقم بیان و خلاصه کرد.

طی پانزده سال میزان افزایش تعداد دانش‌آموزان در مقاطع مختلف تحصیلی به شرح زیر است:

کودکستان‌ها	٪۱۳۵۰
مدارس ابتدائی	٪ ٥٦۰
دوره راهنمائی	٪ ۲٦۳
مدارس متوسطه	٪ ۳۳۱
مدارس حرفه‌ای و فنی	٪۱٥٥۰
مدارس سپاه دانش	٪ ٦۹۲

تعداد کل دانش‌آموزان و دانشجویان کشور، طی همین مدت از ۱/٥ میلیون نفر به بیش از ده میلیون تن رسید. این کامیابی بزرگ بیش از همه مرهون و مدیون سپاه دانش است که نه تنها به کار اصلی خود، یعنی آموزش بی‌سوادان پرداخت و میلیون‌ها تن را از نعمت خواندن و نوشتن، برخوردار ساخت، بلکه شور و شوقی وصف‌ناپذیر نسبت به دانستن و آموختن، در همه گروه‌های جامعه، بخصوص در میان روستاییان بوجود آورد. بر اثر کوشش سپاه دانش، نسبت تعداد دانش‌آموزان در روستاها طی مدت پانزده سال از ۳۹/٤٪ به ٥۲/۸٪ کل دانش‌آموزان کشور بالغ گردید که این درصد تقریباً با تناسب جمعیت روستانشین در مجموع نفوس مملکت برابر است

باید افزود که به احتمال قریب به یقین، میزان افزایش بودجه‌ی آموزش و پرورش ایران طی این مدت در دنیا بی‌نظیر است:

بودجه‌ی آموزش و پرورش در برنامه‌ی سوم عمرانی کشور (۱۹۶۳-۱۹۶۷) ٤٥ میلیارد ریال.

بودجه‌ی آمورش و پرورش در برنامه‌ی چهارم عمرانی کشور (۱۹۷۲-۱۹۷۷) ۵۵۱ میلیارد ریال.

پیش‌بینی بودجه‌ی لازم برای فصل آموزش و پرورش در برنامه‌ی ششم عمرانی کشور (۱۹۷۸-۱۹۸۲)بالغ بر ۲/۵۰۰ الی ۲/۷۰۰ میلیارد ریال بود.

تصور نمی‌کنم که در شرایط فعلی، تحقق چنین بودجه‌ای میسر باشد. با این حال باید گفت که بر اساس روند آماری موجود، در پایان برنامه‌ی ششم، تعداد دانش‌آموزان و دانشجویان کشور می‌بایست به ۱۳میلیون و ۷۰۰ هزار تن یعنی ٤۰٪ بیش از رقم سال ۱۳۵۷ بالغ شود. سرنوشت این دختران و پسران ایرانی، در صورت ادامه‌ی وضع کنونی، چه خواهد بود؟

منشور انقلاب آموزشی

هدف مهم دیگر سیاست آموزشی ما، بهبود کیفیت تعلیم و تعلم، انطباق آن با مقتضیات تمدن جدید و نیازهای جامعه‌ی ایرانی بود.

برای نیل به این هدف، منشور انقلاب آموزشی در تابستان ۱۳٤۷ در اجتماعی بزرگ از استادان و صاحب‌نظران تدوین و تصویب شد و بعنوان اصل دوازدهم انقلاب شاه و ملت مورد عمل قرار گرفت.

در این منشور، تنوع و بهبود روش‌های آموزشی به منظور هم‌آهنگ ساختن با نیازهای امروز و فردای جامعه‌ی ایرانی، مورد تأکید خاص قرار گرفته بود. هم‌چنین توصیه شده بود که در تمام سطوح و مقاطع آموزشی، توجه کامل و مستمر به‌شناسائی و شناساندن تاریخ و فرهنگ و تمدن ایرانی و زبان و ادبیات فارسی و آداب و سنن محلی و منطقه‌ای بعمل آید. در

منشور انقلاب آموزشی، توسعه‌ی سریع آموزش فنی و حرفه‌ای به‌موازات مدارس ابتدائی و متوسطه، و تجدیدنظر اساسی در برنامه‌ی مدارس اخیرالذکر توصیه شده بود که همه‌ی این‌ها متعاقباً به مرحله‌ی اجرا درآمد.

اجرای سیاست عدم تمرکز در مدیریت آموزش و پرورش و تفویض اختیارات به مسئولان در سطوح مختلف اداری و استان‌ها و شهرستان‌ها نیز یکی دیگر از تدابیری بود که در منشور انقلاب آموزشی مورد توجه خاص قرار گرفت.

به منظور توسعه و گسترش آموزش فنی و حرفه‌ای، بهره‌گیری از وسایل سمعی و بصری و ترتیب برنامه‌های بازآموزی در خارج از ساعات کار توصیه شده بود.

چنان که قبلاً یادآور شدم، ایران درصدد تهیه‌ی سه ماهواره بود که از طریق آن‌ها رساندن تصاویر تلویزیونی و آموزش تلویزیونی به دورافتاده‌ترین روستاهای کشور نیز میسر و مقدور باشد.

گسترش و تشویق پژوهش‌های علمی اصیل، برقراری رابطه و همکاری میان هیجده دانشگاه و یکصدوسی‌وهفت مؤسسه‌ی آموزش عالی کشور با بخش‌های صنعت و کشاورزی، هم‌چنین توسعه‌ی ورزش و تربیت بدنی در همه‌ی مدارس کشور نیز در منشور انقلاب آموزشی مقام مهمی داشت.

در زمینه‌ی ورزش، برنامه‌ی وسیعی به‌منظور احداث ورزشگاه‌های عمومی و زمین‌های ورزشی و تجهیز مدارس و ترتیب مسابقات و تشویق و بزرگ‌داشت قهرمانان به مرحله‌ی اجرا درآمد که همه دیده‌اند و می‌دانند.

برگزاری بازی‌های آسیائی ۱۳۵۳ در تهران، که کشور ما در آن مقام دوم را یافت، توفیقی بزرگ برای ایران بود. حال آن که ایرانی‌ها بر چین و هندوستان که جمعیت‌شان بیش از بیست برابر ایران بود سبقت جستند.

هدف نهایی سیاست آموزشی ما این بود که بتوانیم زنان و مردانی تندرست و توانا و آگاه برای جامعه‌ی فردای ایران تربیت کنیم. زنان و

مردانی که قادر به مقابله با مسایل دشوار تمدن جدید و حل و فصل آن‌ها باشند. زنان و مردانی که از حس میهن‌دوستی و اعتماد به‌نفس و صفات اخلاقی برخوردار باشند.

آموزش رایگان برای دانشجویان

در ابتدای سلطنت من، قانون آموزش اجباری و رایگان از تصویب قوه‌ی مقننه گذشت، اما کشور امکانات و وسائل اجرای آن‌را نداشت. ایجاد سپاه دانش و گسترش آموزش رایگان در سطح روستاهای کشور، گامی بزرگ در این راه بود. من آرزو داشتم که آموزش در همه‌ی سطوح برای همه‌ی ایرانیان رایگان باشد. به‌همین سبب اصل پانزدهم انقلاب شاه و ملت اعلام شد که بر طبق آن همه‌ی دانش‌آموزان و دانشجویان در مقابل تعهد خدمت به دولت، و یا در محل و وظیفه‌ای که دولت معین نماید، از آموزش رایگان کامل برخوردار شوند. این تدابیر مخصوصاً برای دانشجویان بسیار مفید بود، زیرا نوعی بیمه و تعهد دولت در مقابل آنان برای تهیه شغل مناسب محسوب می‌شد. بر اثر اجرای این اصل مجموعاً ۷ میلیون و چهارصد هزار نفر از آموزش رایگان بهره‌مند شدند که نزدیک به شش‌میلیون نفر آنان از تغذیه‌ی رایگان در مدارس برخوردار بودند.

یک‌سال پیش تعداد دانشجویان ما در دانشگاه‌ها و مدارس عالی کشور نزدیک به ۲۰۰هزار تن، و در خارج نزدیک به یک‌صد هزار تن بود که نیمی از گروه اخیر در ایالات متحده‌ی آمریکا به‌تحصیل اشتغال داشتند.

پردیس دانشگاه نوبنیاد پهلوی در شیراز و دانشگاه اصفهان که هر دو در دست ساختمان بود، می‌بایست از زیباترین و مجهزترین مجموعه‌های آموزش عالی در سرتاسر جهان شود.

بیشتر دانشجویان ما علاوه بر آموزش رایگان از کمک هزینه‌ی تحصیلی استفاده می‌کردند و طبیعتاً سن آنان اجازه نمی‌داد که بدانند بیست و چند سال

قبل که هنوز متولد نشده بودند، کشورشان با چه تنگناها و چه دشواری‌هائی مواجه بود و آن‌چه را که داشتند و در اختیارشان بود کاملاً عادی می‌دانستند.

امروزه که من به وقایع دو سال گذشته می‌اندیشم، گه‌گاه به خود می‌گویم که شاید ما در اتخاذ بسیاری از این تدابیر شتاب کردیم.

شاید می‌بایست شرایط ورود به دانشگاه‌ها را دشوارتر می‌کردیم. اشتباه دیگر من آن بود که در سیاست کلی کشور، مقام و اعتباری که باید و شاید برای استادکاران، کشاورزان ماهر، ارباب حرف و صنایع و امثال آن‌ها که به مدد بازوی خود کار می‌کردند، قائل نشدیم و لاجرم همه به سوی دانشگاه‌ها روی آوردند و مدرک‌گرایی به کلیه‌ی گروه‌های اجتماعی و طبقات سنی سرایت کرد.

ما فکر می‌کردیم که باید خود را برای مقابله با عصر صنعت خودکار و الکترونیک آماده کنیم، پس بی‌حساب در دانشگاه‌ها را گشودیم و شاید توجهی که می‌بایست، به جنبه‌های معنوی و روانی آموزش معطوف نداشتیم.

بسیاری از دانشجویان ما، فرزندان خانواده‌های ساده‌ی روستایی بودند که پدران‌شان حتی روستاهای خود را ترک نکرده و به شهرهای بزرگ نیامده بودند.

این‌ها یک‌باره وارد بهترین دانشگاه‌های داخل و خارج کشور شدند و در شهرهای بزرگ و محیط سرد و خشن آن‌ها به زندگی پرداختند. این جهش در شرایط زندگی، خالی از نتایج دشوار و بعضاً نامطلوب انسانی و روانی نبود. گروهی به‌تنبلی و بی‌کاری گراییدند و گروهی دیگر به خشونت اعتراض و فزون‌طلبی دائم.

ادامه‌ی این خشونت‌ها در یک سال اخیر، دانشگاه‌های ایران را دچار نابسامانی‌های فراوان و هرج و مرج کرد. استادان، مورد اهانت قرار گرفتند و اکنون عملاً همه‌ی مدارس عالی کشور ما به حالت تعطیل درآمده است. به‌عنوان نمونه، از دوهزار تن افراد هیأت علمی دانشگاه تهران، نزدیک به

۱۲۰۰ نفر آنان یا به وسیله‌ی کمیته‌های مجهول‌الهویه تصفیه شده‌اند و یا تقاضای بازنشستگی کرده و یا عازم خارج شده‌اند.

در این شرایط، سرنوشت جوانان مستعد ما چه خواهد شد! اگر دانشگاه‌ها تعطیل شوند، اگر فراگیری دانش‌ها و فنون جدید برای فرزندان ایران میسر نباشد، چه نتیجه‌ای جز بازگرداندن کشور به گذشته و توقف پیشرفت ملی بدست خواهد آمد؟

بزرگداشت فرهنگ و هنر ایرانی

من هرگز فرهنگ را مختص گروهی خاص و معدود نمی‌دانستم و گسترش و اعتلای فرهنگ ایران را از مبانی اصلی سیاست ملی و مملکتی تلقی می‌کردم که مخصوصاً شهبانو توجه و دقت بسیار معطوف بدان کرد

نخستین کوشش ما حفظ و صیانت هنرهای سنتی و باستانی ایران و تجدید حیات آن‌ها بود. هم‌چنین توجه بلیغ به شکوفایی فرهنگ و هنر اصیل و نوین ایران معطوف شد. ایجاد کتابخانه‌های متعدد، مؤسسات تحقیقاتی و آموزشی، موزه‌ها، فرهنگ‌سراها، برپایی جشنواره‌ها، تشویق نویسندگان و شاعران و هنرمندان، همه بر اجرای این اصل تکیه داشت و آن‌قدر روشن است که نیازی به تفصیل در بازگفتن آن نیست.

بسیاری از مردم ایران تصور می‌کردند که هر چه متعلق به گذشته است، کهنه و مخالف ترقی و حتی ارتجاعی است، این باور، یک نوع بی‌اعتنایی به فرهنگ و سنت، و گونه‌ای غرب‌گرائی افراطی در بعضی گروه‌های اجتماعی به‌وجود آورده بود. مبارزه با این طرز تفکر برای ما از اهمیت خاص برخوردار بود تا ایرانیان به بزرگی و تنوع و جامعیت فرهنگ و تمدن و هنرهای خود بیشتر و بهتر پی ببرند و بدین‌سان مبانی وحدت و هویت ملی تحکیم شود.

در همین دیدگاه بود که به شعر و ادبیات تاریخ ایران، مقامی والا در برنامه‌های تحصیلی اختصاص داده شد. هم‌چنین تلویزیون ملی ایران در

حفظ و اشاعه‌ی موسیقی ملی و سنتی ایران سهم قابل ملاحظه‌ای ایفا کرد

به موازات این برنامه‌ها، به شناسائی و شناساندن هنر پیشرو نیز توجه کامل مبذول شد که جشنواره شیراز، تخت‌جمشید، میعادگاه نوپردازان هنر جهانی، نمونه‌ای شایسته از آن است.

میل دارم در این‌جا تعدادی از برجسته‌ترین شاعران و هنرمندان معاصر و نوپرداز کشورمان را نام ببرم: نخست نیما یوشیج، بنیان‌گذار شعر نو در ایران، سپس شاعرانی چون فریدون مشیری، نادر نادرپور، ابتهاج (سایه)، اخوان‌ثالث، سهراب سپهری، احمد شاملو، فروغ فرخزاد، سیمین دانشور، سیمین بهبهانی، ...

در زمینه‌ی هنرهای نمایشی: بیژن و اردوان مفید (که برادر دیگرشان بهمن به سینما پرداخت) آربی آوانسیان، ...

در زمینه‌ی سینما: پرویز کیمیایی، جلال مقدم، گلستان، هژیر داریوش، داریوش مهرجویی، بهرام بیضایی، کیمیاوی، ...

در میان نقاشان و مجسمه‌سازان، اردشیر محصص، اویسی، پرویز تناولی، دریابیگی، آغداشلو، ابوالقاسم سعیدی، فرامرز پیل‌آرام، یکتایی، زنده‌رودی، ایران درودی، پروانه اعتمادی، محجوبی ...

بدیهی است نام‌های بسیاری را ذکر نکرده‌ام که همه را اهل نظر به‌خوبی می‌شناسند.

در دوران سازندگی شتابان کشور، مسائل ناشی از معماری، دارای اهمیت خاص بود، تعدادی از مهندسان و معماران ایران، گرایش محسوسی به تقلید از غرب نشان دادند. بسیاری از ساختمان‌های قدیمی و محلات سنتی شهرهای ما متأسفانه به بهانه‌ی نوسازی ویران شد و جای خود را به بناهای بی‌هویت و ناهم‌آهنگ با آب و هوای و شرایط محیط و زندگی ایرانی داد. در این زمینه نیز شهبانو به تلاش برخاست و توفیق یافتیم بسیاری از بناهای قدیمی را مرمت کرده و از تخریب محلات و نقاط سنتی جلوگیری کنیم

خوشبختانه باید بگویم که بسیاری از معماری ایرانی نیز با الهام از شرائط اقلیمی و سنت‌های ملی هنر ایرانی، در ابداع سبک جدید معماری ایران توفیق یافتند و به نحوی مطلوب شیوه‌های نو را با خصایص قدیم ایرانی تلفیق کردند.

فصل هفتم
کوشش برای انقلاب اداری

دیوان‌سالاری (بوروکراسی) مشکلی است جهانی، که اختصاص به ایران ندارد ولی متأسفانه از دیرباز در کشور ما بصورت یک روند نهادینه شده و مقاوم درآمده. قبلاً یادآور شدم که بخشی از اصل دوازدهم منشور انقلاب ما اختصاص به انقلاب اداری و مبارزه با دیوان‌سالاری داشت. ما می‌دانستیم که در این رهگذر به مبارزه با هیولایی می‌پردازیم که در گذشته همواره پیروز بوده است:

هیولای کاغذبازی، کندکاری، کار امروز به فردا نهادن، که برای پیروزی بر آن بیش از هر چیز، تغییر بنیادی در رفتارهای فردی، روانی و اخلاقی ضروریست و می‌دانستم که این تغییر بنیادی، کاری آسان نیست.

اصلاحات آموزشی، شرط لازم اصلاحات اداری

عقیده‌ی من همواره بر آن بود که دستگاه اداری باید در خدمت مردم باشد و کارمندان موظف‌اند با حس مسئولیت و روح قاطعیت و سرعت‌عمل، به حل و فصل مسایل مردم و تمشیت امور مملکت بپردازند. ولی می‌دانستم

که باید هم در رویه‌ی سازمان‌های اداری نسبت به مردم تغییر حاصل شود و هم در رفتار مردم در برابر دستگاه اداری.

ضرورت انقلاب اداری از این جهت احساس می‌شد که حجم کار دستگاه‌های اداری مملکت به سبب افزایش سریع نفوس و بسط و توسعه‌ی اقتصاد ملی و اجرای اصل عدم تمرکز و ایجاد سازمان‌های جدید روز به روز افزایش می‌یافت.

ما به دشواری تلاش خویش آگاه بودیم و می‌دانستیم که باید به اصلاحی بنیادی در سازمان اداری ایران پرداخت. به‌همین سبب انقلاب اداری و آموزشی را لازم و ملزوم یکدیگر می‌دانستیم. هدف انقلاب آموزشی در همه‌ی سطوح و مقاطع تحصیلی آن بود که مردم ایران از درایت و بینش و تدبیر لازم برخوردار شوند و طبیعتاً این برخورداری، حسن جریان امور اداری مملکت را باعث می‌شد.

باید مجدداً به این نکته اشاره کنم که یکی از اهداف تشکیل سپاه‌های دانش، بهداشت و ترویج و آبادانی نیز این بود که در سطح روستاهای کشور از سنگینی دستگاه اداری کاسته شود و روحیه‌ی جدیدی به‌وجود آید. آرزوی من آن بود که بر اثر انقلاب آموزشی، این روحیه بر همه‌ی افراد جامعه تسری یابد و هر ایرانی، با دانش و آگاهی لازم، خود را عضوی مؤثر و مسئول از جامعه‌ی متحول ایران بداند.

برای اجرای انقلاب اداری، یک شورای مرکزی تشکیل شد و نمایندگان آن مأموریت یافتند که در همه‌ی سازمان‌های دولتی به تغییر و اصلاح روش‌های اداری بپردازند. در این زمینه، نتایجی به‌دست آمد. بعضی از تشریفات سبک‌تر و آسان‌تر شد و در چند جا اصل عدم تمرکز جامه‌ی تحقق پوشید. هم‌چنین کوششی قابل‌ملاحظه برای آشنا ساختن مسئولان اداری با روش‌های جدید مدیریت و استفاده از کامپیوتر در سازمان‌ها معمول گشت

مقاومت سرسخت دیوان‌سالاری
تأسیس بازرسی شاهنشاهی

در طی سال‌های ۱۳۵٤ تا ۱۳۵۷ اندک‌اندک بر همه مشهود گشت که دیوان‌سالاری و دیوان‌سالاران، سخت در برابر این اصلاحات مقاومت می‌کنند و نفوذناپذیرند. هیولای دیوان‌سالاری تغییر شکل می‌یافت اما توانا و پابرجاست.

ما، در سال ۱۳۳۸ سازمان بازرسی شاهنشاهی را تشکیل داده بودیم. تشکیل این سازمان در حقیقت چیزی نبود جز احیای یک سنت قدیمی ایرانی که در زمان هخامنشیان آن را «چشم و گوش شاه» می‌نامیدند، و بازرسانی از جانب پادشاه در همه‌ی نقاط ایران مأمور مراقبت در امور و رسیدگی به شکایات مردم بودند. تأسیسات مشابهی در بعضی از کشورها منجمله ممالک اسکاندیناوی وجود دارد.

هیأت بازرسان شاهنشاهی، مستقیماً در مقابل خود من، مسئول بودند و وظیفه داشتند که مشکلات و نارسائی‌ها را، بی‌اغماض یادداشت کنند و به من گزارش دهند. هر ایرانی می‌توانست به این بازرسان مراجعه و شکایت خود را عنوان و طرح نماید و این بازرسان موظف بودند، دقیقاً به این مراجعات رسیدگی کنند، ولو ناچیز و اندک بوده باشد.

بندوبست، نادرستی، کُندکاری، چنان در خلقیات گروهی از اعضای دستگاه اداری و مراجعان آن‌ها، ریشه داشت که وجود همین بازرسی تا حد زیادی از بروز آن‌ها پیش‌گیری می‌کرد.

بازرسی شاهنشاهی، در سال ۱۳٤۰منحل شد و در سال ۱۳۵۵با شکلی نوین به نام «کمیسیون شاهنشاهی» تجدید حیات یافت. در این کمیسیون نمایندگان سازمان‌های اداری، حزب رستاخیز ملت ایران، اتاق‌های بازرگانی و صنایع و معادن و وسائل ارتباط جمعی شرکت داشتند. کمیسیون شاهنشاهی مأموریت یافت دقیقاً به برنامه‌های وزارتخانه‌ها و سازمان‌های

دولتی رسیدگی کند و هرجا اشتباه، کندی، نقص و یا سستی در کار باشد، گوشزد نماید و احیاناً خاطیان و مقصران را تنبیه کند.

کمیسیون شاهنشاهی، در حقیقت شکلی جدید در نحوه‌ی تجزیه و تحلیل و انتقاد امور عمومی به شمار می‌آمد. و من تصور می‌کردم که در عمل مؤثرتر از نحوه‌ی کار احزاب سیاسی کشورهای غربی خواهد بود. متأسفانه، نتایج کار کمیسیون شاهنشاهی مانند بسیاری دیگر از تدابیری که در سال‌های اخیر اتخاذ شده بود، بر اثر حوادث زمستان گذشته مشهود نگردید و این طرح به ثمر نرسید.

در میان همه‌ی اصول انقلاب ما، انقلاب اداری دشوارتر بود چرا که تحقق آن با یک دگرگونی بنیادی در روحیات مردم و روش‌های اداری بستگی داشت. به موازات این کار، ما به اجرای اصل عدم تمرکز پرداخته بودیم که لازمه‌ی آن ایجاد و تأسیس سازمان‌های جدید در سطوح مختلف کشور بود. در حقیقت پیشرفت این دو برنامه به موازات یکدیگر، مسابقه‌ای بود با زمان که فرصت توفیق در آن دست نداد.

تحقق بعضی از برنامه‌های بنیادی، احتیاج به مدت زمانی طولانی دارد. در زمینه‌ی اصلاحات اداری، متأسفانه من وقت کافی نیافتم و متأسفانه دستگاه اداری ایران در این رهگذر یاری نداد.

فصل هشتم
آزادی زنان

در نهضت بزرگ نوسازی ایران، که به آن «تمدن بزرگ» نام داده‌ام، زنان ایران، سهم و مسئولیت مادی و معنوی بزرگی داشتند. به حکم انصاف و عدالت، برابری کامل زنان و مردان در همه‌ی حقوق، از جمله سیاسی، امری الزامی بود. به‌همین سبب بر اساس اصل پنجم انقلاب شاه و ملت، قانون جدید انتخابات، زنان را از حق انتخاب کردن و انتخاب شدن، برخوردار نمود.

آزادی زنان

بر اساس ماده ۱۰ قانون انتخابات قبلی، زنان در ردیف مجانین و ورشکستگان به تقصیر و متکدیان حرفه‌ای و محکومین دادگستری از حقوق سیاسی محروم بودند.

این طرز فکر هم‌اکنون بار دیگر، با کسانی که قدرت و حکومت را در ایران غصب کرده‌اند، در کشور ما حاکم شده. ولی ما، که می‌خواستیم ایران را به شاهراه ترقی هدایت کنیم، چگونه می‌توانستیم دختران و خواهران و همسران و مادران خود را در شمار مجانین و مجرمین تلقی نماییم؟

اسلام و قرآن، برخلاف آن چه غاصبان کنونی حکومت و قدرت در ایران تصور و عمل می‌کنند، مخالف احترام و رعایت حقوق زنان نیست. حقوق زن در اسلام، به مراتب بیش از آن است که غالباً تصور می‌شود. از جمله این حقوق مسلم، یکی استقلال کامل مالی و حق اداره‌ی ثروت و دارایی شخصی است که تا این اواخر در بسیاری از ممالک مترقی اروپایی به طور کامل وجود نداشت.

ما، با الهام از فرهنگ و تمدن کهن ایرانی که برای زنان مقامی والا قائل شده و با الهام از فلسفه‌و معنویت اسلام، عقیده داشتیم که باید در جامعه‌ی نوین ایران برای زنان ایرانی سهم و مقامی فراخور تعداد و امکانات آنان به‌وجود آورد، و به این راه رفتیم. در آیین باستانی زرتشت، حقوق زن و مرد برابر است و دین مقدس اسلام نیز مخالفتی با حقوق سیاسی و اجتماعی ندارد. به همین سبب، من وضع زنان را در جامعه ایرانی، غیرمنصفانه، غیر عادلانه و نامعقول می‌دانستم. تحول اجتماعی نشان خواهد داد که حق با من بود و آنچه اکنون در زمینه‌ی سلب حقوق سیاسی، فردی و فرهنگی از زنان ایران صورت می‌گیرد، ارتجاعی و صریحاً مخالف توسعه و ترقی است.

چگونه می‌توان قبول کرد که بار دیگر، نیمی از نفوس مملکت ما، از همه‌ی حقوق محروم شوند و نتوانند در زندگی و سازندگی اجتماعی مشارکت نمایند.

سخنان علی ابن ابیطالب (ع)

اکنون بار دیگر چادر در ایران عملاً اجباری به خواهران و مادران ما تحمیل شده، امکان ورزش کردن از دختران جوان ایرانی سلب گردیده، و این فعالیت‌ها برای دختران «شیطانی» تلقی می‌شود.

برای من حتی قابل تصور نیست که مشارکت زنان در زندگی اجتماعی، عملی «شیطانی» باشد. ارتجاع، کهنه‌پرستی، تزویر و عوام‌فریبی غاصبان

قدرت و حکومت در ایران، در زمینه‌ی سلب حقوق و امکانات زنان ایرانی، مشمئزکننده است.

اگر بعضی از زنان، خود آزادانه بخواهند چادر به سر کنند، امری طبیعی است و من هرگز مخالف آن نبوده‌ام. اما چگونه و به چه عنوان و حقی می‌توان نیمی از جمعیت کشور را از لذاید ورزش محروم کرد؟ کهنه‌پرستان و مزدورانی که اکنون بر ایران حاکمند، نمی‌دانند که توسعه‌ی ورزش، نوعی پیش‌گیری از شیوع بیماری‌ها و امری مفید بلکه لازم در زمینه‌ی تأمین بهداشت عمومی است، آنها نمی‌دانند یا نمی‌خواهند بدانند که تندرستی بزرگ‌ترین سرمایه‌ی هر ملت است.

چگونه زنی که چادر به سر دارد می‌تواند رانندگی کند، در کارهای اداری شریک و سهیم باشد، طبیب باشد، قاضی باشد...؟ در طی پانزده سال اخیر، زنان ایران در کلیه‌ی شئون زندگی حرفه‌ای، صنفی و اجتماعی با توفیق کامل شرکت کردند و نشان دادند که برای تقبل همه‌ی مسئولیت‌ها در سطوح مدیریت، کفایت و لیاقت دارند. در این پانزده سال، زنان ما به مقام‌های وزارت، سفارت، معاونت، وکالت، استادی دانشگاه‌ها و همه‌ی مناصب و مقامات مهم مملکتی دست یافتند و به خوبی و شایستگی از عهده‌ی انجام وظایف و مسئولیت‌های خود برآمدند.

دختران جوان ما، سهمی بزرگ در مبارزه با بی‌سوادی، و کامیابی‌های تردیدناپذیر سپاه بهداشت داشتند. اکنون آخوندها می‌خواهند زنان ایرانی را از همه‌ی این دست‌آوردها محروم کنند.

بیم من آن است که بازگشت به خرافات و پیش‌داوری‌های صد سال پیش، تحمیل مجدد چادر به زنان و سلب حقوق و امتیازات قانونی را سبب شود که نتوانند چنان که باید و شاید، وظایف مادری خود را در زمینه‌ی تربیت فرزندان ایران برای قرن آینده‌انجام دهند. بدیهی است اگر نیمی از جمعیت یک کشور از حقوق و امتیازات اجتماعی و سیاسی محروم و

حتی آزادانه و بلامانع قادر به تحصیل و کسب علم در همه‌ی شئون نباشد، نیم دیگر نیز نخواهد توانست به همه‌ی مدارج ترقی و تکامل دست یابد.

آینده‌نگران، عقیده دارند که بر اثر بسط و توسعه‌ی صنایع خودکار، انسان‌ها در قرن آینده، هفته‌ی سه یا چهار روز بیشتر کار نخواهند کرد. آیا قابل تصور هست که در چنین جامعه‌ای زنان، حتی از حق ورزش کردن به‌طور آزادنه محروم باشند و مادران ایرانی مجبور گردند که چادر بر سر نهند و خود را اسیر کفن سیاه نمایند؟

قبلاً به آشوب‌هایی که در سال ۱۳٤۲ به وسیله‌ی ارتجاع سیاه، برای مبارزه با اصلاحات اجتماعی ایران فراهم شده بود، اشاره کرده‌ام. خوشبختانه این آشوب‌ها دیری نپایید و نور بر ظلمت، پیروز شد و کشور ما توانست مقام شایسته و فراخور خود را در میان ممالک جهان به‌دست آورد.

در این رهگذر، اکثریت قاطع روحانیون ایران، به ضرورت ترقی و تحول اجتماعی وقوف یافتند و بسیاری از آنان صمیمانه در این راه کوشش و همکاری کردند.

آیا لازم است یادآور شوم که طبق قانون اساسی ایران، پادشاه حافظ و نگاهبان مذهب شیعه اثنی‌عشری است و من، همواره در این زمینه کوشا و به سوگند خود سخت پای‌بند بوده‌ام؟

نمی‌خواهم در این جا از کسی نام ببرم. چه بسیارند روحانیون موجهی که شدیداً با گفتار و کردار شخصی که اکنون در قم حاکم است، مخالفند.

حضرت علی‌بن ابیطالب (ع) فرموده است: «فرزندان خود را برای جهان فردا پرورش دهید.» آیا سکوت روحانیون در مقابل اعمال ارتجاعی و خرافاتی که در ایران صورت می‌گیرد، مخالف فرموده‌ی امام شیعیان نیست؟

عدالت، اساس و عصاره‌ی اسلام است

من هرگز از انجام تعهد و سوگند خود در حفظ و صیانت مذهب شیعه‌ی

اثنی‌عشری و دفاع از آن در مقابل حملات مادی‌گرایان، باز ننشستم و اکنون عمیقاً متأسفم که طرز تفکر «مارکسیست اسلامی» یعنی جمع غیرقابل تصور بین اضداد در میان گروهی از روحانیون ایران نفوذ کرده است.

برداشت من از اسلام، همواره دقیق و مستند به متون معتبر بوده است. حال آن که شخص حاکم بر قم و بعضی دیگر از «روحانیون» ایران، دین را به نفع مصالح شخصی و مادی و اغراض و هوی و هوس‌های خود تفسیر، و به بازیچه‌ای تبدیل نموده‌اند.

نص صریح قرآن و روح و معنویت اسلام، شدیداً کینه و نفرت و انتقام و آدم‌کشی و غارت و دزدی را که از زمستان ۱۳۵۷ تاکنون، بر ایران حکومت دارد، محکوم می‌کند. اساس عصاره‌ی اسلام، چیزی جز عدل و انصاف نیست و انقلاب شاه و ملت که برای تحقق عدالت اجتماعی و مشارکت ملی، بنیان نهاده شد، مستقیماً از اصول و تعالیم اسلام الهام گرفته است.

اعتقادات عمیق مذهبی، اساس زندگی معنوی و اخلاقی هر جامعه است که اگر دست‌خوش مادی‌گرایی شود، با مخاطرات بسیار روبرو خواهد شد. ایمان، بهترین و مؤثرترین ضامن سلامت فکری جوامع بشری است که باعث می‌شود انسان‌ها به مراتب و مدارج عالی روحانی و معنوی دست یابند و از بند مادیات و خودپرستی رها شوند.

در سطح جوامع نیز، ایمان و اعتقاد، بزرگ‌ترین نیروها است. هیچ مرام سیاسی و نظام عقیدتی نیست که انسان‌ها را از اعتقادات مذهبی و معنوی، بی‌نیاز گرداند.

بخت بزرگ ایرانیان، این بود و هست که در پرتو روحانیت و معنویت تعالیم مقدس و مترقی اسلام زندگی می‌کنند و در مراحل دشوار زندگی اجتماعی و تاریخ خود، همواره از این منبع کسب فیض کرده‌اند. همه‌ی کسانی که برای تحقق و پیشرفت انقلاب اجتماعی و ملی کوشیدند، می‌دانستند و می‌دانند که تلاش آن‌ها دقیقاً منطبق با تعالیم عالی اسلام و ملهم

از آن بوده است و باید از این جهت مفتخر و سربلند باشند.

اعتقاد راسخ من به اسلام و کوششی که برای حفظ و صیانت و توسعه‌ی آن انجام می‌دادم، مانع احترامی عمیق به سایر ادیان حقه نبود و همواره با الهام از سنت‌های ملی ایرانی کوشیدم که ایران سرزمین هم‌زیستی میان همه‌ی افکار و ادیان باشد، که متأسفانه اکنون نیست و دست‌خوش تعصب و خشونت و خرافات شده است.

ما نسبت به همه‌ی کسانی که در ایران می‌زیستند، احترامی عمیق داشتیم، ولو این که اهل دیانتی جز اسلام باشند و تعلیم اسلام نیز جز این نیست. بی‌احترامی به مذاهب دیگر و تعصب و خشونت و سلب حقوق سیاسی و آزادی فکر و عقیده را که بر ایران حاکم شده، بدون تردید محکوم کنیم.

فصل نهم
مبارزه با تورم، سوداگری و فساد

اصرار و تأکید همیشگی من بر آن بود که مصالح عمومی باید برتر از منافع خصوصی باشد و همین امر باعث شد که بعضی از گروه‌های جامعه به مخالفت با سیاستی که اعمال می‌کردم برخیزند. حتی قبل از آن که ائتلاف شوم سرخ و سیاه، کمر قتل و ویرانی کشورمان را ببندد.

دو هدف از اهداف انقلاب سفید، مربوط به مبارزه با فساد و سوداگری بود. من به خوبی می‌دانستم که بر اثر کوشش برای مبارزه با فساد و معاملات سوداگرانه، افراد صاحب نفوذ و ثروتمند بسیاری به مخالفت با من خواهند پرداخت و چون منافع خود را در خطر ببینند، از توسل به هیچ چیز امتناع نخواهند داشت.

دو اصلی که به آنها اشاره کردم، اصول چهاردهم و نوزدهم انقلاب سفید است: یکی مبارزه با تورم و گران‌فروشی و معاملات سوداگرانه و دیگری مبارزه با فساد. در کنار تقسیم اراضی و اصلاحات ارضی از یک طرف و مشارکت کارگران در سود خالص و سهام واحدهای صنعتی از طرف دیگر، اجرای دو اصل مورد اشاره باعث شد که اتحاد جدیدی از

دشمنان ایران علیه سیاست من بوجود آید.

اصل چهاردهم (که در سال ۱۳۵٤ اعلام شد)، مربوط به تعیین و تثبیت قیمت‌ها بود تا از تورم بی‌رویه جلوگیری شود و اقدامات ضروری در جهت حفظ و صیانت حقوق مصرف‌کنندگان به‌عمل آید.

اعلام این اصل بر اثر احساس روزافزون فشار تورمی در کشور و افزایش سریع قیمت‌ها، لازم و ضروری به نظر آمد. پیدایش فشارهای تورمی ناشی از افزایش سریع درآمد سرانه (در حدود ٤۰٪ در سال است) بود که به ارتقاء سطح تقاضاهای کالاهای مصرفی و واردات انجامید و همین فزونی تقاضا بر عرضه موجب ترقی قیمت‌ها گردید.

تورم

تورم ناشی از این وضع، باوجود رونق عمومی اقتصاد کشور، در حدود ۲۰٪ و نتیجتاً خطرناک به نظر می‌رسید. قوانین و مقررات موجود آن روز کشور، کافی و وافی به مقصود، یعنی جلوگیری از افزایش قیمت‌ها نبود.

باید یادآور شوم که در بیشتر کشورهای باختری، جستجوی سود فراوان از جانب فروشندگان سوداگری، انحصارات مواد اولیه، تعدد واسطه‌ها و مسابقه‌ی جهنمی بین دستمزدها و قیمت‌ها، از عوامل اصلی تورم به‌شمار می‌رود که اگر بدان توجه کافی مبذول نشود، ممکن است به اضمحلال جهان غیرکمونیست منتهی گردد.

در ایران از ۱۳۵۳ تا ۱۳۵۷، جلوگیری نسبی از فشار تورمی میسر گردید و حتی در بعضی موارد کاهش‌هایی در قیمت‌ها مشاهده شد، بدون آن که علیرغم افزایش حجم پول در جریان، کندی در آهنگ بسط و توسعه‌ی اقتصادی پدید آید. اما از اوایل سال ۱۳۵۷، آهنگ افزایش قیمت‌ها سریع و سریع‌تر شد. قوانین و مقررات مملکتی و منطقه‌ای و شهرداری برای تعیین و تثبیت قیمت‌ها مراعات نگردید و هر چه دولت کوشید از طریق برانگیختن

حس وظیفه‌شناسی عمومی و جلب همکاری بازرگانان و خرده‌فروشان و بدون سخت‌گیری، عمل نماید، مثمرثمر واقع نگردید. اینجا بود که ما اشتباهاتی بزرگ مرتکب شدیم و از دانشجویانی که خود داوطلب شده بودند، خواستیم به کار مراقبت در نرخ کالاها بپردازند و در بسیاری موارد، طرز رفتار آنان به عکس‌العمل‌هایی منجر شد و نارضایتی‌هایی به‌وجود آورد، بدون آن که تعدیل مؤثری در سیر صعودی نرخ کالاها پدید آورد. خرده فروشان از یک طرف تحت فشار عمده‌فروشان و واسطه‌ها قرار داشتند که مرتباً قیمت‌ها را افزایش می‌دادند و از طرف دیگر تحت فشار سخت‌گیری بازرسان کم‌تجربه‌ای که می‌خواستند با سخت‌گیری، موجبات تنزل نرخ‌ها را فراهم آورند. احتمالاً بعضی از این دانشجویان بازرس، توده‌ای بودند و سخت‌گیری‌عمدی آن‌ها به گسترش نارضایتی کمک کرد. بعضی از بازاریان از این سخت‌گیری‌ها ناراضی بودند و به صف مخالفان پیوستند. عکس‌العمل دادگاه‌های صنفی در مقابل گران‌فروشان خشن و غالباً عادلانه بود، اما به نارضایتی‌های گروهی از بازاریان دامن زد. البته این شدت عمل به خرده‌فروشان و کسبه‌ی جزء منحصر نبود و گروهی از تجار عمده، مدیران واحدهای صنعتی و فروشگاه‌ها و شرکت‌های چند ملیتی تحت تعقیب قرار گرفتند و کالاهایی که انحصار کرده بودند، مصادره و به معرض فروش گذاشته شد و یا پروانه‌ی کسب آنان لغو گردید. با تمام این احوال باید گفت که حاصل کار، منفی بود و توفیقی در مبارزه با تورم به‌دست نیامد.

مقررات مربوط به اعلام دارایی مستخدمین دولت

اصل نوزدهم انقلاب که به سال ۱۳۵۶ اعلام شد، مکمل اصل چهاردهم بود. براساس این اصل، تدابیر مختلفی برای جلوگیری از هر گونه سوءاستفاده، اعمال نفوذهای نامشروع و فساد، اتخاذ شد.

بر این اساس، صاحبان همه‌ی مقامات و مشاغل دولتی می‌بایست در

آغاز شروع کار خود در هر قسمت دارایی خود و همسر و فرزندان صغیر خود را رسماً اعلام نمایند و اگر دارای سهام شرکت‌ها بودند، می‌بایست یا آن‌ها را به اسناد خزانه و اوراق قرضه‌ی ملی تبدیل کنند و یا اداره‌ی آن‌ها را به بانک‌های مجاز و شرکت‌های سرمایه‌گذاری بسپارند تا از هر گونه اعمال نفوذ و غرض‌ورزی احتمالی جلوگیری شود. اعلام این اصل قسمتی از برنامه‌ی کلی مبارزه با فساد بود و این امکان را به‌وجود می‌آورد که از هر نوع سوءاستفاده‌ای جلوگیری شود و اگر بعضی از مستخدمان دولت ثروت‌های نامشروع اندوخته باشند، به مسئولان مکشوف گردد و اقدام قانونی لازم در مورد آنان به‌عمل آید.

هیچ‌یک از مأموران عالی‌رتبه‌ی دولت، حتی نخست‌وزیر، وزیران و استانداران و سفرا، از شمول این اصول مستثنی نبودند. زیرا ما لازم می‌دانستیم که زندگی فردی و اجتماعی مسئولان از هر گونه شبهه و خدشه به‌دور باشد و اقوام و یا دوستان‌شان نتوانند به هیچ قیمت از نفوذ و روابط سیاسی آنان بهره‌مند گردند.

از طرف دیگر ضروری بود که مستخدمان دولت حقوق و مزایای مکفی دریافت کنند و زندگی آنان از هر جهت در حدود شئون اجتماعی ایشان تأمین باشد.

این بود برداشت من از حکومت عامه و دموکراسی. مبنای برابری کامل حقوق و امتیازات و تکالیف افراد جامعه در مقابل قانون که هر کس بتواند به تناسب کار و خدمت و زحمت خود، از مواهب و نعم جامعه برخوردار شود و از نابرابری‌های غیرعادلانه جلوگیری گردد.

من قبول می‌کنم که در کشورهای رو به توسعه، بر اثر افزایش مستمر درآمد، فساد امری غیرقابل اجتناب است. اما نه در سطح دولت.

فصل دهم
بنیاد پهلوی
دارایی شخصی من

با توجه به آن چه در مورد سایر مقامات گفتم، باید اکنون به دارایی شخصی خود و چگونگی وضع بنیاد پهلوی بپردازم.

اگر مندرجات بعضی از جراید را بپذیریم، من ثروتی بی‌پایان دارم. اما واقعیت چیزی دیگر است.

به تصمیم من، بنیاد پهلوی در سال ۱۳۳۷ ایجاد شد و از همان آغاز وظیفه و رسالتی اجتماعی و فرهنگی برای آن تعیین گردید. در سال ۱۳۳۹ مقررات و آیین‌نامه‌ی بنیاد رسماً به‌تصویب رسید و امکانات لازم و کافی در اختیار بنیاد گذاشته شد.

این امکانات عبارت بودند از اراضی و دارایی‌های شخصی من، اموال غیرمنقول، مهمان‌خانه‌ها و سهام شرکت‌های مختلف مانند بانک عمران و بیمه‌ی ملی.

ریاست عالیه‌ی بنیاد با خود من بود و اداره‌ی امور آن را نایب‌التولیه و

هیأت مدیره به‌عهده داشتند. یک هیأت عالی مرکب از نخست‌وزیر، رؤسای مجلسین، رییس دیوان‌عالی کشور و تنی چند از مقامات و شخصیت‌های خوش‌نام و موجه مملکتی بر امور بنیاد نظارت کامل داشتند و هر سال گزارش مالی و ترازنامه‌ی آن را دقیقاً رسیدگی می‌کردند که سپس چاپ و منتشر می‌شد و در اختیار همگان قرار می‌گرفت.

پرداخت سیزده هزار وام شرافتی به دانشجویان

فعالیت بنیاد پهلوی، مخصوصاً در قسمت فرهنگی، گسترش فوق‌العاده یافت و جوانان دانشجوی بسیاری از کمک‌های آن برخوردار شدند. در آغاز سال ۱۳۵۷، طبق آمار موجود، ۱۳۰۰۰دانشجوی ایرانی در داخل و خارج کشور، از کمک‌هزینه‌ی تحصیلی بنیاد برخوردار بودند. البته تعداد زیادی از دانشجویان ایرانی از کمک‌های دولت برای ادامه‌ی تحصیل خود استفاده می‌کردند، ولی به‌تحقیق می‌توان گفت که دانشجویان برخوردار از کمک‌هزینه‌ی بنیاد پهلوی، برجسته‌ترین و مستعدترین جوانان ایرانی بودند

در ایالات متحده آمریکا، بنیاد پهلوی به احداث آسمان‌خراش عظیمی در نیویورک پرداخت که از محل عواید آن می‌توانست همه‌ی این قبیل هزینه‌ها را تأمین و پرداخت نماید.

یکی دیگر از مهم‌ترین فعالیت‌های بنیاد، بنگاه ترجمه و نشر کتاب بود. تا سال ۱۳۵٦، این بنگاه بیش از ۵۰۰ عنوان کتاب در زمینه‌های جامعه‌شناسی، ادیان، شعر و همچنین از شاهکارهای ادب ایران و جهان انتشار داده بود.

هر سال به مناسبت عید نوروز، نویسندگان و مترجمان بهترین کتب سال، جوایز خود را که به وسیله‌ی بنیاد پهلوی تأمین می‌شد، در آیین خاصی از خود من دریافت می‌داشتند. برندگان این جوایز را هیأتی از برجسته‌ترین دانشگاهیان انتخاب می‌کرد. همچنین بنیاد پهلوی به مناسبت عید نوروز، هر سال هدایایی برای بهترین دانش‌آموزان مدارس ابتدایی و متوسطه در

سرتاسر کشور ارسال می‌داشت.

دیگر از فعالیت‌های مؤثر بنیاد پهلوی، مرمت مساجد و تکایا و تأمین هزینه‌ی آب و برق و نگاهداری آنها بود. گروه کثیری از طلاب علوم دینی، به ویژه در شهر قم، از کمک هزینه‌ی بنیاد برای ادامه‌ی تحصیل خود استفاده می‌کردند و نیز تعدادی از نشریات مذهبی از کمک‌های مالی بنیاد بهره‌مند بودند.

یقین دارم که بسیاری از افراد و سازمان‌هایی که از مساعدت بنیاد بهره‌مند شده بودند، این کمک‌های ذی‌قیمت را از یاد نبرده‌اند.

برنامه‌های خانه‌سازی بنیاد

باید به توضیحات فوق اضافه کنم که بسیاری از فعالیت‌های اجتماعی، فرهنگی و نیکوکاری که زیر نظر شهبانو انجام می‌گرفت، از کمک‌های مالی قابل ملاحظه‌ی بنیاد پهلوی بهره‌مند بود. همچنین بنیاد پهلوی، به‌منظور تعدیل مال‌الاجاره و یا قیمت خانه‌های مسکونی، به انجام یک رشته برنامه‌های وسیع خانه‌سازی با توجه به امکانات کشور در تولید سیمان و آجر دست زد. در این رهگذر ساختمان شش هزار واحد مسکونی در سال ۱۳۵۷ در دست انجام بود.

ثروت شخصی من

من هرگز کوچک‌ترین درآمد و سودی از محل بنیاد پهلوی نداشتم. بلکه در زمستان ۱۳۵۷، باقی‌مانده‌ی دارایی خود را نیز به این بنیاد بخشیدم. مهم نیست که زمان برای اتخاذ این تصمیم مناسب بود یا نبود. من به ضرورت و وجوب اتخاذ چنین تصمیمی اعتقاد داشتم و از این کار متأسف نیستم.

باید اضافه کنم که واگذاری دارایی شخصی من به بنیاد پهلوی، جنبه‌ی وقف داشت. بنابراین کسانی که امروز بر ایران حاکمند، از لحاظ اصول مذهبی حق ندارند در تحقق نیت واقف تغییری به‌عمل آورند. آیا آن‌ها مثلاً

به اهمیت پرداخت کمک هزینه‌ی تحصیلی به دانشجویان شایسته و نیازمند ایرانی آگاهند؟ متأسفانه نه.

واقعیت این است که اگر من در ایران می‌ماندم، به حکم ضرورت ناچار بودم مخارج زندگی خود را کاهش دهم و اگر به ایران بازگردم، باز هم ناچار به این کار خواهم بود. چرا که قسمت مهم از این هزینه‌ها را شخصاً می‌پرداختم.

حملات و انتقادات، ناجوانمردانه بود. به همین منظور بود که چند ماه پیش از آن فرمان خاصی در مورد طرز رفتار افراد خانواده‌ی سلطنتی امضا کردم و متعاقب آن دستور دادم هیأتی مرکب از سه قاضی عالی‌رتبه، برای رسیدگی به شکایات احتمالی تشکیل شود.

آیا چنین کاری، تیغ دادن به دست زنگی مست نبود؟

البته باید در انتظار پاسخ به تاریخ باشیم.

فصل یازدهم
به سوی تمدن بزرگ

چه بسیار از کارهای من انتقاد شده و بعضی از این انتقادها درست بوده است. اما کمتر کسی است که امروز بتواند دشواری‌های فراوانی که بر آن پیروز شدیم حتی مجسم نماید و مسلماً نادرند کسانی که نگویند اگر کوشش‌های من نبود، اکنون ایرانی وجود نمی‌داشت.

چنان که خوانندگان ملاحظه کرده‌اند، مرحله‌ی نخست تلاش من تضمین استقلال و وحدت و تمامیت ایران در سال‌های ۱۳۲۴-۱۳۲۵ و سپس نجات کشور از آشوب و هرج‌ومرج در سال ۱۳۳۲ بود. سپس به بازسازی و توسعه‌ی اقتصادی ایران، استقرار و حاکمیت ملی به منافع نفت پرداختیم و پس از سال ۱۳۴۲ بود که ایران، با تأیید کامل ملت، به شاهراه ترقی قدم نهاد. راهی که من آن را تمدن بزرگ نام نهادم.

مارکسیسم اسلامی، مکتبی غریب

در زمستان ۱۳۵۶، به مناسبت یک صدمین سالروز تولد پدرم رضاشاه کبیر، کتابی تحت عنوان تمدن بزرگ انتشار دادم. روی سخن من در این کتاب با هم‌میهنانم بود و در طی فصول آن هم تروریسم و هم خشونت ضدتروریسم را شدیداً محکوم کرده و گفته بودم که خونریزی و ایجاد رعب و وحشت از هر سو که باشد، حاصلی جز فلج کردن پیشرفت جامعه

و تخریب مبانی مودت و تفاهم بین افراد آن نخواهد داشت.

نکته این است که این فکر گرایش به تخریب جامعه، در حقیقت مبنای مکتبی است که به‌خود «مارکسیسم اسلامی» نام داده. برای من که عمیقاً خداپرست و متدین هستم، حتی تصور تلفیق میان معنویت مذهبی و مادی‌گرایی مطلق مارکسیسم، میسر نیست.

مارکسیسم اسلامی چیزی نیست جز جمع اضداد. مگر نه این است که لنین، و پیش از او مارکس، مذهب را افیون توده‌ها می‌خواندند؟

خوشبختانه باید بگویم که بیشتر روحانیون حقیقی ایران، حتی کسانی که برای مذهب یک نقش سیاسی قائلند، این مکتب را مردود شمرده‌اند. بعضی دیگر گفته‌اند که برخی از آرا و عقاید اشتراکی می‌تواند مفید واقع شود. آری ممکن است چنین باشد، ولی باید پرسید مفید برای چه کسی؟

امروزه بسیاری از روحانیونی که با مکتب غریب مارکسیسم اسلامی مخالف بودند، یا گوشه‌ی عزلت گزیده و مُهر سکوت بر لب زده و یا این‌که مورد تعقیب و آزار و شکنجه‌ی به‌اصطلاح پاسداران اسلامی قرار گرفته‌اند که به نام «خدا» و «انقلاب» هر چه می‌خواهند می‌کنند.

چطور می‌توان قبول کرد که انقلابی، هم از مرام اشتراکی الهام بگیرد و هم از دیانت مقدس اسلام که مادی‌گری را به هر شکل و هر صورت محکوم می‌کند؟

چطور می‌توان آیات مقدس قرآن و سخنان پیامبر اسلام را با نوشته‌های متفکرینی که هدف‌شان مبارزه با دین و اشاعه‌ی مادی‌گری بوده است، در یک سطح قرار داد؟

ما در حقیقت بر سر دوراهی قرار داشتیم و من راه معنویت و اعتلای انسان‌ها را انتخاب کرده بودم. اکنون ایران، تحت تسلط ائتلافی از ارتجاع سیاه و کمونیسم قرار گرفته و به سوی نیستی و ویرانی می‌رود. در این راه مسئولیت روحانیونی که دست در دست کمونیست‌های خدانشناس و ضدمذهب نهاده‌اند و با آنان به مسابقه در عوام‌فریبی پرداخته‌اند، بس بزرگ و نابخشودنی است. متأسفانه برای این روحانیون دیگر راه برگشت وجود

ندارد و به حکم تجربه چند سال اخیر، محکوم و اسیر کمونیست‌ها هستند.
در آینده‌ی نزدیک، دیگر کسی در کنار آن‌ها نخواهد ماند و کمونیست‌ها آن‌ها را خواهند بلعید و باید در مقابل تاریخ، پاسخ‌گوی جنایاتی باشند که به نام مذهب مرتکب شده‌اند. متأسفانه این خطر وجود دارد که سرانجام بر اثر ائتلاف ارتجاع سیاه و کمونیست، مادی‌گرایی سرخ بر ایران مسلط شود و آن وقت همین روحانیونی که امروز دست در دست کمونیست‌ها نهاده‌اند، به وسیله‌ی خود آن‌ها محکوم خواهند شد.

بسیج دائم ملی برای پیشرفت

من به خوبی می‌دانستم که در راه وصول به تمدن بزرگ، موانع و دشواری‌های بسیار وجود خواهد داشت. صعود، همواره مشکل است. رسیدن به قله‌ها و بلندی‌ها آسان نیست. نزول مشکل نیست. هیچ‌کس نمی‌داند حد انحطاط و سقوط چیست؟

تمدن بزرگ، از دیدگاه من، درست نقطه‌ی مقابل حالت اختناق و فساد و انحطاط و هرج و مرجی است که اکنون بر ایران حاکم است.

از دیدگاه من، تمدن بزرگ بیش از هر چیز کوششی است برای ایجاد تفاهم ملی و صلح و صفای اجتماعی و پیدایی شرایط مناسبی که همه‌ی افراد جامعه بتوانند به کار و تلاش برای پیشرفت ملی بپردازند...

یک ملت بزرگ نمی‌تواند کوشش دسته‌جمعی خود را در راه توسعه و ترقی متوقف نماید و به گفته‌ها و افکار عوام فریبانی که از واقعیات جهانی بی‌خبرند، گوش فرا دهد. کشوری چون ایران با توجه به موقع خاص و بسیار حساس جغرافیایی که دارد، برای تضمین بقا و تأمین موجبات ترقی خود، باید در حال بسیج و آمادگی دائم باشد. ولی نه چنان که لنین می‌گفت در حال «انقلاب دائم».

هر ملت حق دارد، و باید، به تمدن بزرگ برسد، و یا چون ما ایرانیان به آن بازگردد. این بیان ناشی از طبیعت تکامل تاریخ است و ما ایرانیان از طریق تلفیق ارزش‌های سنتی و ملی خود، با بهترین دست‌آوردهای تمدن‌های دیگر همواره در این راه کوشا بوده‌ایم.

در جهان، هیچ ملتی نیست که بتواند به پیشرفت مادی بی‌اعتنا باشد و یا خود را از حاصل و نتیجه‌ی اکتشافات و اختراعات سایر ملل بی‌نیاز بداند. هیچ ملتی نمی‌تواند بدون رابطه و دادوستد با ملت‌های دیگر زندگی کند، وگرنه دست‌خوش رکود و سکون، اسیر پیش‌داوری‌ها و محکوم به فناست.

برای ما وصول به تمدن بزرگ، در درجه‌ی اول، انتخاب بهترین دست‌آوردهای تمدن‌های دیگر بود. ولی عقیده داشتیم که برای این کار، باید هویت ملی خود را حفظ کنیم. عقیده داشتیم که باید ایرانی بمانیم تا بتوانیم از پیشرفت‌های دیگران بهره گیریم.

آیا امکان توفیق وجود داشت؟

این بود آرمانی که من ۳۷ سال به خاطر آن کوشیدم. آرمانی که راهنمای من در هر تصمیم و هر عمل بود.

امروزه بعضی‌ها عقیده دارند که من با شکست کامل مواجه شدم. ولی کافی است ببینیم چه پیشرفت‌های بزرگی نصیب ایران شد. شاید هم بیش از آن چه برای دیگران قابل تحمل بود.

از آغاز انقلاب سفید در سال ۱۳٤۲ تا حوادث اخیر، درآمد ناخالص ملی ایران بر اساس قیمت‌های ثابت از سیصد و چهل میلیارد ریال به پنج هزار و ششصد و هشتاد و دو میلیارد ریال رسید. یعنی پانزده برابر شد. در همین مدت میزان ذخایر ارزی کشور، از ٤۵ میلیارد به ۱۵۰۹میلیارد ریال بالغ شد. میزان رشد سالیانه‌ی اقتصاد کشور ما در این اواخر از همه‌ی کشورهای جهان بیشتر بود و در سال ۱۳۵۷ به ۱۳/۸ درصد بالغ گردید. درآمد سرانه و سالیانه‌ی ۱۳٤۲ برابر با ۷٤ دلار و در سال ۱۳۵۷برابر با ۲۵٤۰ دلار بود و میهن ما بعد از سال ۱۳۵۳یکی از ده قدرت اقتصادی مهم جهان در میان ممالک عضو صندوق بین‌المللی پول به شمار می‌آمد.

در زمان مصدق، بودجه‌ی سالیانه‌ی ایران،۳۰ میلیارد ریال، یعنی در حدود ٤۰۰ میلیون دلار بود. رقم آخرین بودجه‌ی ملی که از تصویب قوه‌ی مقننه گذشت، ۵۷ میلیارد دلار بود که۲۰میلیارد دلار آن از عواید نفتی، و بقیه از سایر منابع، مانند مالیات‌ها تأمین می‌گردید.

ما موفق شدیم طی مدتی کوتاه در قوانین و مقررات ایران، حقوق و

امتیازاتی برای کشاورزان و کارگران تأمین کنیم که در کشورهای دیگر همین گروه‌ها، قرن‌ها برای به دست آوردن آن‌ها تلاش کرده بودند. بسیاری از امتیازاتی که قوانین ایران برای کارگران صنایع قائل می‌شدند، در کشورهای صنعتی سوسیالیست و غیرسوسیالیست نیز وجود ندارد.

سال‌های طولانی لازم آمد تا زنان کشورهای پیش‌رفته بتوانند حقوق مدنی و سیاسی کسب کنند. در کشور ما، بر اثر انقلاب شاه و ملت، زنان از حقوق برابر با مردان در همه‌ی شئون برخوردار شدند که متأسفانه می‌دانیم اکنون بر آن‌ها چه می‌گذرد.

تعمیم کامل آموزش همگانی در اروپا و ایالات متحده‌ی آمریکا، قریب یک قرن و نیم طول کشید. ولی پس از انقلاب ملی و اجتماعی ما، آهنگ گسترش آموزش در ایران بسیار سریع بود. حتی مخالفین من هم مجبور به قبول این نکته هستند، زیرا همواره از چندین ده هزار دانشجویی سخن می‌گفتند که بر ضد من تظاهرات می‌کردند.

مبانی تمدن بزرگی که ایران می‌رفت به آن دست یابد، همین‌ها بود. چه کسی می‌توانست با این پیشرفت‌ها مخالف باشد؟ من شخصاً فکر می‌کردم که کسی مخالفتی نخواهد داشت، ولی دیدیم که چنین نشد.

هدف من ترقی هر چه بیشتر ایران بود و می‌خواستم آن چه از نظر سیاسی، اجتماعی و اقتصادی میسر است، برای وطنم فراهم شود. و آن‌چه در امکانم بود انجام دادم. مسئله این است که آیا امکان توفیق کامل وجود داشت؟

خیلی‌ها در باره‌ی سیاست من از خواب و خیال و بلندپروازی صحبت کرده‌اند. کوشش من برای پیشرفت ایران بلندپروازی بود، اما خواب و خیال نبود. زیرا که تا حد زیادی کامیاب شدیم. اما واقعیت دیگری که اکنون مشاهده می‌کنیم، سقوط مملکت و کوششی است که برای تدنی و انحطاط آن انجام می‌گیرد.

آن‌چه اکنون بر ایران می‌گذرد، در آرمان‌ها و عقاید پیشین من کوچک‌ترین تغییری به‌وجود نیاورده است، ولی به‌خوبی می‌بینیم که اکنون در مقابل ایران، یا خطر مرگ و نیستی وجود دارد و یا امکان بروز عکس‌العمل‌های شدید و خونین. و مسئول این وضع، متعصبین مرتجعی هستند که برنامه‌ای جز کشتن، سوزاندن و نابود کردن ندارند. اکنون جهل و

بلاهت و وحشت بر ایران حکومت می‌کند. چنین حکومتی پایدار نخواهد ماند، زیرا نمی‌توان برای مدتی طولانی به ملتی بزرگ و هوشمند دروغ گفت.

تجاربی از تاریخ

تمدن بزرگ، اکنون برای ملت ایران به یک افسانه شبیه است. ایرانیان اکنون دست‌خوش نومیدی شده‌اند، اما تاریخ نشان می‌دهد که ملت ما از این گرداب فنا نیز نجات خواهد یافت، مانند آبی که به زیر سنگلاخ‌ها و کوهسارها فرو می‌ریزد و ناپدید می‌شود و اندکی بعد مجدداً به منصه‌ی ظهور می‌رسد.

رستاخیز ملت ایران، رستاخیزی شگفت‌انگیز خواهد بود. رستاخیزی بر اساس همه‌ی ارزش‌های ملی، بر اساس سنت‌های تمدن ایرانی، بر اساس نیروی کوشش و آفرینش ایرانیان، بر اساس اندیشه و هنر و استعداد ملتی که در طول زندگی خود دشواری‌ها، شکست‌ها و پیروزی‌های مادی و معنوی بسیار دیده است.

اگر اکنون بسیاری از ارزش‌های ملی ایرانیان تحت‌الشعاع روح عوام‌فریبی و نفاق و انتقام قرار گرفته، تردیدی ندارم که این ارزش‌های جاودان، در آینده‌ای نزدیک تجدید حیات خواهد یافت. اکنون پرچم خون و انتقام به دست اشباح سیاه در ایران به اهتزاز درآمده. هنوز دوران ویرانی و وحشت ادامه دارد و ملت ایران با تحیر به فجایع و خرابی‌هایی که گروهی متعصب مرعوب یا مجذوب به‌وجود آورده‌اند، می‌نگرد. زندان‌های ایران، انباشته از بی‌گناهان است. از عمق تاریکی و نومیدی، ملت ایران به روشنایی‌های دوران تاریخ پرافتخار خود باز خواهد گشت و دوران امیدواری و سربلندی دوباره آغاز خواهد شد و سرانجام هستی بر نیستی و روشنایی بر تاریکی پیروزی خواهد یافت.

تنها سئوالی که اکنون مطرح است، این است:
بازگشت به روشنایی چقدر طول خواهد کشید و ایرانیان تا کی به این سراب، باور خواهند داشت؟

فصل دوازدهم
ارتش ایران در سال ۱۳۶۱ (۱۹۸۲ م)

من همواره یادآور شده بودم که ایران هیچ گونه سیاست توسعه‌طلبی، برتری‌جویی و ادعاهای ارضی ندارد. ما نمی‌خواستیم دیدگاه‌های سیاسی، اجتماعی و اقتصادی خود را بر هیچ کس تحمیل کنیم. نمایندگان ایران در سازمان ملل متحد همواره در جهت تفاهم، تعدیل و آشتی اقدام می‌کردند.

ملت ایران در حال پیشرفت بود و برای ادامه‌ی پیشرفت نیاز به صلح داشت. ما خواهان صلح بودیم هم برای خود و هم برای دیگران.

با این وجود سیاست مستقل ملی ما ایجاب می‌کرد که وسایل و امکانات لازم برای دفاع از استقلال خود در اختیار داشته باشیم. این وسایل و امکانات چیزی نبود جز ارتش ایران.

سیاست من همواره آن بود که تسلیحات ارتش ایران در حد لازم و کافی برای تضمین امنیت و استقلال ایران باشد. این یک سیاست مخفی نبود و آن را به صدای بلند اعلام می‌کردیم. شاید هم همین سیاست باعث سقوط من شد.

بد نیست در اینجا بگویم که ارتش ما در سال ۱۳۶۱ (۱۹۸۲ میلادی) چه می‌توانست باشد:

تعداد کل قوای مسلح ایران می‌بایست از ٥٤۰ هزار نفر به ۷٦۰ هزار تن بالغ گردد. ارقامی که ذیلاً می‌آورم به‌خوبی نمایانگر قدرت عظیمی است که ایران در شرف دست یافتن به آن بود:

- ۱٥۰۰ تانک موسوم به «شیر ایران» که از طرف مهندسان انگلیسی برای شرایط ایران طراحی شده و از هر جهت به تانک‌های مشابه برتری داشت. این تانک‌ها قرار بود به موتور جدید، توپ ۱۲۰ میلیمتری، تله‌متر با لیزر و زرهی از نوع تازه مجهز باشد و همه‌ی دستگاه‌های آن با کامپیوتر تنظیم و رهبری شود.
- ۸۰۰ تاک «چیفتن» با موتور جدید و دستگاه‌هایی که فوقاً ذکر شد.
- ٥٦۰ تانک «٦۰ام» مجهز به دستگاه‌های جدید و توپ.
- ٤۰۰ تانک «٤۷-ام» با طرح تجدیدنظر شده و توپ ۹۰ میلیمتری که امکان جایگزینی آن با توپ ۱۰٥ وجود داشت.
- ۲٥۰ تانک «اسکورپیون» مخصوص عملیات اکتشافی.
- تانک‌های دیگری از نوع فوق می‌بایستی متعاقباً سفارش داده شود.
- از نظر توپ‌خانه، واحدهای ارتش می‌بایست دارای قدرت آتش مشابه با واحدهای ارتش پیمان آتلانتیک شمالی باشد و ما می‌توانستیم در آینده‌ی بسیار نزدیک، در کارخانه‌های داخل کشور، توپ‌های ۱۰٥، ۱۲۰، ۱٥۰ و حتی قوی‌تر تولید کنیم.

برنامه‌ی تکمیل نیروی هوایی تا سال ۱۳٦۱ (۱۹۸۲ م) به این شرح بود

- ۷۸ هواپیمای «F 14» مجهز به موشک‌های فونیکس با برد ۹۰مایل و دارای رادار با برد ۱٥۰ مایل. این هواپیماها به شش دستگاه پرتاب موشک مجهز هستند و می‌توانند در آن واحد موشک‌های خود را به شش جهت مختلف پرتاب نمایند.
- ۲٥۰ هواپیمای فانتوم که مرتباً تغییر و ترمیم می‌شدند و آمادگی کامل

برای عملیات مختلف داشتند. قدیمی‌ترین نوع این هواپیما مجهز به بمب‌های لیزر و جدیدترین آن‌ها دارای دستگاه‌های انحراف موشک‌های دشمن بودند.

- بیش از ۱۰۰ هواپیمای «ای ۵ اف».
- بیش از ۱۰۰ هواپیمای «14Y» یا «Y 15» ترابری به تناسب برنامه‌های تولید این هواپیما در ممالک متحد آمریکا.
- ۱٦۰ هواپیمای «۱٦-اف» که سفارش داده شده بود و برای خرید ۱٤۰هواپیمای دیگر از همین نوع در مذاکره بودیم.
- ۷ رادار پرنده که می‌توانست در ارتفاع ۳۵۰۰۰ پا پرواز نماید و خرید آن‌ها موجب صرفه‌جویی در تهیه ۳۰ رادار زمینی می‌شد.
- ۲٤ هواپیمای بویینگ ۷٤۷ و ۷۰۷ برای رسانیدن سوخت به هواپیماهای در حال پرواز. این هواپیماها با طرح مخصوصی به راهنمایی خود من ساخته شده بود و در اختیار داشتن آن‌ها به ما اجازه و امکان می‌داد که بیشترین تعداد هواپیماهای جنگی را در حال پرواز نگاه داریم و مذاکراتی برای خرید هواپیماهای دیگر از این نوع در جریان بود.
- ۵۷ هواپیمای حمل و نقل «۱۳۰ سی» (هرکولس).
- صدها هلی‌کوپتر از انواع مختلف. ساختمان و احداث ماشین‌های کارخانه‌ی هلی‌کوپتر سازی ایران، عملاً در پایان سال ۱۳۵۷به اتمام رسیده بود و به این ترتیب تعداد هلی‌کوپترهای ارتش ایران با هر یک از ممالک عضو پیمان آتلانتیک شمالی هم‌آهنگ می‌گردید.

باید اضافه کنم که در کارخانه‌های اسلحه‌سازی ایران ما دارای امکان تولید سلاح‌های زیر بودیم:

- موشک‌های ضد هوایی «۷ سام» شوروی.
- موشک هوا به زمین ماوریک آمریکایی با کلاهک تلویزیونی که بسیار

دقیق و دارای برد ۱۲مایل هستند. به من گزارش داده‌اند که کارخانه‌ی سازنده‌ی این موشک‌ها در شیراز، پس از حوادث اخیر، به‌کلی تخریب و ویران گردیده.

- موشک‌های ضد تانک TOW. ما در فکر آن بودیم که به نوع متعارف این موشک‌ها که دارای سرعت کمتر از صوت است، اکتفا نکرده و به ساختن موشک‌های فوق صوت TOW با لیزر بپردازیم.
- موشک‌های ضدتانک شوروی.
- دستگاه‌های پرتاب موشک تله‌گیده از نوع دراگون برای نیروی زمینی با بردی دوبرابر متعارف، یعنی ۱۰۰۰متر به‌جای ۵۰۰ متر.

- ارتش ایران در پایان سال ۱۳۵۷، دارای سه نوع تیپ هوابرد بود که می‌بایست در سال ۱۳۶۲ به پنج تیپ افزایش یابد.
- برنامه‌ی نیروی دریایی به شرح زیر بود:
- چهار رزمناو هشت هزار تنی با دستگاه‌های پرتاب موشک دریا به هوا با سرعت Mach 3 (سه برابر صوت) و دستگاه‌های پرتاب موشک دریا به دریا با سرعت کمتر از سرعت صوت و برد۹۰ کیلومتر. مطالعاتی برای افزایش سرعت این نوع موشک‌ها به مافوق صوت و امکان پرتاب آن‌ها از زیردریایی در جریان بود.
- دوازده ناوشکن سه هزار تنی مجهز به موشک‌های دریا به دریا از نوع فوق‌الذکر.
- دوازده ناوچه جنگی ساخت فرانسه.
- سه زیر دریایی که سفارش داده شده بود و نه زیردریایی که قرار بود در اروپا (احتمالاً آلمان فدرال و هلند) ساخته شود.
- پنجاه هلی‌کوپتر مخصوص نیروی دریایی.
- تعداد لازم کشتی‌های نیروبر، کشتی‌های تانکر سوخت و غیره...

- هواپیمای نوع Orion ساخت کارخانه‌ی لاکهید، با برد طولانی مأمور انجام وظایف اکتشافی نیروی دریایی.

به‌علاوه ایران قادر بود در کارخانه‌های تسلیحاتی خود، توپ‌های ۲۳ میلیمتری ضدهوایی روسی و نوع جدیدی از توپ ۳۵ میلیمتری ضدهوایی دولوله بهتر از سی و پنج میلیمتری سوییسی و توپ جدید ۲۰ میلیمتری ضدهوایی و تقریباً تمام سلاح‌های مورد نیاز ارتش، غیر از هواپیما را بسازد. حتی قسمت عمده‌ی تانک‌ها را می‌توانستیم بسازیم و همه را ترمیم و تعمیر نماییم. یک کارخانه‌ی تعمیر موتور هواپیما در دست ساختمان بود که در نوع خود بی‌نظیر و تمام احتیاجات نیروی هوایی و هواپیماهای شرکت ملی و سایر هواپیماها را در ایران رفع می‌کرد.

وظیفه و مأموریت نیروی دریایی ایران، نه تنها در محدوده‌ی خلیج فارس، بلکه انجام هر مأموریت و عملیاتی در دریای عمان و سرتاسر اقیانوس هند بود.

من، همواره تأکید کرده بودم که ایران، قصد به‌دست آوردن سلاح‌های اتمی را ندارد. ولی هدف و برنامه‌ی ما این بود که از لحاظ تجهیزات متعارف و غیراتمی، یکی از تواناترین، متحرک‌ترین و مؤثرترین ارتش‌های دنیا را در اختیار داشته باشیم که هم قادر به حفظ و صیانت حدود و ثغور و دفاع از استقلال و تمامیت ایران باشد، هم بتواند منافع ما را در خلیج فارس تأمین کند و هم در صورت لزوم در حفظ صلح و ثبات در اقیانوس هند مشارکت نماید.

یک بار، سفیر اتحاد جماهیر شوروی، در گفتگویی با من، از این‌که رادارهای پرنده‌ی ما خواهند توانست تا پانصد کیلومتری داخل سرحدات شوروی را تحت مراقبت قرار دهند، اظهار نگرانی کرد. من به وی جواب دادم که ماهواره‌های شوروی قادرند همه چیز را در سرتاسر خاک ایران، به‌دقت ببینند و مراقبت نمایند.

در این منطقه از دنیا، تنها ایران دارای چنین نیروی نظامی بود که می‌توانست از هر گونه اختلال و اغتشاش، به‌طور مؤثر جلوگیری نماید. تنها ایران دارای امکانات مالی، و به‌خصوص نیروی انسانی کافی بود که بتواند چنین ارتشی را در منطقه‌ای به این حد از اهمیت و حساسیت اداره کند.

بسیارند کسانی که از سیاست دفاعی و نظامی ما انتقاد می‌کردند و هدف‌های مرا مبتنی بر بلندپروازی‌های بی‌مورد و فزون‌طلبی و نیز موجد مخارج زاید می‌دانستند. بنابراین لازم است که توضیح بیشتری بدهم.

هنگامی که ایران را ترک کردم، ذخایر ارزی کشور به بیش از ۱۲ میلیارد دلار بالغ می‌شد. درآمدهای ارزی ایران به حدی بود که قدرت جذب همه‌ی آن، هنوز در اقتصاد کشور وجود نداشت و زیربنای اقتصادی ایران احتیاج به تکمیل داشت. می‌بایست شبکه‌ی راه‌های داخلی در ایران، توسعه و گسترش یابد. به‌علاوه ایران دارای تعداد کافی متخصص فنی و مواد اولیه‌ی صنایع خود نبود.

هنگامی که من ایران را ترک کردم، نه تنها در کشور ما مطلقاً بیکاری وجود نداشت، بلکه یک میلیون تن خارجی در ایران کار می‌کردند. برنامه‌های وسیعی برای تربیت مهندسان و متخصصان فنی و کارگران ماهر در دست انجام بود.

متأسفانه با فشارهای تورمی ناشی از عوامل مختلف، و از جمله آن‌چه در سطور فوق یادآور شدم، روبرو بودیم. بنابراین اقتصاد ایران، ناتوان نبود و به موازات اجرای برنامه‌های وسیع عمران و توسعه‌ی ملی، ما قادر بودیم بدون حذف طرح‌های مفید برای آینده‌ی مملکت، به تقویت نیروهای دفاعی خود بپردازیم. به‌خصوص که این عمل برای حفظ و صیانت استقلال و تمامیت ایران و تضمین امنیت کشور، لازم و ضروری بود.

فصل سیزدهم
مبانی سیاست خارجی ایران

قبلاً در باره‌ی هدف‌ها و دست‌آوردهای سیاست داخلی ایران سخن گفتم و دیدیم که چگونه کشور ما توانست پس از نابسامانی‌های زمان مصدق، بسط و توسعه‌ی ملی را در محیط ثبات و آرامش آغاز نماید.

توفیق ایران در این زمینه و کامیابی‌های انقلاب شاه و ملت، بدون یک محیط حسن هم‌جواری و دوستی با کشورهای همسایه و سایر ممالک جهان، و بدون تحقق یک سیاست خارجی واقع‌بینانه میسر نمی‌شود و اکنون به توجیه جنبه‌های مختلف این سیاست خارجی و نتایج آن می‌پردازم.

روابط ایران با اتحاد جماهیر شوروی سوسیالیستی

هدف اصلی من در سیاست خارجی این بود که ایران، بهترین روابط را با کلیه‌ی کشورهای همسایه و هم‌مرز داشته باشد. من در این زمینه توفیق یافتم، زیرا مانند هر نظامی باوجدان، از جنگ نفرت دارم و صلح را برای کشور خود واجب می‌دیدم.

کوشش من بر آن بود که میان ایران و همسایگانش، احترام متقابل

و متساوی برقرار باشد. سیاست ما با کلیه‌ی همسایگان، مبتنی بر صلح و صفا بود، ولی می‌بایست به آنها تفهیم کنیم که در صورت هجوم به ایران و اِعمال سیاستی خصم‌آمیز نسبت به کشور ما، با مقاومت سرسخت روبرو خواهند شد.

خوشبختانه ما توفیق یافتیم کلیه‌ی مسایل فیمابین را با اتحاد جماهیر شوروی به خوبی حل و فصل کنیم. از جمله این مسایل، یکی اختلافات مرزی بود و دیگری چگونگی تقسیم آب رودخانه‌ی ارس که طبق حقوق بین‌المللی بر اساس پنجاه/پنجاه، به انجام رسید.

بر اساس توافق، دو کشور مشترکاً سد بزرگی بر روی رودخانه‌ی ارس بنا کردیم که هم مقادیر قابل ملاحظه‌ای برق تولید می‌کند، و هم منطقه‌ی وسیعی را آبیاری می‌نماید. برنامه‌های مشترک دیگری هم در این زمینه طرح‌ریزی شده بود که می‌بایست سرانجام تولید مشترک برق از تأسیسات سد ارس، به یک میلیون کیلووات در ساعت برسد.

حجم مبادلات بازرگانی ما با اتحاد جماهیر شوروی سوسیالیستی، قابل ملاحظه و این کشور یکی از طرف‌های عمده‌ی تجارت خارجی ایران بود. بر اساس فروش و صدور گاز ایران به اتحاد شوروی، این کشور در شرایط رضایت‌بخشی، مجتمع عظیم ذوب آهن ایران را بنا کرد. فراموش نکنیم که در زمان ریاست جمهوری ژنرال آیزنهاور، آمریکایی‌ها از قبول تقاضای ایران برای احداث یک مجتمع ذوب‌آهن سر باز زده بودند. روس‌ها همچنین در زمینه‌ی اکتشافات و بهره‌برداری معادن آهن و ذغال سنگ در جنوب خراسان و در استان کرمان، به ما کمک‌های شایانی کردند. بالاخره باید گفت که قسمتی مهم از صادرات و واردات ایران به اروپا، از طریق خطوط آهن اتحاد شوروی انجام می‌گرفت.

اضافه می‌کنم که ما معادل چندصد میلیون روبل، وسایل نظامی و جنگ‌افزار از اتحاد جماهیر شوروی خریداری کردیم و قرار بود مقادیر

مهمی اسلحه از چکسلواکی خریداری نماییم.
با استفاده از فرصت باید بگویم که من همواره چه در چکسلواکی و چه در سایر کشورهای اروپای شرقی، با استقبالی گرم و محبت‌آمیز روبرو شدم و روابطی بس دوستانه با رهبران بعضی از این ممالک چون چکسلواکی، بلغارستان، لهستان و رومانی داشتم. مخصوصاً خاطره‌ای بس دلپذیر از گفتگوهای متعدد خود با آقای چائوشسکو، رهبر رومانی دارم که در رفتارش نسبت به من، حتی پس از آن که مجبور به ترک وطنم شدم، تغییری حاصل نشده است. وی به نظر من، مردی است توانا که از هیچ چیز برای حفظ و صیانت استقلال کشورش فروگذار نخواهد کرد.

ترکیه، دوست و متحد ایران

در روابط ما با ترکیه، هرگز مشکلی وجود نداشت. از زمانی که پدرم به دعوت کمال آتاتورک، به ترکیه سفر کرد، روابط دو کشور همواره بر دوستی و همبستگی کامل مبتنی بوده است. ایران همواره خواهان عظمت، رونق و پیشرفت ترکیه بوده و برای آن اهمیتی وافر قائل شده است. امروز نیز من از صمیم قلب خواهان سعادت ملت شجاع ترک هستم.

ترکیه و ایران در چهارچوب پیمان بغداد، با یکدیگر متحد بودند. پس از امضای این قرارداد، در سال ۱۹۵۶ سفری به مسکو رفتم و خروشچف که از انعقاد پیمان بغداد ناراضی بود به من گفت: «این پیمانی است تهاجمی که بر ضد ما تدارک و منعقد شده!».

به او گفتم در محافل سیاسی و مطبوعاتی از یک خط دفاعی در کوه‌های زاگرس صحبت می‌شود. و پرسیدم:

کوه‌های زاگرس در کجاست؟ در روسیه یا در ایران؟

جواب داد:

در ایران.

به وی گفتم:

پس روشن است که پیمان بغداد، جنبه‌ی تدافعی دارد، نه تهاجمی.

خروشچف لحن صحبت را عوض کرد و گفت:

با من شوخی نکنید. خودتان به‌خوبی می‌دانید که ما می‌توانیم انگلستان را با هفت بمب اتمی و ترکیه را با ۱۲ بمب اتمی نابود کنیم.

چه مفهومی می‌بایست برای این سخنان قائل شد؟

اندکی بعد خروشچف اعلام داشت که این پیمان مانند یک حباب صابون منفجر و نابود خواهد شد. بعد از یک ربع قرن، باید قبول کرد که حق با خروشچف بود.

تلاش برای صلح

در کنفرانس نفتی الجزایر در سال ۱۹۷۵ فرصت یافتم که مفصلاً با آقای صدام حسین رییس جمهوری کنونی عراق مذاکره کنم. ما توانستیم در همه‌ی مسایل به توافق برسیم و با حسن نیت کاملی که از دوطرف ابراز شد، به اختلافات قدیمی دو کشور پایان دادیم و سوءتفاهم‌هایی را که از دوران استعمار باقی مانده بود، از میان برداشتیم.

از جمله توافق‌های دو طرف، حل مسئله‌ی شط‌العرب بر اساس اصول حقوق بین‌الملل بود.

من همواره عقیده داشتم که رونق و ثبات عراق و خوشبختی ملت آن، مانند سایر همسایگان، یکی از شروط اصلی امنیت ایران است.

بر اساس همین طرز فکر بود که به کمک افغانستان شتافتیم تا بر مشکلات اقتصادی که با آن‌ها روبرو بود، فایق آید. چندی بعد تغییرات عمده در حکومت و سیاست افغانستان روی داد، بدون آن‌که دولت‌های بزرگ غربی از خود عکس‌العمل نشان دهند. ما بلافاصله حکومت جدید افغانستان را به رسمیت شناختیم و به کمک‌های اقتصادی خود ادامه دادیم.

ولی هنوز هم از بی‌اعتنایی دول بزرگ غربی نسبت به تغییرات و تحولات افغانستان متحیرم و از خود می‌پرسم که آیا نباید این رویه را به آغاز یک تغییر جهت بنیادی در سیاست ابرقدرت‌ها تعبیر کرد؟

من نخستین ریيس کشوری بودم که بعد از استقلال پاکستان به آن کشور سفر کردم. ما همواره خود را دوست و متحد پاکستان می‌دانستیم و در حد مقدور از هیچ کمک اقتصادی و نظامی به آن کشور دریغ نکردیم. ولی همواره برای بهبود و تثبیت روابط میان کشور اسلامی پاکستان و هندوستان کوشیدیم و من به‌طور کلی هر نوع برخورد و مخاصمه‌ی میان دو کشور را برای صلح جهانی بسیار خطرناک می‌دانستم.

در همین رهگذر بود که با اغتنام از حضور ژنرال یحیی‌خان ریيس جمهوری پاکستان در تخت‌جمشید، به مناسبت برگزاری آیین دوهزار و پانصدمین سال بنیان‌گذاری شاهنشاهی ایران، ملاقاتی میان ایشان و آقای پادگورنی صدر هیأت رییسه‌ی اتحاد جماهیر شوروی ترتیب دادم. امید من آن بود که بدین ترتیب از خطر برخورد میان هند و پاکستان به مناسبت بحران بنگلادش اجتناب شود.

متأسفانه سخت‌گیری و عدم انعطاف ژنرال یحیی‌خان، مانع حصول نتیجه شد و امیدهای من به باد رفت.

همسایگان ما در خلیج فارس

روابط ما با کشورهای جنوبی خلیج فارس پیوسته دوستانه بوده است، به‌ویژه با عربستان سعودی. من چندین بار به عربستان سعودی، کشوری که استقلال و تمامیت آن برای مسلمانان واجد اهمیت بسیار است، سفر کردم. از جمله دو بار توفیق زیارت خانه‌ی خدا را یافتم. من هم مانند هر مسلمان مؤمن و معتقد امیدوارم عربستان سعودی بتواند پیوسته با قدرت ثبات، رسالت خود را در دفاع از اماکن مقدسه‌ی اسلام، که هر ساله میلیون‌ها

نفر به زیارت آن‌ها می‌شتابند، انجام دهد.

تاریخ، ابن‌سعود، بنیان‌گذار عربستان سعودی را مردی بزرگ، شجاع، غیرتمند، مدیر و مدبر می‌شناسد. با توجه به اوضاع دلخراش کنونی ایران، باید واقعاً خوشحال بود که عربستان سعودی، آزادی و استقلال خود را حفظ کرده و باید دعا کرد که در آینده نیز چنین باشد.

چند سال پیش، آقای رابرتز، فرستاده‌ی مخصوص وزارت امور خارجه‌ی بریتانیای کبیر در ملاقاتی به من اطمینان داد که کشورش «هر اندازه که لازم باشد» حضور خود را در خلیج فارس حفظ خواهد کرد. سه ماه بعد از این مذاکره، انگلیسی‌ها با شتاب خلیج فارس را رها کردند و رفتند. اگر اشتباه نکنم، این اقدام مقارن بود با ورود و عضویت بریتانیای کبیر در بازار مشترک اروپا.

پس لازم بود که به هر قیمت هست، امنیت خلیج فارس حفظ شود و کدام قدرت غیر از ایران می‌توانست چنین مسئولیتی را تقبل نماید؟

به همین سبب بود که ایران درست یک روز قبل از آن که انگلیسی‌ها از خلیج فارس بروند، حاکمیت خود را بار دیگر بر جزایر تنب کوچک، تنب بزرگ و ابوموسی مستقر کرد.

در بحرین، ایرانیان فقط یک ششم جمعیت را تشکیل می‌دادند. در نتیجه دولت ایران قبول کرد که برای تعیین سرنوشت این جزیره، به آرای مردم آن مراجعه شود و آن‌ها استقلال بحرین را برگزیدند.

در سال ۱۹۷۳، به درخواست صریح سلطنت‌نشین عمان، من تصمیم گرفتم کمک نظامی به آن کشور بدهم تا بتواند استقلال و تمامیت خود را در مقابل شورشیان ظفار، که از حمایت کمونیست‌ها و یمن جنوبی برخوردار بودند، حفظ و حراست کند.

چینی‌ها نیز که ابتدا از شورشیان عمان حمایت می‌کردند، پس از برقراری روابط سیاسی و دوستانه با ایران، دست از این حمایت برداشتند. در اینجا

به خوبی دیده می‌شود که چین در سیاست خارجی خود همواره نقشی صریح و روشن دارد و من در مذاکراتم با آقای هوآکوفنگ رهبر چین، که در پاییز ۱۳۵۷ انجام گرفت، بار دیگر متوجه صداقت سیاست خارجی چین و بینش و برداشت صحیح این کشور از اوضاع جهانی شدم.

در عمان سربازان ما با دلاوری به وظایف خود عمل کردند تا آن‌که دوست من سلطان قابوس توانست بر اوضاع مسلط شود و نظم و امنیت را برقرار کند.

تلاش برای تشکیل بازار مشترکِ کشورهای ساحلی اقیانوس هند، افریقا در برابر مداخلات و برتری‌جویی کمونیست‌ها

در مقابل خطرات روزافزونی که منطقه ما را تهدید می‌کردند، به‌نظر من لازم آمد که یک سیاست مشترک همبستگی و همکاری میان کشورهای ساحلی خلیج فارس تدوین و اتخاذ شود تا بتوانند امنیت این منطقه‌ی حساس را تأمین و تضمین نمایند.

من عقیده داشتم که کشورهای ساحلی اقیانوس هند، یعنی ایران، پاکستان، هندوستان، بنگلادش، بیرمانی، مالزی، تایلند، سنگاپور، استرالیا و حتی زلاند نو، و البته کشورهای ساحلی شرق افریقا باید مشترکاً و متفقاً امنیت این منطقه را تأمین نمایند. فراموش نکنیم که هدف از انعقاد پیمان جنوب شرقی آسیا، تأمین همین نظر بود که متأسفانه توفیقی حاصل نشد و اکنون این پیمان در حال نزع است.

در همین رهگذر بود که در مسافرتی به استرالیا در سال ۱۹۷٤، من پیشنهاد کردم بازار مشترک کشورهای ساحلی اقیانوس هند به‌وجود آید. متعاقب آن، همین پیشنهاد را در سنگاپور به آقای «لی کوآن یو» رهبر مدبر آن کشور، و دولت هند نیز ارائه دادم.

طبق پیشنهاد من می‌بایست پس از مطالعه‌ی دقیق مبادلات نیازها و امکانات کشورهای عضو، برنامه‌های جامعی برای بازرگانی و همکاری میان

آن‌ها تنظیم و تدوین شود. به‌عنوان مثال، من اعلام کرده بودم که ایران حاضر است در زمینه‌ی صنعتی کردن هندوستان و بهره‌برداری از منابع معدنی و اراضی کشاورزی آن، تشریک مساعی و کمک‌های لازم را معمول دارد.

بدون آن که این بازار مشترک تشکیل شده باشد، ما کمک‌های اقتصادی قابل ملاحظه‌ای به بعضی از کشورهای افریقایی ساحل اقیانوس هند انجام دادیم و حتی قدم فراتر نهاده و از کمک به کشورهایی چون سنگال که در کنار اقیانوس اطلس واقع است و یا بعضی از ممالک داخلی قاره افریقا، دریغ نکردیم.

من با رهبران افریقای جنوبی برای یافتن راه‌حل مطلوبی در زمینه‌ی مسئله‌ی نامیبیا به مذاکره و تبادل نظر پرداختم. هم‌چنین همه‌ی رهبران جنبش‌های سیاهپوست مختلف رودزیا را به حضور پذیرفتم و آنان را جداً تشویق کردم که در جستجو و تحقق راه‌حلی عادلانه و صلح‌آمیز برای مسایل آن کشور همکاری و تشریک مساعی نمایند.

این اقدامات من در زمینه‌ی استقرار صلح در قاره‌ی افریقا، موجب ابراز تشکر و حق‌شناسی آمریکایی‌ها و انگلیسی‌ها شده بود.

فراموش نکنیم که ایران از قاره افریقا چندان دور نیست و فقط شبه‌جزیره‌ی عربستان و دریای احمر با اقیانوس هند ما را از آن قاره جدا می‌کند. ایران نمی‌توانست نسبت به توسعه‌ی نفوذ کمونیسم در قاره‌ی افریقا بی‌اعتنا بماند. این توسعه در سه محور انجام می‌گیرد:

محور نخست، از لیبی به سوی چاد، سودان و سومالی، یعنی همان محور مدیترانه دریای احمر، اقیانوس هند است. محور دوم، در جهت ارتباط میان مدیترانه و اقیانوس اطلس است. و محور سوم می‌خواهد قاره‌ی افریقا را در حد آنگولا و موزامبیک به دو نیم قسمت نماید. حتی من این اندیشه را در سر پرورده بودم که ایران به تأمین اعتبار مالی جهت ساختمان خط آهن سرتاسری شرق و غرب افریقا کمک نماید.

خوشبختانه در حال حاضر، مصر و مراکش، بر اثر رهبری پرزیدنت سادات و سلطان حسن دوم، استوار بر جای ایستاده‌اند و از استقلال و آزادی تمامیت خود دفاع می‌کنند. من در جای دیگر به تفصیل از این دو دوست خود و این دو شخصیت استثنایی جهان و همچنین از آقای سنگور رییس جمهور مدبر سنگال سخن خواهم گفت.

باید مجدداً این نکته را یادآور شوم که محورهای نفوذی کمونیزم در افریقا در جهت از بین بردن تعادل این قاره ترسیم شده‌اند و نشانه‌ی وجود و اعمال یک سیاست سوق‌الجیشی طویل‌المدت هستند که اگر به این نکته توجه نشود، فردا، افریقای سیاه تبدیل به افریقای سرخ خواهد شد.

من عمیقاً عقیده دارم که تشکیل یک منطقه‌ی صلح و ثبات در اطراف اقیانوس هند می‌توانست باعث شود که دیگر ایالات متحده و اتحاد جماهیر شوروی، دخالتی در این منطقه نداشته باشند. پیشنهاد من قابل تحقق و منطقی بود. ولی آیا ایالات متحده و اتحاد جماهیر شوروی می‌توانستند قبول کنند که این پیشنهاد به مرحله‌ی عمل درآید و حضور نظامی آنان در اقیانوس هند، غیرلازم تشخیص داده شود؟

تلاش برای همبستگی جهانی

شاید ضرورت نداشته باشد که به روابط کشور خود با ممالک غربی تأکید کنم. به گمان من ایران از لحاظ مرامی و سیاسی، جزیی از اردوی کشورهای دمکراتیک غربی است و از لحاظ اقتصادی قسمت اعظم مبادلات ما با ایالات متحده آمریکا و سایر کشورهای عضو سازمان همکاری و توسعه‌ی اقتصادی صورت می‌گیرد. باید اضافه کنم که ما در این اواخر کوشیدیم مبادلات بازرگانی و روابط اقتصادی خود را با سایر کشورهای آمریکای شمالی و نیز ممالک آمریکای مرکزی و آمریکای جنوبی بسط و توسعه بخشیم.

من همواره صراحتاً گفته‌ام که سیاست خارجی ما تنها در خدمت مصالح ایران بود. اما بدیهی است که مصلحت ایران، ایجاب می‌کند که همسایگان ما پیوسته در حالت صلح و ثبات و ترقی بسر برند. به‌همین سبب پیوسته به سیاست حسن همجواری عمل کردیم و تا جایی که می‌توانستیم از معاضدت و یاری به آنان، دریغ نورزیدیم. باز به همین دلیل است که عقیده داشتیم که باید در سیاست خارجی خود، اصل تعادل میان دنیای غرب، اتحاد جماهیر شوروی، کشورهای اروپای شرقی و جمهوری خلق چین را مراعات نماییم

ما به همبستگی عمیق و راستین میان همه‌ی ملل جهان عقیده داشتیم و آن را یکی از مبانی سیاست خارجی خود می‌دانستیم و امیدوار بودیم که سایر کشورهای جهان نیز به این اصل عمل کنند.

من در سال ۱۹۷۳ پیشنهاد کردم که دوازده کشور صنعتی عمده‌ی جهان به دوازده کشور عضو اوپک ملحق شوند و به اشتراک، صندوق بین‌المللی کمک‌های اقتصادی را به وجود آورند و هر یک، ۱۵۰ میلیون دلار سرمایه‌ی آن را تقبل نمایند. بر پایه‌ی پیشنهاد من، می‌بایست دوازده کشور از ممالک جهان سوم نیز در شورای این صندوق شرکت داشته باشند تا متفقاً به طرح‌های پیشنهادی ممالک در حال توسعه رسیدگی شود و تأکید کرده بودم که باید به اولویت طرح‌هایی که به استقلال اقتصادی این کشورها کمک می‌کند، توجه بیش‌تر به عمل آید.

پس از سال ۱۹۷۳ سه عامل جدید در این رهگذر پدیدار شد: نخست افزایش تعداد اعضای اوپک، دوم تزلزل و ضعف دلار که در آن هنگام پولی محکم بود، و سوم قیمت نفت. البته اگر قرار باشد که در حال حاضر به پیشنهاد من توجه شود، باید عوامل فوق را هم در نظر گرفت.

بر پایه‌ی پیشنهاد من قرار بود سرمایه‌ی این صندوق سه میلیارد دلار باشد و اکنون مبلغ ضروری، بیست میلیارد است و صلاح خواهد بود که سرمایه‌گذاری اولیه‌ی هر کشور عضو، با میزان درآمد آن متناسب باشد. بدیهی

است نمی‌توان از عربستان سعودی و گابن، یک اندازه کمک انتظار داشت

پیشنهاد من واقع بینانه بود

بر اساس نظر من، بانک جهانی ترمیم و توسعه و صندوق بین‌المللی پول می‌بایست به‌عنوان مشاور فنی و عامل انجام و تسهیل سرمایه، سرمایه‌گذاری‌ها، با صندوق همکاری نمایند و با اتکا به منافع آن، وام‌های بیست ساله با نرخ سالیانه‌ی ۲/۵ درصد در اختیار کشورهای در حال توسعه قرار دهند. آقای مک‌نامارا رییس بانک جهانی و همچنین مدیر کل صندوق بین‌المللی پول، این پیشنهاد را به تأیید و حسن اعتبار فراوان تلقی کردند. فراموش نکنیم که بر اساس این طرح از یک طرف کمک مؤثری به توسعه‌ی اقتصادی و صنعتی در کشورهای جهان سوم به‌عمل می‌آمد و از طرف دیگر ممالک صنعتی از سفارش‌های زیادی برخوردار می‌شدند و صادرات‌شان رونق می‌گرفت.

نتیجه‌ی نهایی، تحکیم همکاری و همبستگی بین‌المللی بود.

از دیدگاه من، این صندوق می‌بایست با بی‌طرفی کامل سیاست عمل کند و امکانات خود را در اختیار همه‌ی کشورهای نیازمند، بدون توجه به نظام حکومتی آنان، قرار دهد.

چنین سازمانی می‌توانست در حقیقت یک بنیاد جهانی و تعاونی همکاری‌های بین‌المللی باشد. این پیشنهادها در چهارچوب یک طرح بین‌المللی به منظور حل بحران جهانی نیرو ارائه شده بود که متأسفانه نه کشورهای صنعتی با آن موافقت کردند و نه کشورهای عضو اوپک.

بی‌شبهه این طرح، شجاعانه و ابتکاری بود. اما تخیلی و دور از واقع‌بینی نبود و به تحقق همبستگی و همکاری بین‌المللی به منظور نیل به ثبات اقتصادی و سیاسی در جهان، تکیه داشت. روشن است آن‌هایی که پیوسته در جستجوی نابسامانی جهانند، نسبت به این طرح نظر خوبی نداشتند.

درست تجسم کنید: اگر اتحاد سرخ و سیاه در ایران شکست خورده بود و ایران می‌توانست به قیمت‌های فعلی، روزانه پنج تا شش میلیون بشکه نفت صادر کند، چه امکاناتی در اختیار ایران بود و به چه پیشرفت‌های حیرت‌انگیزی که نائل نمی‌شد. با این امکانات ما می‌توانستیم به هدف‌های انقلاب شاه و ملت برسیم و در حل و فصل مشکلات جهانی، از جمله مسائلی که در کنفرانس شمال، جنوب مطرح شده بود، به‌طور مؤثر کمک نماییم.

در مورد مسایل کنفرانس اخیرالذکر، من مکرراً با آقای ژیسکاردستن رییس جمهوری فرانسه به مذاکره و تبادل نظر پرداختم. میان ما اتفاق نظر کامل وجود داشت و هر دو معتقد بودیم که مسایل بزرگ اقتصادی و سیاسی جهان، از جمله مسئله‌ی نیرو را باید یکجا و به‌طور کلی حل و فصل کرد. امیدوارم رییس جمهوری فرانسه بتواند علیرغم دشواری‌های موجود، به کوشش و تلاش خود در این زمینه ادامه دهد.

فصل چهاردهم
بزرگان جهان ما

در زمان سلطنت پدرم، سفیران در امور مربوط به سیاست خارجی سهم و نقش عمده‌ای داشتند، و البته در مورد روابط ما با کشورهای خارجی، متأسفانه سهم سفرای آن‌ها در ایران به‌مراتب بیشتر بود.

امروزه سرعت و سهولت مسافرت چنان است که رهبران کشورها می‌توانند غالباً با یکدیگر ملاقات کرده، مستقیماً به حل و فصل مسایل و معضلات بپردازند. من به سهم خود در طی سی و هفت سال سلطنت، همواره از این شیوه‌ی نوین دیپلماسی، حسن استفاده کردم.

حتی یک کتاب مستقل برای نقل و تحریر تاریخ و وقایع و داستان‌های مربوط به این ملاقات‌ها، کافی نخواهد بود. این دید و بازدیدهای سیاسی، در صورت وجود حسن‌نیت، بهترین روش از میان بردن دشواری‌ها و نیل به هدف‌های صحیح سیاسی است. به‌همین سبب است که شاید در طول تاریخ، هرگز رهبران کشورها به قدر دوران معاصر، به دیدار یکدیگر نرفته باشند.

وطن‌پرستی سرسختانه‌ی ژنرال دوگل

هنگامی که ژنرال دوگل در راه مسافرت به مسکو، در سال ۱۹۴۳

به تهران سفر کرد، من پادشاهی جوان بودم و از همان نخستین لحظه‌ی دیدار، مجذوب شخصیت استثنایی این مرد بزرگ شدم. هنگامی که دوگل از فرانسه سخن می‌گفت، من همه‌ی آمال و آرزوهای خود را در باره‌ی وطنم، در سخنان او باز یافتم. هدف او تجدید استقلال و عظمت فرانسه، در داخل و خارج بود. او از آرمان‌هایش با فصاحت و بلاغت و صراحت سخن می‌گفت و من نیر احساس می‌کردم که آرزوها و امیدهای مشابهی برای ایران دارم. پس از این، چندین ملاقات دیگر، چه در پاریس، چه در ایران با ژنرال دوگل دست داد و هر بار، رشته‌های مودت و احترام متقابل ما استوارتر شد. باید اضافه کنم که غالباً از طریق مبادله‌ی نامه نیز با یکدیگر ارتباط داشتیم.

پس از مرگ ژنرال دوگل، من برای حضور در مراسم مذهبی که به‌یاد او در کلیسای نتردام ترتیب یافته بود، به پاریس رفتم. تقریباً همه‌ی رهبران بزرگ جهان، در این آیین حضور داشتند. در میان آنان تنها کسی که در منزل شخصی خانم دوگل با ایشان ملاقات کرد، من بودم و شدیداً تحت تأثیر این توجه خاص که نشانه‌ی روابط استثنایی من با ژنرال دوگل بود، قرار گرفتم

من پیوسته این وطن‌پرست بزرگ را، به‌مانند معلم و راهنمایی برای خود تلقی می‌کردم. برای شناخت خدمتی که او به فرانسه کرده است، کافی است وضع این کشور را در سال ۱۹٥٦، با زمانی مقایسه کنیم که دوگل از ریاست جمهوری استعفا کرد. آن وقت درخواهیم یافت که او برای فرانسه چه کرد

رهبران سه کشور بزرگ در تهران

برگزاری کنفرانس سه کشور بزرگ در تهران، برای من این امکان را فراهم آورد که برای نخستین بار با دو تن از رهبران بزرگ جهان، یعنی روزولت و استالین، ملاقات کنم. لازم به یادآوری است که قبلاً وینستون چرچیل را دیده بودم.

در این میان، ژوزف استالین تنها کسی بود که با رعایت اصول تشریفاتی سیاسی، شخصاً به دیدار من، یعنی رییس کشور میزبان آمد. برای دیدار روزولت و چرچیل، لازم آمد که به سفارت شوروی بروم.

در باره‌ی ملاقاتم با استالین، گفتنی بسیار است. به‌عنوان مثال، هرگز فراموش نخواهم کرد که وی با صراحت به من گفت: «برای پنجاه سال آینده آسوده‌خاطر باشید!» آیا می‌بایست این بیان را همانند تضمینی تلقی کنم که تزارها به سلسله‌ی قاجار داده بودند؟

استالین به حد افراط مبادی آداب بود. تا آنجا که درنگ و توجه کرد که من، قبل از او شروع به نوشیدن چای کنم. ما از موضوعات بسیار سخن گفتیم و او هم بر هر موضوعی با دقت خاص توجه می‌کرد. نکته‌ی فوق‌العاده مهم برای من، تجدید تسلیحات ارتش ایران بود و عجله داشتم که نیازمندی‌های خودمان را به تانک و هواپیما با وی در میان بگذارم.

به محض اشاره به این مطلب، استالین پیشنهاد کرد که تجهیزات و جنگ‌افزارهای لازم برای یک هنگ هوایی را در اختیار ایران بگذارد که شرایط و نحوه‌ی واگذاری و ترتیب آموزش افراد، بعداً به توافق طرفین معین گردد. البته من به گرمی از این پیشنهاد استالین سپاسگزاری کردم. زیرا می‌دانستم در صورت حصول توافقی عادلانه، این عمل، گامی به سوی تجدید حیثیت و تحکیم استقلال کشورم خواهد بود. چند هفته‌ی بعد، نماینده‌ی استالین شرایط این پیشنهاد را به من اطلاع داد. این شرایط، سخت و نامطلوب بود. روس‌ها می‌خواستند که هنگ زرهی در قزوین و هنگ هوایی در مشهد، یعنی هر دو قسمت شمالی کشور مستقر شود و تا پایان جنگ، فرماندهی آن زیر نظر ستاد ارتش شوروی باشد. چون این شرایط مخالف استقلال و حق حاکمیت ملی ایران بود، از قبول آن سر باز زدم و در نتیجه روابط من با استالین تیره شد.

با همه‌ی این تفاصیل، باید قبول کنم که استالین، سرداری بزرگ و در

حقیقت فاتح جنگ جهانی دوم بود. در کنفرانس‌های تهران، یالتا و پوتسدام، بازیگر اصلی استالین بود که توانست عملاً نظرات خود را به دو همتای دیگری تحمیل کند و شرایط مناسبی برای اتحاد جماهیر شوروی در صحنه‌ی جهانی تحصیل نماید، که این کشور هنوز هم از آن منتفع است.

اکنون که به بحث در باره‌ی روابط خود با اتحاد جماهیر شوروی و استالین پرداخته‌ام، بد نیست بگویم که مناسبات من با جانشینانش همیشه آسان نبود. من از مرام اشتراکی و نظام عقیدتی حاکم بر اتحاد جماهیر شوروی، به‌کلی دور بوده و هستم و در تمام مدت سلطنت خود، با آن مبارزه کرده‌ام و می‌دانستم که این مبارزه، خطراتی را در بر دارد و این خطرات را پذیرفتم. عدم تفاهم میان شوروی‌ها و من تا سال ۱۹۵۶، که برای نخستین بار به مسکو سفر کردم، کم و بیش به طول انجامید. ملاقات من با خروشچف چند روزی بعد از انعقاد پیمان بغداد صورت گرفت. قبلاً جریان این ملاقات و عکس‌العمل خروشچف را بازگو کرده‌ام. مذاکره با نیکیتا خروشچف، آسان نبود. او مردی سخت و گاه لجوج بود، اما در شخصیت و رفتارش، یک جنبه‌ی ساده و در عین حال محیل روستایی وجود داشت که خالی از لطف نبود. به هر حال ما به توافق رسیدیم که روابط دو کشور باید بر حسن همجواری، استوار باشد و از آن پس هر دو دولت به این سیاست عمل کردند.

با آقای لئونید برژنف هم در ایران و هم در مسکو ملاقات و مذاکره داشتم. گرچه این مذاکرات گه‌گاه بسیار حساس و دقیق بود، ولی من از آن‌ها خاطره‌ای بس دلپذیر دارم و صرف‌نظر از اختلافات مرامی و عقیدتی برای آقای برژنف، احترامی خاص قائلم و او را سیاست‌مداری توانا و کم‌نظیر می‌دانم.

آقای برژنف به اجرای سیاست هم‌زیستی مسالمت‌آمیز و اصول قطعنامه‌های هلسینکی سخت دلبستگی دارد. او موفق شده است کشورش

را به حد اعلای قدرت برساند. اتحاد جماهیر شوروی اکنون بزرگ‌ترین نیروی اتمی جهان را در اختیار دارد و به زودی دارای تواناترین نیروی دریایی جهان خواهد شد. برتری نیروهای زمینی، هوایی و هوابرد اتحاد جماهیر شوروی چنان است که نیاز به مقایسه و بازگویی آن نیست.

بازگردیم به کنفرانس تهران و ملاقات‌هایی که داشتم. طی این کنفرانس بود که الزاماً جهت دیدار روزولت به سفارت شوروی رفتم. در این هنگام روزولت در حداعلای قدرت و نفوذ جهانی خود بود و چقدر متعجب شدم وقتی با لحنی جدی از من خواست که پس از پایان دوران ریاست جمهوریش، او را به‌عنوان متخصص جنگل‌کاری در ایران استخدام کنم! نمی‌دانستم این تقاضا را چگونه تلقی کنم؟ آیا می‌بایست فکر کنم که از نظر روزولت، آینده‌ی ایران آن‌قدر مطمئن است که باید به فکر جنگل‌کاری زمین‌هایش بود؟

نخستین ملاقات من با وینستون چرچیل، هنگامی صورت گرفت که وی در راه سفر به مسکو توقفی کوتاه در تهران داشت. در این ملاقات ما به تفصیل پیرامون چگونگی رهبری عملیات جنگی به تبادل نظر پرداختیم. با وجود جوانی، من دیدگاه‌های نظامی و سیاسی خود را برای چرچیل شرح دادم. عقیده‌ی من آن بود که متفقین باید از جنوب یعنی از ایتالیا و بالکان به اروپا حمله کنند، زیرا این دو منطقه را ضعیف‌تر می‌دانستم و دلایل دیگری نیز بر شمردم.

چرچیل، مطابق معمول بر صندلی راحتی لم داده و با تعجب و تحیر به من نگاه می‌کرد. در تمام مدتی که من صحبت می‌کردم مستقیماً به چشمان من نگاه می‌کرد، چون سخنانم به پایان رسید سکوت کرد و چیزی نگفت.

سال‌ها بعد، به هنگام مطالعه‌ی خاطراتش دریافتم که چرچیل عقاید آن روزی مرا تأیید می‌کرد. او با همت و خونسردی فراوان کشورش را به پیروزی هدایت کرد.

پس از جنگ چند بار با چرچیل ملاقات داشتم. در یکی از این دیدارها، که چرچیل مجدداً نخست‌وزیر انگلستان شده بود، طی ناهاری در خانه‌ی شماره‌ی ۱۰ دانینگ استریت، بانو چرچیل نظر مرا در باره‌ی نقش آینده‌ی همسرش در سیاست انگلستان پرسید. او فکر می‌کرد که شاید چرچیل بتواند پس از پایان دوران نخست‌وزیری، نقش یک مرشد و راهنما و مشاور غیرفعال سیاسی را در کشورش ایفا کند. من با این عقیده موافق نبودم و به خانم چرچیل گفتم که حیثیت و اعتبار جهانی شوهرش چنان است که باید نقطه‌ی پایان زندگی سیاسی‌اش، همان مقام رهبر پیروزمند جنگ و نخست‌وزیری باشد، نه چیز دیگر.

رهبران آمریکا

هنگامی که به ملت بزرگ و نجیب آمریکایی می‌اندیشم، گذشته از روزولت، نام رهبرانی چون ژنرال آیزنهاور، ریچارد نیکسون، هنری کیسینجر، ترومن، ارل هریمن و لیندون جانسون به‌خاطرم می‌آید.

قطعاً مورخان از ژنرال آیزنهاور بیش‌تر به‌عنوان یک سردار و یک رهبر نظامی سخن خواهند گفت. من بیش‌تر به جنبه‌های اخلاقی و احساسی شخصیت وی فکر می‌کنم. آیزنهاور، مردی بود واقعاً نیک‌نهاد که عمیقاً در دل هم‌میهنانش جای داشت. پس از مرگش من خود را اخلاقاً موظف دانستم که در مراسم تشییع جنازه‌ی این سردار بزرگ و شخصیت استثنایی شرکت کنم. فراموش نکرده بودم که به‌هنگام ریاست جمهوری وی، دولت آمریکا برای نجات ایران از خطر هرج و مرج و سقوط، به من کمک کرد. باید گفت که سیاست خارجی ایالات متحده‌ی آمریکا در این زمان به‌وسیله‌ی مردی مصمم و توانا چون فوستر دالس، رهبری می‌شد و سیاستی بود فراخور و شایسته‌ی یک قدرت بزرگ جهانی.

از سال ۱۹۵۳ تاکنون پیوندهای مودت و دوستی استواری میان ریچارد

نیکسون و من وجود دارد. در آن زمان، او معاون رییس جمهور وقت آمریکا یعنی ژنرال آیزنهاور بود که در زمان حکومتش روابط ما با آن کشور در حد اعلای خود قرار داشت. این حسن رابطه‌ی کامل در زمان ریاست جمهوری نیکسون و جرالد فورد، ادامه یافت.

در زمینه‌ی سیاست خارجی آمریکا، بینش نیکسون، واقع‌بینانه بود. دو تصمیم مهم وی یعنی خروج آمریکا از جنگ ویتنام و برقراری روابط عادی و دوستانه با جمهوری خلق چین، هر دو عاقلانه و مدبرانه بود. هم‌چنین وی برای حفظ تعادل قوا در جهان و صیانت حیثیت و نفوذ و اعتبار آن در صحنه‌ی بین‌المللی اهمیتی خاص قائل بود که در خور توجه است.

قبل از این که نیکسون به ریاست جمهوری آمریکا نایل شود، من مفصلاً در تهران با وی مذاکره و گفتگو داشتم و در همه‌ی مسایل مهم جهانی، تفاهم کامل میان ما حاصل شده بود که بر این اساس در صحنه‌ی سیاست بین‌الملل باید هر کشور در جستجوی پیوندها و متحدان طبیعی خود باشد. یعنی ممالکی که با آن‌ها مستمراً دارای منافع مشترک می‌باشد و از پیوندهای زودگذر اجتناب کند. نیکسون و من، با یکدیگر توافق داشتیم که یک متحد قوی و مطمئن، بهتر از ده کشور متزلزل و ناتوان است.

به‌هنگام اقامتم در مکزیک، ریچارد نیکسون نشان داد که به پیوندهای دوستی و مودتش، می‌توان اعتماد داشت.

با هنری کیسینجر، در مشاغل و مسئولیت‌های مختلفش تماس داشتم: نخست هنگامی که رییس شورای امنیت ملی بود و نیز در زمان وزارت امور خارجه‌ی نیکسون و جرالد فورد. او مردی است هم مطلع از سیاست‌های جهانی و هم کاردان و مجرب. در روابط اجتماعی و سیاسی، پای‌بند اصول و معتقد به ضرورت حفظ قدرت سیاسی و بین‌المللی آمریکا و رعایت اصل تعادل در صحنه‌ی جهانی. باید اضافه کنم که در زمینه‌ی تأثیر عوامل سیاسی، جغرافیایی در مسائل و روابط بین‌الملل، اتفاق نظر کامل میان ما

وجود داشت و دارد.

کیسینجر، مردی است واقعاً هوشمند، زیرک و نکته‌سنج. صفات و خصائصی که کمتر در بزرگان جهان مشاهده می‌شود.

روابط ایران و آمریکا در زمان وزارت امور خارجه‌ی کیسینجر، به عالی‌ترین حد خود رسید که جلوه‌ای از آن، انعقاد قرارداد پنج‌ساله و پنجاه‌میلیارد دلاری میان دو کشور بود.

در میان سایر رجال سیاسی آمریکا که از آنان خاطره‌ای دلپذیر دارم، باید به ارل هریمن، پرزیدنت ترومن و پرزیدنت جانسون اشاره کنم. نخستین دیدار من با هریمن در زمان جنگ صورت گرفت. از آن پس، او همواره نقشی مهم در سیاست خارجی ایالات متحده و رویه‌ی حزب دمکرات داشت و مورد احترام بسیار بوده و هست. ترومن در دورانی بس دشوار، زمام امور را به‌دست گرفت و پیوسته با قدرت و حسن تصمیم، به مقابله‌با مسایل پرداخت.

من شخصاً لیندون جانسون را یک رییس جمهوری و شخصیتی بزرگ تلقی می‌کنم که مقامی فراخور خود، در تاریخ به‌دست نیاورد. همسرش لیدی برد نیز بانویی شایسته است.

ژرژ ششم، بوین و لئوم بلوم

نخستین سفر رسمی من به‌عنوان پادشاه ایران به خارج از کشور، در سال ۱۹٤۸ به لندن صورت گرفت. این مسافرت به مناسبت بازی‌های المپیک انجام شد و شاید به‌همین سبب و به‌علت گرفتاری مأموران تشریفات بود که ترتیب برنامه‌ها در حد مطلوب انجام نشد. ولی ژرژ ششم و خانواده‌اش با محبتی خاص مرا پذیرفتند، که در نتیجه از این سفر خاطره‌ای دلپذیر دارم

طی چند روز اقامتم در لندن، مذاکرات مفصلی با آقای بوین، وزیر امور خارجه‌ی انگلستان داشتم. هنگام صحبت از ثروت‌های طبیعی و منابع معدنی ایران، اشاره‌ای به استان کرمان شد. بوین بلافاصله گفت:

آری متوجه شدم. کرمان که در منطقه‌ی نفوذ ما واقع است.
با تعجب به وی جواب دادم:
من تصور می‌کردم سرتاسر ایران، جزیی از دنیای آزاد است.
بوین جواب داد:
بلی. مقصود من همین بود.

سه ماه بعد از مذاکرات بود که فخرآرایی در دانشگاه تهران، به من سوءقصد کرد. در همین سال (۱۹۴۸) یک سفر رسمی به فرانسه کردم که طی آن مذاکراتی مفصل با لئون بلوم یکی از رجال معروف فرانسه و گی‌موله داشتم. میان ما تفاهم کامل برقرار شد. مخصوصاً وقتی که سخن از برنامه‌های رفاه اجتماعی در ایران رفت.

هم‌چنین روابط حسنه‌ای میان من و سایر رؤسای ممالک غربی وجود داشت که در شمار آن‌ها قبلاً به پرزیدنت ژیسکاردستن اشاره کردم.

بزرگان افریقا

ملاقات‌های من با امپراتوری اتیوپی، هایله سلاسی همواره گرم و محبت‌آمیز بوده است. من نسبت به شجاعت و شهامت وی در مقابله با حمله‌ی ایتالیا، احساس تحسین می‌کردم. مذاکرات بین ما همیشه گرم و صریح بود و چند بار به‌خود اجازه دادم که به امپراتور، انجام اصلاحات اجتماعی را در داخل کشورش توصیه کنم.

هنگامی که امپراتور برای دفاع از کشورش به جامعه‌ی ملل آمد و توفیق نیافت، من محصل جوانی بودم.

جامعه‌ی ملل در حفظ استقلال و موجودیت اتیوپی، عاجز ماند. سازمان ملل نیز امروزه در موارد مشابه، مؤثرتر از جامعه‌ی ملل دیروز نیست و اتیوپی هم امروز چه سرنوشتی دارد!؟

ما در نظر داشتیم کمک‌های اقتصادی بیشتری به کشورهای ساحل‌عاج، گابن و سنگال انجام دهیم. روابط من با پرزیدنت سنگور، بسیار دوستانه

است. وی در صحنه‌ی جهانی از حیثیت بزرگی برخوردار است و همگان او را نه تنها استاد مسلم زبان و ادبیات فرانسه و شاعری برجسته، بلکه رهبری توانا و مدبر می‌شناسند. در ملاقات‌هایم با پرزیدنت سنگور، مخصوصاً در باره‌ی فرهنگ افریقای سیاه که بسیار مورد علاقه‌ی اوست، سخن گفتیم. به‌خصوص که من نیز به اعتلای فرهنگ ایران دلبستگی عمیق داشته و دارم.

نظریات پرزیدنت سنگور در تدوین و اجرای سیاست افریقایی ایران، بسیار مؤثر و مفید بود. متأسفانه من شخصاً نتوانستم به سنگال سفر کنم، ولی شهبانو در مسافرت رسمی خود به آنجا با استقبالی گرم و پرشور مواجه شد.

دوستان عرب

دوست من سلطان حسن دوم، از زمان ولایت‌عهدی، شجاعت و شهامت و میهن‌دوستی خود را ثابت کرد و هرگز از مواجهه با خطرات، بیمی نداشته و ندارد.

سلطان حسن دوم، پادشاهی است هوشمند و دانا که تحصیلات عالیه‌ی خود را در رشته‌ی حقوق در دانشگاه بردو انجام داده است. وی هم به فرهنگ جدید اروپایی و هم به معارف اسلامی آشنایی کامل دارد.

شاید ضروری نباشد که بگویم تا چه حد آرزومند توفیق وی و سعادت ملتش هستم.

هم‌چنین باید فرصت را مغتنم شمرده، سپاسگزاری خود و خانواده‌ام را از میهمان‌نوازی و پذیرایی گرم ایشان نسبت به ما، بازگو کنم.

البته نباید فراموش کنیم که انورالسادات، هنگامی زمام امور مصر را به‌دست گرفت که کشورش در جنگ شکست خورده و ملتش دل‌آزرده و سرگشته بود. او نبرد را با استفاده از جنگ‌افزارهای روسی از سر گرفت و برای نخستین بار، مصریان را به پیروزی رساند. سپس به‌خاطر حفظ صلح و صیانت استقلال کشورش، به‌خدمت مستشاران روسی خاتمه داد و راهی

انحصاراً در جهت منافع ملت مصر در پیش گرفت.

روشن‌بینی سیاسی و شهامت و واقع‌بینی انورالسادات، نیاز به بازگو شدن ندارد. به همین سبب است که او را باید یکی از مردان بزرگ تاریخ و یکی از برجسته‌ترین نوابغ سیاسی مصر تلقی کرد.

از صمیم قلب برای توفیق این رهبر بزرگ و سعادت ملتش، دعا کنیم.

در باره‌ی ملک حسین پادشاه اردن هاشمی، هر چه بگوییم کم است. من او را نه تنها یک دوست، بلکه یک برادر تلقی می‌کنم. او انسانی است تمام عیار، رئوف، مهربان، با شهامت که کشورش را در شرایطی بس دشوار با تدبیر کامل رهبری می‌کند.

ملک‌حسین، بارها با همت و شجاعت، با نشیب و فرازها و دشواری‌ها به مقابله پرداخت و شایسته‌ی آن است که ملتش را به هدف‌های بلندی که دارد، نائل سازد. در این مورد مناسب است جریان واقعه‌ای را یادآور شوم.

چند سال پیش به تحریک جمال عبدالناصر، کودتایی در اردن ترتیب داده شده بود. به سرکردگی یک ژنرال، یکی از پادگان‌های آن کشور شورش کرد. ملک حسین با تهور و شجاعتی وصف‌ناپذیر، تنها و بدون محافظ، به میان افسران و سربازان شورشی رفت، با آنان سخن گفت و سخنانش آن‌قدر مؤثر افتاد که همه برایش کف زدند و در برابرش به خاک افتادند و غائله، پایان یافت.

تیتو، چائوشسکو، هوآکوفنگ

برای تکمیل توضیحاتم، بار دیگر به کشورهای کمونیست باز می‌گردم، تا یادی از سه رهبر برجسته‌ی این ممالک: مارشال تیتو، پرزیدنت چائوشسکو و آقای هوآکوفنگ بنمایم.

به استثنای ایران، یوگسلاوی تنها کشوری است که با مقتضیات و شرایطی بس دشوار و مخاطره‌آمیز با استالین به مقابله برخاست. تأمین اتحاد

ملل و جوامع مختلف یوگسلاوی، کاری آسان نبود و باید صراحتاً گفت که مارشال تیتو در این مهم توفیق حاصل کرد.

انشاءالله که جانشینانش نیز به‌قدر او کامیابی یابند.

پرزیدنت چائوشسکو، رییس جمهوری رومانی، مردی است میهن‌پرست که با شهامت و سرسختی از استقلال و سربلندی کشورش دفاع می‌کند. میان ما، پیوندهای دوستی صمیمانه وجود داشته و دارد. روابط اقتصادی ما و رومانی، همانند سایر ممالک اروپای شرقی، منظماً در حال بسط و توسعه بود که این خود نشانه‌ی تأکید ما بر یک سیاست مستقل ملی است

سرانجام باید اشاره‌ای به صمیمت و یک‌رنگی رهبران چین بکنم. به هنگام مسافرت رسمی آقای هوآکوفنگ به ایران، که بحران کشور ما به حد اعلای خود رسیده بود، من به‌خوبی احساس کردم که چین، تنها قدرت جهانی است که صمیمانه به حفظ استقلال و قدرت و اعتبار بین‌المللی ایران علاقه دارد.

باید این فصل را با تجلیلی از پرزیدنت لوپز پورتیو، رییس جمهور مکزیک پایان بخشم که اکنون در کشور زیبای‌شان زندگی می‌کنم و این سطور را به رشته‌ی تحریر می‌آورم.

هنگامی که به سال ۱۹۷۵ برای نخستین بار طی یک مسافرت رسمی به مکزیک، با ایشان ملاقات کردم، تصور این ایام را نداشتم و فکر نمی‌کردم که روزی در مکزیک زندگی خواهم کرد.

پرزیدنت لوپز پورتیو مردی است با شهامت که سخت به استقلال اقتصادی و سیاسی کشورش، دلبستگی دارد و به‌خاطر آن تلاش می‌کند. توفیق ایشان و خوشبختی ملت مکزیک، آرزوی من است.

فصل پانزدهم
در راه تحقق دموکراسی شاهنشاهی

سیاست داخلی ما از سه اصل الهام می‌گرفت:
مشارکت، عدم تمرکز، و توسعه و تحکیم هر چه بیشتر دموکراسی. آرزوی من آن بود که ملت ایران هر چه بیشتر در اداره‌ی امور عمومی و اقتصادی شریک و سهیم باشد و می‌کوشیدم تا از طریق به ثمر رسانیدن انقلاب سفید، به این هدف نایل شویم.

خانه‌های انصاف، شوراهای داوری، شوراهای ده و شهر و استان، شهرداری‌ها و استانداری‌ها عوامل تحقق سیاست جلب مشارکت عمومی بودند. مشارکت کارگران در سود خالص و سهام کارگاه‌های صنعتی، می‌بایست ما را به جنبه‌ی اقتصادی این هدف نزدیک کند.

البته طبیعی بود که در اداره‌ی امور لشکری، ژاندارمری، پلیس، رهبری سیاست خارجی، مالیه‌ی عمومی و نیز سیاست آموزشی، اصل تمرکز باید مراعات گردد. در قسمت اخیر کوشش ما بر آن بود که ضمن حفظ لهجه‌های محلی، زبان فارسی را هر چه بیشتر به‌عنوان یکی از عوامل اصلی وحدت ملی در سرتاسر کشور گسترش دهیم.

ما عقیده داشتیم که دلبستگی به ده و شهر و منطقه، منافاتی با عشق به وطن واحد، یعنی ایران، ندارد.

از دیدگاه من، سیاست جلب مشارکت عمومی، در اداره‌ی امور سیاسی مملکت، می‌بایست به‌موازات اجرای اصل عدم تمرکز، تحقق پذیرد.

بر این منظور می‌بایست دستگاه اداری کشور زیر و رو شود و کارمندانی صدیق، دقیق، پرکار، مبتکر و میهن‌دوست تربیت شوند. پیش‌بینی می‌شد که در سال ۱۳۶۰، سه میلیون نفر به تعداد کارگران ایرانی افزوده شود، ولی ما این امکان را نیز داشتیم که در ۱۳۷ دانشگاه و مؤسسه‌ی آموزش عالی و صدها مؤسسه‌ی آموزشی حرفه‌ای و نیز از طریق دانشجویان خود در خارج از کشور، هزاران مدیر و مهندس و طبیب و متخصص فنی و... مورد احتیاج مملکت را آماده کنیم، تا بدین ترتیب در اداره‌ی امور، وقفه و عدم تعادل پدید نیاید. به‌علاوه نیروهای مسلح ایران، بازار کار مناسبی را برای جذب جوانان ما تشکیل می‌دادند.

سلطنت و حکومت

تحقق دموکراسی، مسلماً بدون جلب مشارکت عمومی و اجرای اصل عدم تمرکز، امکان‌پذیر نبود. در این‌جا باید خاطره‌ای را ذکر کنم: روزی پدرم به من گفت، میل دارد کشوری برای من به ارث بگذارد که دارای سازمان‌های قوی سیاسی باشد که بتوانند خود به‌خود امور مملکت را بگردانند.

من در آن موقع خیلی جوان بودم و از این سخن آزرده‌خاطر شدم و آن را تعبیر به عدم اعتماد پدرم نسبت به کفایت خود کردم.

هنگامی که رضاشاه استعفا کرد و ایران به اشغال خارجیان درآمد، دریافتم که با انتقال سلطنت و تاج و تخت به من، آن هم در یک مشروطه‌ی سلطنتی، قدرت به خودی خود به من انتقال نیافته است. همان زمان تصمیم

گرفتم که باید برای ایران، یک سازمان سیاسی و اداری قوی و متکی به مشارکت مردم فراهم کرد.

شاید بتوان مرا سرزنش کرد که در اجرای اصل عدم تمرکز، تندروی کردم. من امیدوار بودم که حزب رستاخیز، بتواند آماده‌سازی و آموزش سیاسی افراد و آحاد جامعه را به‌خوبی انجام دهد. ولی چنان‌که خواهیم دید، این حزب با شکست روبرو شد.

تحقق مشارکت، اجرای اصل عدم تمرکز، تفویض مدیریت امور عمومی به مردم، انجام انتخابات آزاد در همه‌ی سطوح، می‌بایست در چهارچوب سلطنت مشروطه جامه‌ی عمل بپوشد.

ایران همواره یک شاهنشاهی بوده و هست. یعنی ترکیبی از اقوام مختلف، با زبان‌ها، مذاهب، خلقیات و فرهنگ‌های متنوع. وظیفه‌ی پادشاه، همیشه تأمین وحدت ملی و تحقق همبستگی میان ایرانیان بوده است و من می‌کوشیدم که این رسالت را از طریق برپایی یک دموکراسی شاهنشاهی انجام دهم.

تلفیق این دو کلمه با یکدیگر، نباید موجب تعجب باشد. طبق قانون اساسی ایران، پادشاه دارای اختیارات وسیعی است و می‌تواند اندیشه‌ها و برنامه‌های خود را به قوه مجریه بقبولاند. ولی این اختیارات ناشی از ملت و مشروط به اصول قانون اساسی است. طبق قانون اساسی ایران، پادشاه سلطنت می‌کند، نه حکومت.

از دیدگاه من، دموکراسی شاهنشاهی عبارت بود از اتحاد همه‌ی اجزای تشکیل دهنده‌ی ملت ایران، زیر پرچم و در داخل سرحدات مقدس سرزمین ما. دموکراسی شاهنشاهی، عبارت بود از اتحاد تمام گروه‌ها و طبقات به منظور تلاش مشترک در راه ترقی میهن.

پس نباید تعجب کرد که این همه کوشش برای جلوگیری از پیشرفت ما و تحقق هدف‌های ملی ما به‌عمل آمد.

فصل شانزدهم
کامیابی‌ها و ناکامی‌های ما

کامیابی‌های انقلاب سفید را که بعداً انقلاب شاه و ملت نام گرفت، می‌توان در یک جمله خلاصه کرد: بر اثر انقلاب شاه و ملت، ایران توانست از حالت عقب‌افتادگی معنوی، اقتصادی و اجتماعی که پنجاه سال پیش گریبانگیرش بود، رهایی یابد و از قرون وسطایی به جهان معاصر گام نهد

ویرانی‌های ناشی از انقلاب و جنگ داخلی کنونی و هرج و مرج حاکم بر کشور ما ممکن است بار دیگر ایران را به عقب بازگرداند و میهن را از سیر توسعه و ترقی برای مدتی طولانی منحرف کند.

واقعیت ارقام

اکنون ناچارم واقعیاتی را به مدد ارقام بیان کنم.

سازمان ملل متحد، ترازنامه‌ی درخشان یک ربع قرن کوشش ما را انتشار داده است. بر طبق این گزارش، ایران در همه‌ی شئون سیاسی، اقتصادی، اجتماعی و آموزشی در صدر کشورهای در حال توسعه قرار داشت. طبق آخرین برنامه‌ی پنج ساله، میزان رشد سالیانه‌ی اقتصاد کشور ۲۵ درصد پیش‌بینی شده بود. ما توانستیم در سال ۱۹۷۵ به رقم ۴۲ درصد رشد سالیانه

به قیمت‌های جاری برسیم. تورم در آن سال ۱۸ درصد بود. یعنی چهار برابر ژاپن. آمار سازمان ملل متحد نشان می‌دهد که میزان متوسط رشد و توسعه سالیانه‌ی اقتصاد ایران از آغاز انقلاب سفید تا پایان سال ۱۳۵۷ سیزده درصد بوده است.

در طی مدت ۲۵ سال، درآمد سرانه و سالیانه‌ی ایرانیان از ۱۶۰ دلار به ۲۲۰۰ دلار (طبق آمار سازمان ملل متحد) و یا ۲۵٤۰ دلار (طبق آمار رسمی کشور خودمان) رسید.

طی این بیست و پنج سال، سرتاسر ایران یک کارگاه عظیم توسعه و پیشرفت و ساختمان بود. دانشگاه‌ها، مدارس، مؤسسات حرفه‌ای، بیمارستان‌ها، راه‌ها، خطوط آهن، سدها، مراکز تولید برق، لوله‌های انتقال گاز و نفت، کارخانه‌ها، مراکز هنری و فرهنگی، ورزشگاه‌ها، تعاونی‌ها، شهرها و شهرک‌ها و روستاهای بسیار ساخته شد.

در سال ۱۹۱۱مسیحی، قانونی برای اجرای تعلیمات اجباری به تصویب رسیده بود، اما امکان تحقق آن وجود نداشت. نه مدرسه وجود داشت، نه معلم. در سال ۱۲۹۹، تعداد کل محصلین مدارس ابتدایی، متوسطه و عالی کشور، فقط ٤۰ هزار نفر بود و ایران، حتی یک دانشگاه هم نداشت.

در آغاز سلطنت من، تعداد دانش‌آموزان و دانشجویان ٤۰۰ هزار تن بوده و در سال ۱۳۵۷، از ده میلیون نفر تجاوز کرد که نزدیک به ۲۰۰هزار تن آنان در هیجده دانشگاه و ۱۳۷ مؤسسه‌ی آموزش عالی به تحصیلات بالاتر از متوسطه مشغول بودند. پنجاه سال پیش، ۹۹درصد جمعیت ایران بی‌سواد بودند. این رقم در آغاز سلطنت من به ۸۰ درصد و در پایان به ۲۵درصد رسید.

آیا می‌توان منکر این واقعیت شد؟ ممکن است روش‌هایی که به‌کار برده شد، قابل انتقاد باشد، اما انکار نتایج به‌دست آمده غیرممکن است. ملت ایران، فطرتاً و طبیعتاً مستعد ترقی و تعالی است و حتی پیامبر اسلام

نیز از این خصیصه‌ی ملی ایرانیان غافل نبود.

توسعه‌ی اقتصادی، تنها راه نیل به دموکراسی واقعی

مخالفین، سخت‌گیری‌ها و احیاناً خشونت سال‌های اخیر را مورد انتقاد قرار داده و مرا به استبداد و حکومت مطلقه و عدم رعایت حقوق بشر متهم کرده‌اند. همه‌ی این اتهامات قابل بحث است. ولی قبل از بحث در باره‌ی آن‌ها، باید به این سئوال پاسخ داد که آیا ما راه دیگری داشتیم؟

ایران، با موقع خاص سیاسی و جغرافیایی خود، کشوری بود به‌اصطلاح «در حال توسعه». تعداد نفوس کشور در سال ۱۳۴۷، بیست و هفت میلیون نفر بود که در پایان سال ۱۳۵۷ به سی و شش میلیون نفر رسید و در سال ۱۳۷۰ به پنجاه میلیون تن بالغ خواهد شد. یعنی هر سال باید برای یک میلیون نفر غذا و کار فراهم کرد.

اگر بپذیریم که تنها راه تحقق یک دموکراسی راستین، وجود یک اقتصاد سالم و تواناست، باید الزاماً قبول کنیم که کشورهای در حال توسعه، ناگزیرند برای نیل به دموکراسی، ابتدا همه‌ی نیروها و منابع و امکانات خود را برای ایجاد زیربنای اقتصادی لازم، تجهیز کنند.

در روزگار ما، استقلال سیاسی، بدون یک اقتصاد توانا مفهومی ندارد. توسعه‌ی اقتصادی، شرط لازم و واجب تحقق دموکراسی سیاسی و نیل به ترقی اجتماعی است. قدرت اقتصادی ضامن آزادی و حق حاکمیت ملت‌هاست. پس ناچار بودیم برای نیل به دموکراسی واقعی، ابتدا به سازندگی اقتصاد ملی خود بپردازیم.

کشورهای در حال توسعه، بر سر دوراهی

کافی است نگاهی به نقشه‌ی جهان بیاندازیم تا دریابیم که تنها بیست و پنج کشور، از صدوپنجاه کشور جهان، دارای حکومت دموکراسی به مفهوم غربی آن هستند. همه‌ی این کشورها، چه آن‌ها که دارای اقتصاد صنعتی

پیش‌رفته هستند و چه آن‌ها که کشاورزی مترقی دارند، از یک سطح زندگی عالی برخوردارند.

صرف‌نظر از این گروه محدود، اگر به‌طور مثال هندوستان را در نظر بگیریم، این کشور، دارای حکومتی است به ظاهر دمکراتیک، ولی مردم آن با فقر، بیماری، اختلافات داخلی، کم‌سوادی و تعصب در برابر پیشرفت گریبان‌گیر هستند. و برای تحقق واقعیت دموکراسی در آن کشور، چاره‌ای نیست جز ایجاد یک اقتصاد نوین.

در این‌جا به عمق مطلب، و یکی از دلخراش‌ترین مسایل عصر حاضر می‌رسیم: کشورهای در حال توسعه در برابر یک دوراهی قرار دارند، یا باید برای همیشه در حال عقب‌افتادگی باقی بمانند، یا به هر قیمت که هست، علیرغم دشواری‌ها، موانع فقدان تجربه و نبودن متخصصین، به راه توسعه و پیشرفت قدم بگذارند. در این راه با مخالفت‌ها و سخت‌گیری‌های کشورهای صنعتی مواجه‌اند. زمان، به زیان آن‌ها کار می‌کند. فاصله‌ی غنی و فقیر روز به‌روز بیشتر می‌شود.

ممالک پیش‌رفته‌ی امروز، هنگامی که ترقی و توسعه‌ی خود را آغاز کردند، با چنین مسایل و موانعی روبرو نبودند و چنین رقیبان خطرناک و توانایی نداشتند و توانستند اقتصاد خود را توسعه بخشند و به یک نظام دمکراتیک نایل آیند.

فراموش نکنیم که کشورهای پیشرفته‌ی امروزی، غالباً با نهایت خشونت نسبت به ممالک عقب‌افتاده و سرزمین‌هایی که تا دیروز مستعمره بودند، رفتار کردند. قسمت مهمی از ثروت کنونی کشورهای صنعتی، از غارت کشورهای عقب‌افتاده به‌دست آمده است.

تصوری کاذب و خونین از دموکراسی

هنگامی که من، اجرای برنامه‌ی ضربتی و همه‌جانبه‌ی خود را برای

خروج ایران از تاریکی اعصار و قرون و جبران عقب‌افتادگی‌های چند صد ساله، آغاز کردم، به‌خوبی می‌دانستم که کامیابی در این رهگذر، مشروط به آماده‌سازی و تجهیز همه‌ی نیروهای ملی است.

می‌دانستم که باید یک حالت بسیج دائم و آمادگی مستمر در کشور وجود داشته باشد تا بتوان در برابر عوامل مخرب و مخالف با پیشرفت، یعنی مرتجعین، بزرگ‌مالکان، کمونیست‌ها، محافظه‌کاران و همچنین تحریکات بین‌المللی، ایستادگی کرد.

می‌دانستم که بسیج یک کشور، کار آسانی نیست و پایمردی و تلاش بسیار می‌خواهد. اگر می‌گذاشتم که خراب‌کاران هر چه می‌خواهند بکنند، مسلماً امکان توفیق به‌دست نمی‌آمد. و اگر دست روی دست می‌گذاشتم و از بیم دشواری‌ها کاری انجام نمی‌دادیم، مسلماً ایران در عقب‌افتادگی و رکود باقی می‌ماند و در این صورت، حکومت دمکراتیک، سرابی بیش نبود. فراموش نکنیم که دموکراسی، اگر با گرسنگی، نادانی، ناتوانی و انحطاط مادی و معنوی مترادف و همراه باشد، مسلماً واقعیتی نخواهد داشت.

پس ما ناگزیر بودیم که راه خود را انتخاب کنیم. انتخاب ما، میان استبداد و حکومت مطلقه از یک‌سو، و روش‌های انسانی و آزادمنشانه از سوی دیگر نبود. انتخاب ما، در حقیقت میان اغتشاش و هرج‌ومرج بی‌حاصل از یک طرف و حفظ مصالح واقعی میهن از طرف دیگر بود.

آن‌چه در پایان سال گذشته و در سال جاری در ایران می‌گذرد، مرا از هر توضیحی در این زمینه، بی‌نیاز می‌کند. آن‌چه هست، برخوردهای خونین است میان گروه‌های رقیب، که مرامی جز عوام‌فریبی و دروغ‌گویی و هدفی جز حفظ قدرت از طریق ارعاب و وحشت ندارند.

هرج و مرج حاکم بر ایران، چنان است که انجام هیچ‌گونه انتخاب آزاد امکان ندارد و مسلسل و نارنجک، جایگزین ورقه‌ی رأی شده است.

همکاری با جهان غرب

اکنون که ایران در حال ویرانی است، و رو به نابودی می‌رود، اندک‌اندک، جهان غرب به نقش ما در حفظ تعادل بین‌المللی و تعلق ما به‌دنیای آزاد، هنگامی‌که من در رأس امور کشور بودم، پی می‌برد. میان ایران و جهان غرب، نه‌تنها پیوندهای استوار نژادی، فرهنگی، مرامی وجود داشت، بلکه همبستگی و منافع مشترک اقتصادی نیز ما را به یکدیگر متصل و مربوط می‌کرد و ما به‌خوبی می‌دانستیم که اگر اروپا دچار بحران شدید شود، ایران از آثار و نتایج آن برکنار نخواهد بود.

ایران، یکی از کشورهای دمکراتیک غرب بود و پیوندهای بسیاری ما را به اروپا مربوط و متصل می‌کرد. حجم مبادلات ایران با اروپای غربی، از جمله فروش نفت، خرید کالاهای سرمایه‌ای و اجرای قراردادهای عمرانی، پیوسته در حال افزایش بود. پایان اجرای شاه‌لوله‌ی دوم گاز، باعث می‌شد که ایران بتواند سالیانه سیزده‌میلیارد متر مکعب گاز از طریق اتحاد جماهیر شوروی به اروپا صادر کند و ما برای سیصد سال، ذخایر گاز کافی داشتیم. تحقق این طرح، همکاری اقتصادی میان ایران، اتحاد جماهیر شوروی و اروپای شرقی و اروپای باختری را به‌میزان قابل ملاحظه‌ای افزایش می‌داد.

پس از خرید قسمتی از سهام کروپ و بابکوک، من قصد داشتم میزان مشارکت دولت ایران را در مؤسسات اقتصادی بزرگ بین‌المللی، باز هم افزایش دهم. به‌عنوان مثال ما قصد داشتیم در ایران، نوع جدید لوکوموتیو برقی با تلفیق الگوهای آلمانی و سوئدی بسازیم. من می‌خواستم ایران را در مدیریت شرکت‌های بزرگ بین‌المللی شریک و سهیم و از پیشرفته‌ترین تکنولوژی، بهره‌مند سازم.

تمام این طرح‌ها برای ایران، موجد درآمدهای بسیار و سودآور بود. از جمله در صنایع پتروشیمی، ما از سرمایه‌گذاری‌های خود، انتظار درآمدهای قابل ملاحظه داشتیم.

همکاری اقتصادی با ایران یکی از عوامل ثبات اقتصادی اروپای غربی بود و به کشورهای این منطقه، امکان می‌داد در مقابل خرید نفت، کالاهای سرمایه‌ای و تکنولوژی خود را به ممالک نفت‌خیز صادر کنند.

سیاست همکاری و تفاهم و اتحاد ما با کشورهای ساحلی خلیج فارس و اقیانوس هند، بر منافع مشترک و احترام متقابل نسبت به اصول حقوق بین‌الملل استوار بود و موجب تحکیم روابط این منطقه‌ی حساس با دنیای غرب می‌شد. کشورهای غربی، نه تنها به لحاظ نوع‌دوستی و رعایت اصول انسانی، بلکه از نظر حفظ و صیانت منافع خود، باید به حل و فصل مسایل ومشکلات کشورهای بسیار فقیر و عقب‌مانده‌ی جهان، توجه خاص و فوری مبذول دارند. چنان‌که بارها گفته و نوشته‌ام، اگر یک نهضت جهانی برای کمک به کشورهای تهی‌دست جهان، تحقق نیابد، وقوع یک فاجعه‌ی بین‌المللی غیرقابل اجتناب خواهد بود. ما برای نجات جهان از این فاجعه، تنها به حرف اکتفا نکردیم و هر چه در امکان داشتیم، انجام دادیم.

تشکیل حزب رستاخیز، یک اشتباه بود

یکی از اشتباهات دوران سلطنت من، تشکیل حزب رستاخیز در اسفند ۱۳۵۲ (چهارم مارس ۱۹۷٤) بود که به توصیه‌ی من صورت گرفت. هدف من از این پیشنهاد، آن بود که همه‌ی گروه‌های صنعتی و اجتماعی بتوانند آزادانه در این حزب، عقاید و نظرات و انتقادهای سازنده‌ی خود را ابراز دارند و از طریق این حزب، همگان در اداره‌ی امور مملکتی شریک و سهیم شوند و امکان شناسایی استعدادها فراهم شود. میل داشتم حزب رستاخیز ملت ایران، یک مکتب آموزش سیاسی و تربیت استعدادها و گسترش حس مسئولیت اجتماعی باشد. تشکیل این حزب، به موازات اجرای سیاست عدم تمرکز اداری صورت گرفت. هدف من آن بود که رستاخیز، عامل تحکیم مبانی وحدت ملی و در حقیقت مکمل سیاست عدم‌تمرکز باشد. آرزو

داشتم زنان و مردان ایرانی، با حس تحرک و دلبستگی خود به ایران‌زمین، از حزب رستاخیز، سازمانی فعال و فراگیر و مؤثر به‌وجود آورند.

متأسفانه این تجربه، با ناکامی روبرو شد. پرزیدنت انورالسادات نیز در مصر ناچار شد حزب واحد را از میان بردارد و کشورش را به نظام چندحزبی برگرداند.

قدر مسلم این است که حزب رستاخیز ملت ایران، در تحقق هدف‌های خود، توفیق نیافت و نتوانست به آرمان همکاری و گفت و شنود ملی و بسیج همه‌ی نیروهای جامعه در راه ترقی وطن، جامعه‌ی عمل بپوشاند. ناگفته نماند که زنان ومردان بسیاری، به‌خصوص در میان جوانان، با شوق و شور در این حزب فعالیت کردند.

ناکامی دیگر سیاست ما، آن بود که در آماده‌سازی و تربیت کادر لازم برای اداره‌ی امور مملکت، توفیق کامل به‌دست نیاوردیم. البته این عدم توفیق، موقت، و در حال رفع بود. ولی موجب بروز مشکلات و برخوردهای اجتماعی و انسانی شد. همچنین سیاست تأمین مسکن ما، مقرون به توفیق نبود و یکی از تنگناهای پیشرفت ملی محسوب می‌شد.

مبارزه با زمان

پیش‌بینی من آن بود که ما خواهیم توانست در ظرف سه یا چهار سال بر این مشکلات فائق آییم. مدارس عالی فنی ما می‌توانستند طی چهار سال، چهار دوره‌ی فارغ‌التحصیل به جامعه تحویل دهند و تعداد زیادی متخصص فنی در سطوح پایین‌تر، می‌بایست به بازار کار وارد شوند. طی این سه یا چهار سال، تولید فولاد کشور به ده‌میلیون تن در سال بالغ می‌شد. تولید فرانسه، ۲۵ میلیون تن است و این برنامه‌ی تولید ما برای اواخر قرن بیستم بود. در این مدت، تأسیسات بندری عظیم چاه‌بهار در نزدیکی مرز پاکستان و نیز تأسیسات بندرعباس به پایان می‌رسید و حتی کشتی‌های پانصدهزارتنی

می‌توانستند در آن‌جاها پهلو گرفته و یا در خشکی، تعمیر شوند. در این مدت برنامه‌های بزرگ دیگری نیز چون توسعه‌ی خطوط آهن و ساختمان شاهراه‌های سرتاسری، به ثمر می‌رسید.

ما آماده بودیم که هر روز، ۵ تا ٦ میلیون بشکه نفت از چاه‌های خود استخراج و صادر کنیم، تا با عواید آن بتوانیم زیربنای لازم را برای ورود به قرن بیست و یکم به‌وجود آوریم.

مبارزه‌ی من، مبارزه با زمان بود. که شاید اکنون همه متوجه مفهوم و هدف آن بشوند و دریابند چرا انقلاب در سال ۱۳۵۷، وقوع یافت و همه چیز را متوقف کرد. اگر برای من این امکان باقی می‌ماند که دوران کوتاهی را که در پیش داشتیم، بدون دشواری عمده و با کامیابی بگذرانم و به سرمنزل مقصود برسم، ملت ایران از قدرت و رفاه بی‌مانندی برخوردار می‌شد.

باید قبول کنم که برای دفاع از کشور خود و نظام سیاسی آن، در مقابل دروغ‌پردازی‌ها و تبلیغات سوء، کار مهمی انجام ندادیم. اکنون من به‌خوبی متوجه شده‌ام که چه برنامه و ترتیبات وسیع و حساب‌شده‌ای بر ضد ما به مرحله‌ی اجرا درآمد. من، آن‌چنان به‌خودم اطمینان و اعتماد داشتم که به حملات و اهانت‌ها و دروغ‌پردازی‌ها اعتنایی نکردم و سرانجام زنان و مردان، و به‌ویژه جوانان بسیاری، دست‌خوش تبلیغات سوء و انحرافی شدند. بخش بزرگی از جوانان ایران، متوجه هدف‌ها و آرمان‌های من نشدند و شاید امروز دریافته باشند که چه اشتباهی کردند.

در بیست و هشتم مرداد ۱۳۵۷ (۵ اوت ۱۹۷۸)، به ملت ایران وعده دادم که انتخابات صحیح و آزاد در پایان دوره‌ی قانون‌گزاری انجام خواهد شد. در آن موقع، ایران، حکومتی توانا و مسئول داشت. ولی امروز مسئول امور کشور کیست؟

هنگامی که این سطور را می‌نویسم، قانون اساسی ایران پایمال شده و هیچ چیز جای آن را نگرفته است. مجلسی به نام خبرگان، مرکب از ۷۳ نفر

که شصت تن از آنان ملا هستند، به تدوین اصول و موادی سرگرم است که کمترین ارتباطی با دموکراسی و تحقق حاکمیت ملی ندارد.

به محض این که من وعده‌ی انتخابات آزاد را به ایرانیان دادم، یک بسیج همگانی بر ضد این سیاست، آغاز شد. زیرا نمی‌خواستند ملت ایران، آزادنه رأی و نظر خود را ابراز دارد.

من اطمینان دارم که انجام انتخابات آزاد، به استقرار و تحقق یک دموکراسی واقعی منتهی می‌شد. زیرا همه‌ی مبانی آن آماده شده بود. از آن‌جا که ما با هدف خود،یک قدم بیشتر فاصله نداشتیم، لازم بود که مانع پیروزی ما شوند. و چنین شد. بدین‌سان، مرتجع‌ترین و فاسدترین عناصر، با گروه‌های چپ افراطی هم‌داستان و هم‌راه شدند تا سدی در مقابل پیشرفت ایران و تحقق حاکمیت کامل ملی به‌وجود آورند.

مرا متهم کرده‌اند که می‌خواستم ایرانیان را، علیرغم خواست خودشان، خوشبخت کنم. هدف من آن بود که ایرانیان را علیرغم دشمنان‌شان، علیرغم ائتلاف عوامل مخرب، به رفاه و خوشبختی برسانم، نه علیرغم میل و اراده‌ی خودشان.

برای جلوگیری از توفیق من، مرتجع‌ترین و متعصب‌ترین عوامل مذهبی، که رویه و رفتارشان با نص و روح اسلام، منافات کامل دارد، با مخربان حرفه‌ای، آدم‌کشان و غارت‌گران ائتلاف کردند و بدین‌ترتیب، اتحاد نامقدس و شوم سرخ و سیاه برای ویرانی و نابودی ایران، به‌وجود آمد و کار خود را آغاز کرد.

قسمت چهارم
اتحاد لعنتی سرخ و سیاه

فصل اول
نقش وسایل ارتباط جمعی

طی سال اخیر، وسائل ارتباط جمعی، نقش قابل‌ملاحظه‌ای در جریان‌های سیاسی ایران ایفا کردند که متأسفانه، در بسیاری از مواقع، با واقع‌بینی و حقیقت‌گویی همراه نبوده است.

من کاملاً قبول می‌کنم که خبرنگاری که به ایران اعزام شده، برای تهیه‌ی مقاله و گزارش خود، اتفاق کوچک یا اغتشاشی را بزرگ جلوه دهد. اما نمی‌توانم بپذیرم که سه کشته و ده زخمی یک حادثه، به ده‌ها کشته و صدها زخمی تبدیل شود. متأسفانه در طی دوران نابسامانی اوضاع ایران، وسائل ارتباط جمعی، عالماً و عامداً به‌بزرگ کردن وقایع و تحریف حقایق پرداختند و افکار عمومی را متشنج و بر ضد ایران بسیج کردند.

البته این رویه تازگی ندارد و مبارزه‌ی بعضی از وسائل ارتباط جمعی با ایران، در سال ۱۳۳۷ و از هنگامی آغاز شد که ما کوشیدیم حاکمیت خود را بر صنایع نفت مستقر کنیم. این مبارزه پس از سال ۱۳۵۲ و کوشش من برای فروش نفت به قیمتی عادلانه، روزبه‌روز شدت یافت. من فراموش نمی‌کنم که بعد از نطق موهن و تهدیدآمیز آقای سایمن، وزیر دارایی

وقت آمریکا در باره‌ی من و سیاست کشورهای صادر کننده‌ی نفت، لحن مطبوعات غربی، به‌تدریج تغییر یافت و مرا مسئول افزایش قیمت نفت، و گناهکار اصلی دانستند.

کوشش کردند نارضایی قابل‌فهم مردم عادی کشورهای غربی، و از جمله رانندگان وسائل نقلیه را، از گرانی قیمت بنزین، به‌طرف من منحرف کنند و مرا مقصر معرفی نمایند. اتومبیل‌رانان غربی فراموش می‌کردند که قسمت اعظم قیمت بنزینی که مصرف می‌کنند، یا عوارض و مالیاتی است که نصیب خزانه‌ی عمومی کشورشان می‌شود و یا سودی است که عاید شرکت‌های بزرگ نفتی می‌گردد. نفع همه در آن بود که مسئولیت خود را پنهان کنند و شاه ایران را مقصر جلوه دهند.

شاید کم‌تر کشوری به‌قدر ایران، جوانان خود را به تحصیل در ممالک خارجی، مخصوصاً ایالات متحده آمریکا، تشویق کرده باشد. همه‌ی این دانشجویان، توقعات بیش‌تری داشتند و غالباً فراموش می‌کردند که از امکانات و وضع استثنایی برخوردارند.

در پاییز ۱۳۵٦، هنگامی که به‌اتفاق شهبانو در ایالات متحده آمریکا بودم، در ویلیامزبورگ، صدها دانشجوی ایرانی، در مقابل اقامت‌گاه ما تظاهرات گرم و پرشور و محبت‌آمیزی نسبت به من انجام دادند. من به میان آنان رفتم و با تنی چند به گفتگو پرداختم. کمی دورتر چند نفر نقاب‌دار، با پرچم و علامت داس و چکش، بر ضد من تظاهرات می‌کردند. چرا آن‌ها نقاب به صورت داشتند؟ به‌گفته‌ی مطبوعات غربی از بیم ساواک. ولی حقیقت آن بود که اکثر آن‌ها ایرانی نبودند و آشوب‌گران حرفه‌ای بودند که در مقابل دریافت مزد، به تظاهرات می‌پرداختند. حقیقت این است که در این تظاهرات، تعداد طرفداران من پانصد تن و شمار مخالفان، حدود پنجاه تن بودند. فردای آن روز، در مطبوعات، تعداد تظاهرکنندگان معکوس بود. شمار موافقان را پنجاه و مخالفان را پانصد تن اعلام کرده بودند. هنگام ورود ما به واشنگتن،

هزار تن از ایرانیان مقیم آمریکا به استقبال ما آمده بودند. بار دیگر چند تن آشوبگر نقاب‌دار با چوب و چماق و زنجیر به ایرانیان حمله کردند. باز هم مطبوعات آمریکا به طرف‌داری از مهاجمان پرداختند. حتی یکی از آن‌ها سئوال کرد چه کسی به طرف‌داران شاه مزد می‌دهد، اما هیچ کس نپرسید آشوب‌گران از کجا می‌آیند و چه کسی آن‌ها را رهبری می‌کند!

واقعیت این است که چه در داخل و چه در خارج از کشور، کوشش بزرگی برای انحراف و مشوب کردن اذهان جوانان و دانشجویان ما به عمل آمد که آنان را به اغتشاش و براندازی تشویق کنند. شنیده‌ام که هزینه‌ی این برنامه‌ی تخریبی، که نزدیک به ۲۵۰ میلیون دلار بود، از طرف دولت لیبی تأمین گردید.

رویه‌ی بنگاه سخن‌پراکنی انگلستان (بی.بی.سی.) نیز شگفت‌آور بود. از آغاز سال ۱۹۷۸، برنامه‌های فارسی این بنگاه، صریحاً و عملاً در مخالفت و ضدیت با من تنظیم می‌شد. گویی یک‌دست نامریی، همه‌ی این برنامه‌ها را تنظیم و رهبری می‌کند.

من فکر می‌کنم که بعضی از جراید غربی، با ذکر ارقام دروغین در باره‌ی کشتگان حوادث مختلف و تخریب حقایق، فقط قصد داشتند میزان فروش خود را بالا ببرند.

چگونه می‌توانیم در این رهگذر، به وضع خاص پیرمردی که در نوفل‌لوشاتو منزل داشت، و از این دهکده، علناً، با استفاده از وسائل ارتباط جمعی جهان غرب، ایرانیان را به آدم‌کشی و شورش دعوت می‌کرد، اشاره‌ای نکنیم؟

می‌دانم که بسیاری از فرانسویان از این وضع، ناراضی، ناراحت و متعجب بودند و هستند. هنگامی که پیرمرد مورد اشاره از عراق اخراج شد، من می‌توانستم از دولت فرانسه بخواهم که مانع فعالیتش بشود. ولی می‌دانستم این تقاضا حاصلی نخواهد داشت. زیرا این پیرمرد، بازیچه‌ی

ناتوانی در دست دشمنان خارجی ایران بود و بس.

البته باید گفت که بسیاری از روزنامه‌نویسان، با شرافت و صداقت و خونسردی، حقایق اوضاع ایران را بازگو کردند. در زمان سلطنت من، همه‌ی خبرنگاران خارجی، چه موافق و چه مخالف، می‌توانستند آزادانه به ایران بیایند و هر چه می‌خواهند بنویسند. راستی چه هیاهویی به‌پا می‌شد اگر در آن زمان دولت ایران، محدودیت‌هایی مشابه آن‌چه امروز هست، برای آنان به‌وجود می‌آورد. در آخرین هفته‌های سلطنت من، رادیو و تلویزیون ایران، اخبار و تصاویر همه‌ی تظاهرات داخل مملکت را پخش می‌کردند.

قبل از پایان این فصل، باید به جرایدی اشاره کنم که با شرافت و واقع‌بینی هشدارهای مرا در باره‌ی آینده، منعکس کردند. به‌عنوان مثال، در پاییز ۱۳٥٦، «آرنودوبورگ گراو» خبرنگار مجله‌ی نیوزویک، با من مصاحبه‌ای کرد و نظر مرا در باره‌ی سناریویی که در دانشگاه‌های جنگ اروپا مطرح شده بود، پرسید.

سناریو این بود: یک رژیم دست‌چپ افراطی، در ایران مستقر شده و در مقابل احساس خطر، از شوروی تقاضای کمک می‌کند. شوروی‌ها قبول کرده و با یک لشکرکشی برق‌آسا، از دریای خزر تا خلیج فارس را تحت تصرف و کنترل خود در می‌آورند.

خبرنگار نیوزویک از من پرسید:

به عقیده‌ی شما، با توجه به رویدادهای ویتنام، زئیر، آنگولا و... عکس‌العمل ایالات متحده‌ی آمریکا چه خواهد بود؟

پاسخ دادم:

بسیاری از آمریکایی‌ها، حتی بعضی از اعضای مجلسین آن کشور ظاهراً اطلاع ندارند که ایران و ایالات متحده، یک قرارداد دوجانبه‌ی بسیار مهم با یکدیگر امضا کرده‌اند که طبق آن، آمریکا موظف است در صورتی که یک کشور کمونیست، یا تحت نفوذ کمونیست‌ها به ایران حمله کند، به کمک

ما بشتابد. پس باید ایالات متحده تصمیم بگیرد که به تعهدات خود عمل خواهد کرد یا نه. ما ایرانیان هرگز از تعهدات خود سر باز نخواهیم زد.

خبرنگار نیوزویک مجدداً اصرار کرد و گفت:

آیا تصور نمی‌کنید که ممکن است در صورتی که خطری متوجه تأمین نفت مصرفی کشورهای غربی نشود، ایالات متحده به‌نحوی با مسکو توافق نماید؟

پاسخ دادم:

باید دانست در چه هنگام و به چه قیمت، آمریکاییان از خود عکس‌العمل نشان خواهند داد و خطر جنگ را خواهند پذیرفت. این نکته‌ی روشنی نیست و بستگی به برداشت شما آمریکایی‌ها از چگونگی تأمین منافع خودتان دارد و احترامی که برای انجام تعهدات خود قائل هستید. آیا قبول خواهید کرد که یک رژیم مستقل متحد و دوست شما سرنگون شود؟

خبرنگار نیوزویک سپس این نکته را یادآور شد که مجموع دیون کشورهای توسعه‌نیافته به ممالک پیش‌رفته، به ۲۵۰ میلیارد دلار بالغ می‌شود. و اضافه کرد که سه کشور سوئد، کانادا و هلند قبول کرده‌اند که از دریافت نزدیک به یک میلیارد دلار از مطالبات خود، چشم بپوشند و به این ترتیب، کشورهای بدهکار امیدوارند به لغو کلیه‌ی تعهدات خود نسبت به بستانکاران توفیق یابند. من در این زمینه ابراز شک و تردید کردم و گفتم:

من به توفیق گفت و شنود شمال و جنوب، امید بسیار داشتم. متأسفانه این مجمع به بیان شکوه‌ها و شکایت‌ها گذشت. در حال حاضر دنیای غرب در آن حد از توانایی نیست که از وصول مطالبات خود چشم بپوشد، ولی اگر در پایان قرن حاضر، آیین نوینی در مناسبات و روابط اقتصادی میان کشورهای پیش‌رفته و ممالک عقب‌افتاده، به مرحله‌ی اجرا در نیاید و مشکل دیون، به نحوی حل نشود، خطر بروز جنگ وجود خواهد داشت. نه منطقی است، نه قابل قبول و نه منطبق با اصول اخلاقی، که نود درصد

از منافع ثروت جهان، فقط در اختیار ده درصد از نفوس کره زمین باشد.

پس از آن، برای مجله‌ی نیوزویک، عقاید شناخته‌ی شده‌ی خود را در این زمینه بازگو کردم:

توزیع مجدد ثروت‌های موجود، مطرح نیست. چرا که مشکل را فقط برای چهار یا پنج سال حل خواهد کرد. باید به کشورهای در حال توسعه کمک کرد که از حالت عقب‌افتادگی خارج شوند و برای خود، منابع جدید ثروت به‌وجود آورند. ایالات متحده‌ی آمریکا، کشورهای اروپای باختری و ژاپن، بیش از سایر ممالک به انجام این برنامه‌ی کمکی قادرند. حتی شرکت‌های چند ملیتی که تاکنون رویه‌ی سیاستی کوته‌بینانه داشته‌اند، می‌توانند در این رهگذر مفید واقع شوند.

قبلاً چندین بار یادآور شده بودم که کشورهای کمونیست نیز می‌توانند در این زمینه، نقش و سهمی مفید و مؤثر داشته باشند، زیرا آن‌ها هم دارای منابع عظیم ثروت هستند و از یک تکنولوژی پیش‌رفته برخوردارند که آن را به قیمتی مشابه آمریکا، نه ارزان‌تر، به کشورهای جهان سوم می‌فروشند. اکنون نیز عقیده دارم و می‌گویم که کشورهای کمونیست نیز باید در جستجوی یک راه‌حل جهانی برای مشکل تأمین نیرو، شریک باشند و مانند اروپای غربی و ژاپن، قبول مسئولیت نمایند.

البته بیان حقیقت آسان، و دفاع از آن، کم‌خطر نیست...

فصل دوم
شاگردان جادوگر

در خارج از ایران چنین تصور می‌شود که رهبران اصلی حوادث اخیر، انحصاراً روحانیون شیعه هستند که تعداد آنان در حدود شصت هزار نفر است.

این برداشت تصوری باطل بیش نیست که رفع اشتباه در این‌جا ضروری به‌نظر می‌رسد.

قبلاً یادآور شدم که پدرم قصد داشت در سال ۱۳۰٤، حکومت جمهوری را در ایران اعلام کند و مخصوصاً جامعه‌ی روحانیت، به‌عنوان این که دیانت با جمهوری سازگار نیست، مانع اعلام و اجرای این تصمیم شد.

هنگامی که پس از استعفای پدرم به سلطنت رسیدم، من نسبت به حفظ و صیانت قانون اساسی و مذهب شیعه‌ی اثنی‌عشری، سوگند یاد کردم و از آن پس، همواره در ایفای تعهد خود کوشیدم و انحرافی از اجرای تعالیم عالیه‌ی اسلام، مبنی بر عدالت و صداقت و رئوفت نداشتم و همیشه خداوند متعال را حافظ و راهنمای خود دانستم.

پیش‌تر یادآور شده‌ام که در سال‌های قبل، سلب اختیارات قضایی و

آموزشی از روحانیون، باعث نارضایی گروهی از آنان گردید و گفتم چگونه یک اقلیت محدود و مرتجع، به مخالفت با اصلاحات اساسی من، به‌خصوص تقسیم اراضی و آزادی زنان پرداخت.

من یقین دارم که در مقابل این اقلیت محدود، اکثریت قاطع جامعه‌ی روحانیت، با سیاست من موافق بود. آن‌ها به‌خوبی می‌دانستند که ما، در راه ترقی و تعالی ایران پیش می‌رویم و صمیمانه با من همراه بودند. هنگامی که در بهار ۱۹۷۸ (۱۳۵۷) برای زیارت مرقد امام هشتم شیعیان به مشهد رفتم، جمعی کثیر از روحانیون، وفاداری و پشتیبانی خود را نسبت به من ابراز داشتند و در این شهر مقدس، با استقبالی عظیم روبرو شدم.

مبارزه‌ی سیاسی با من، از میان جامعه‌ی روحانیت آغاز نشد. بلکه در اواخر سال ۱۹۷۶، گروهی از چپ‌گرایان و محافل سیاسی غیرمذهبی، با برخورداری از حمایت شخصیت‌ها و گروه‌های سیاسی خارجی، مبارزه و شایعه‌پراکنی و دروغ‌پردازی را آغاز کردند.

در اوایل سال ۱۹۷۸، تنی چند از روحانیون در متن این مبارزه‌ی تخریبی ظاهر شدند و سپس به‌تدریج که کار نابسامانی و اغتشاش بالا گرفت و بی‌نظمی بر کشور حاکم شد، تعداد بیش‌تری از آنان، به این جریان پیوستند. اما بسیاری از آنان در مقابل ارعاب و وحشتی که اکنون در ایران وجود دارد، ناچار شدند مهر سکوت بر لب زنند و یقین است که با آشوب‌گران، همداستان نیستند.

رهبری اقلیت آشوب‌گر و فریب‌خورده‌ی جامعه‌ی روحانیت، از نوفل‌لوشاتو، به‌وسیله‌ی پیرمردی که ادعا می‌کرد به نام خدا سخن می‌گوید، صورت گرفت. من تردیدی ندارم که اکثریت جامعه‌ی روحانیت ایران، اکنون از وضع دلخراش کشورمان و رنج‌های بی‌پایان هم‌وطنان‌شان در عذاب هستند و سیاستی را که هزاران قربانی داشته، ده‌ها هزار خانواده را پریشان و بی‌پناه کرده و ایران را به ویرانی کشانده، تأیید نمی‌کنند، زیرا آن‌چه

امروز در ایران انجام می‌شود، صریحاً مخالف اصول مقدس اسلام است.

گروهی از کسانی که اکنون ظاهراً بر ایران حکومت می‌کنند، با وجود اشتباهات، فجایع و جنایاتی که به نام آنان صورت گرفته و یا احتمالاً خودشان مرتکب شده‌اند، به‌هر حال یا در کسوت روحانیت و یا متدین هستند. آرزومندم که این اشخاص، هر چه زودتر متوجه خطاهای خود بشوند و به راه راست باز گردند و دریابند که انقلاب امروز ایران، در راه خدا و قرآن نیست، بلکه در خدمت بدکاران و بداندیشان است. آن‌ها به روشنی می‌بینند که اکنون همه‌ی آشوب‌گران حرفه‌ای و مخالفین دیانت و اسلام، به اردوی آنان پیوسته‌اند. آن‌ها به‌خوبی می‌بینند که بر اثر اتحاد شوم سرخ و سیاه، کارگردانان جریان‌های تخریبی و انقلابیون کمونیست حرفه‌ای، اندک‌اندک زمام همه‌ی امور را در ایران به‌دست می‌گیرند. حزب توده، برای استقرار و توسعه‌ی نفوذ خود، نیاز به فقر و بی‌کاری و نابسامانی و نفرت دارد و این هدیه‌ای است که شاگردان جادوگری که امروز تصور می‌کنند بر ایران حاکمند، تقدیم حزب توده کرده‌اند.

اگر این وضع ادامه یابد، دیری نخواهد پایید که همه چیز برای استقرار قدرت نهایی حزب توده، آماده خواهد شد و ملاهایی که در این ماجرا، کارگردان بوده‌اند، در آتشی که خود برافروختند، خواهند سوخت و پیروان‌شان را نیز خواهند سوزاند.

فصل سوم
عزاداری‌های پیاپی و جنایت آبادان

مطبوعات جهان برای نخستین بار طی سال ۱۹۷۸ (۱۳۵۷) از تروریسم در ایران سخن گفتند. حقیقت این است که از سال‌ها پیش، من و وزیران و فرماندهان ارتش، هدف سوءقصدها و توطئه‌ها بودیم.

من دو بار به‌طور معجزه‌آسا از خطر سوءقصد نجات یافتم. جریان نخستین سوءقصد را قبلاً یادآور شده‌ام. بار دوم در ۲۱ فروردین سال ۱۳۴۳(۱۰ آوریل ۱۹۶٤) بود که سرباز جوانی به‌نام شمس‌آبادی، به هنگام ورود به دفترکارم در کاخ مرمر، مرا هدف قرار داد و دو تن از محافظان من، به قیمت جان خود، او را از پای درآوردند. تحقیقات بعدی نشان داد که یک بار دیگر، چپ‌گرایان افراطی، توطئه را ترتیب داده بودند. مغز متفکر این توطئه، شخصی بود بنام پرویز نیک‌خواه که به ده سال حبس محکوم شد و اندکی بعد، من وی را عفو کردم. پس از رهایی از زندان، نیک‌خواه جزء طرفداران پابرجای سلطنت شد و به‌همین علت، پس از حوادث اخیر، تیرباران گردید. همدستان نیک‌خواه در این توطئه، غالباً مهندسان فارغ‌التحصیل از دانشگاه منچستر بودند که آن‌ها را نیز عفو کردم.

در ١٦ اسفند ۱۳۲۹، نخست‌وزیر وقت، سپهبد رزم‌آرا در مسجد شاه

تهران، به‌دست یک متعصب مذهبی کشته شد.

اول بهمن ۱۳٤٤ (ژانویه ۱۹٦٦) نخست‌وزیر وقت حسنعلی منصور، به‌دست یک متعصب مذهبی دیگر موسوم به محمد بخارایی، از پای درآمد. بسیاری از افسران ارشد امرای ارتش ایران (از جمله سرلشکر موسوی، سرلشکر طاهری، سپهبد فرسیو) به دست تروریست‌ها به‌قتل رسیدند. طی سال‌های ۱۳۵۱و۱۳۵۲، سه سرهنگ آمریکایی نیز در کوچه‌های تهران به‌دست تروریست‌ها از پای درآمدند.

صورت اسامی کسانی که قربانی تروریست‌ها شدند، طولانی است. بسیاری از آن‌ها هیچ‌گونه مسئولیتی در کارهای دولتی یا امنیتی نداشتند.

از اواخر ۱۳۵۵به بعد، حمله به رژیم ایران از یک پشتیبانی مؤثر خارجی برخوردار شد. صلیب سرخ بین‌المللی و انجمن بین‌المللی حقوق‌دانان و نیز چند سازمان دیگر، تقاضا کردند که برای تحقیق به ایران بیایند. من این تقاضا را پذیرفتم، به این شرط که گروه‌های بررسی، گزارش‌ها و توصیه‌های خود را در اختیار ما بگذارند تا بتوانیم بر اساس آن‌ها، به تغییرات و اصلاحات لازم بپردازیم. بیش‌تر این پیشنهادات و توصیه‌ها را هم انجام دادیم. شاید بی‌فایده باشد اگر بگویم که مطبوعات جهانی در باره‌ی اصل گزارش‌ها و انتقادهای آنان، هیاهوی بسیار به‌پا کردند. اما تصمیمات و اصلاحات ما را از یاد بردند و در بوته‌ی اجمال گذاشتند.

در آغاز سال ۱۳۵۷، ناگهان عملیات تروریستی و براندازی خاتمه یافت ومن دریافتم که طرح دیگری در حال تکوین است. ناگهان سیاست‌مدارانی که تا آن موقع، مهر سکوت بر لب زده بودند، به‌روی صحنه ظاهر شدند. واضح بود که گردانندگان بازی، بر اثر ناکامی تروریسم، تغییر روش داده بودند.

نخستین گردانندگان این بازی جدید، اشخاص ثروتمندی بودند که در پرتو حمایت رژیمی که آنرا شدیداً محکوم می‌کردند، به مال و مکنت و

ثروت رسیده بودند، و از حمایت‌ها و ارتباطات زیادی در کشورهای غربی برخوردار بودند. این‌ها یکباره هیاهو و عوام‌فریبی خود را آغاز کردند و درخواست داشتند که در ایران، یک دموکراسی پارلمانی واقعی، برقرار شود

من هم طرفدار یک دموکراسی واقعی بودم که به استقلال و تمامیت ایران صدمه‌ای وارد نسازد. ولی نمی‌خواستیم که به قیمت یک شبه‌دموکراسی عوام‌فریبی و حزب‌بازی بر ایران حاکم شود.

از این پس تبلیغات مداوم و هیاهوی این «آزادی‌خواهان»، روز به‌روز توسعه یافت. هر چه بیش‌تر، من در راه آزادسازی تشکیلات گام می‌نهادم و تصمیماتی در جهت تأمین خواسته‌های آنان اتخاذ می‌کردم، بر نابسامانی اوضاع افزوده می‌شد و هر تدبیری را تعبیر به ضعف می‌کردند.

چون کار به درازا کشید و کسانی که هوای کسب قدرت را داشتند، به مقصود خود نرسیدند، بازیگران جدیدی به‌روی صحنه آمدند و چند تن از ملاها کارگردانی طرح تخریب را به‌دست گرفتند و سرانجام اتحاد سرخ و سیاه، قطعیت یافت.

نخستین اغتشاشات در شهر مقدس قم روی داد که طی آن شش نفر به قتل رسیدند. از این پس برپا کردن مراسم عزاداری به مناسبت سوم، هفتم، و چهلم کشته‌شدگان، بهانه‌ی برپایی تظاهرات، ایجاد اغتشاش و تحریک به قتل گردید تا هر بار بتوان مراسم عزاداری جدیدی برای مقتولین به‌پا کرد و آتش خشم و تعصب را برانگیخت. البته از دیدگاه مذهبی، چنین سوءاستفاده‌ی شرم‌آوری از غم و اندوه دیگران، قابل قبول نیست. به من گزارش دادند که در مقابل در ورودی گورستان‌ها، گروهی آشوب‌گر حرفه‌ای، هر جنازه‌ای را از اقوام متوفی به زور و عنف گرفته و در اطراف آن تظاهرات به‌پا می‌کردند و آن را یک قربانی جدید ساواک قلمداد می‌کردند.

چندی قبل از آن نیز افراد سالمی را با مرکورکرم به صورت زخمی درآورده، در مقابل دوربین‌های خبرنگاران بی‌اطلاع یا مغرض خارجی قرار

داده بودند. چنین روش‌هایی احتیاج به توصیف ندارد.

عمل غیرقابل بخشش دیگر آشوب‌گران، سوءاستفاده از زودباوری و احساسات دانشجویان بود. ابتدا دانشگاه‌ها را به آشوب کشیدند و سپس برای گسترش نابسامانی، به تحریک در مدارس متوسطه و ابتدایی پرداختند و متأسفانه موفق شدند.

البته من انتظار نداشتم که جوانان ایران، محافظه‌کار باشند و می‌دانستم که برای آرمان‌های خود، حاضر به تلاش و فداکاری هستند. اما نمی‌دانستم که فریب دروغ‌پردازان و آشوب‌گران را خواهند خورد.

اشتباه بزرگ ما آن بود که از وسائل ارتباط جمعی خود، برای مبارزه با اندیشه‌های مخرب استفاده نکردیم و با جوانان به گفت‌وشنود نپرداختیم. یقین است که در این صورت بسیاری از آنان، تحت تأثیر اندیشه‌های ویران‌گر قرار نمی‌گرفتند.

حتی در این موقع، اکثریت ایرانیان هنوز از سیاست من پشتیبانی می‌کردند. استقبالی که در مشهد، به‌هنگام زیارت مرقد مطهر امام هشتم شیعیان، از من شد، نشانی از این پشتیبانی و دلبستگی بود. چند هفته‌ی بعد، هنگامی که جمشید آموزگار نخست‌وزیر، به تبریز رفت، سیصدهزار تن در یک اجتماع بزرگ، برای پشتیبانی از دولت، شرکت کردند.

جمشید آموزگار را در تابستان ۱۳٥٦ به نخست‌وزیری انتخاب کردم. در این انتخاب، هم به مسائل سیاست خارجی توجه داشتیم، و هم به مسائل سیاست داخلی. آموزگار، در مقام نماینده‌ی ایران در کنفرانس‌های نفتی و مذاکرات اوپک، از شهرت بین‌المللی قابل ملاحظه‌ای برخوردار شده بود. وی تحصیلات عالیه‌ی خود را در رشته‌ی مهندسی در ایالات متحده به پایان رسانیده بود و در آن کشور دوستان بسیار داشت. به صداقت و درست‌کاری شهرت داشت و علاوه بر این، دبیرکل حزب رستاخیز بود و می‌توانست از پشتیبانی آن برخوردار شود.

تصمیم من دائر بر تغییر نخست‌وزیر و انتصاب آموزگار به جای هویدا، دلیل عدم رضایت از هویدا نبود. من نسبت به این شخصیت تحصیل‌کرده و خدمتگزار که سیزده سال مصدر امور بود، محبت فراوان داشتم. اما هویدا جداً خسته شده بود و خود نیز بی‌علاقه نبود که اندکی از مسئولیت رهبری امور دولت، دور شود.

برای این که اعتماد و اطمینان خود را نسبت به هویدا نشان داده باشم، وی را به وزارت دربار شاهنشاهی منصوب کردم که در این سمت می‌توانست هم طرف مشورت قرار گیرد، و هم هر روز با من ملاقات داشته باشد.

از ابتدای تشکیل دولت آموزگار، بر ضرورت سیاست آزادسازی سیاسی، به شرط آن که موجب تخریب کشور نشود، تأکید کردم. یک‌سال بعد به مناسبت جشن مشروطیت، یادآور شدم که ایران به سرعت دارای یک حکومت دموکراسی، مشابه دموکراسی‌های غربی خواهد شد و تعهد کردم که انتخابات کاملاً آزاد، پس از پایان دوره‌ی قانون‌گذاری صورت خواهد گرفت و در چهارچوب قانون اساسی، هر شخصیت و یا گروه و حزب مخالف خواهد توانست به فعالیت سیاسی و انتخاباتی بپردازد.

فصل چهارم
حقایق در باره‌ی سازمان اطلاعات و امنیت کشور

به موازات آغاز عملیات تروریستی، سازمان اطلاعات و امنیت کشور، آماج حملات بین‌المللی قرار گرفت. آیا اگر تروریست‌ها ایران را به‌خاک و خون نمی‌کشیدند، ساواک مجبور به مداخله و شدت‌عمل می‌شد و مورد حمله قرار می‌گرفت؟

تهمت‌های زیادی به ساواک وارد شده است. از جمله گفتند میلیون‌ها نفر از ایرانیان برای آن سازمان کار می‌کردند. اگر چنین است، باید پرسید این میلیون‌ها نفر کارمند ساواک که قاعدتاً می‌بایست وفادار باشند، هنگامی که حکومت در معرض مخاطره قرار گرفت، کجا بودند؟ حقیقت این است که تعداد کارمندان ساواک در آغاز سال ۱۹۷۸، سه‌هزار و دویست تن بودند، و در پایان این سال از چهار هزار نفر تجاوز نمی‌کرد.

سازمان‌های مشابه ساواک در همه‌ی کشورهای جهان وجود دارد که وظیفه‌ی آن‌ها حفظ و پاسداری امنیت داخلی و خارجی هر کشور است. به‌عنوان مثال باید به «کا جی بی» در اتحاد جماهیر شوروی و «سیا» در ایالات متحده‌ی آمریکا، «اینتلیجنس سرویس» در بریتانیای کبیر و «اس دی ای سی ای» در فرانسه اشاره کرد.

چه دلیل داشت که ما ایرانی‌ها فعالیت تروریست‌ها را در سرزمین خود بپذیریم، ولی ایتالیایی‌ها مجاز باشند با بریگاد سرخ، یا آلمان‌ها با گروه معروف «بادر» مبارزه کنند. چرا کسی تعجب نکرد وقتی که در یک روز و در آن واحد، شش زندانی در آلمان با شلیک گلوله خودکشی کردند و هیچ‌کس نپرسید چگونه آن‌ها اسلحه به‌دست آورده بودند؟

مبارزه با خراب‌کاری کمونیست‌ها

ساواک پس از ماجرای مصدق، به‌منظور مبارزه با عملیات براندازی کمونیست‌ها در ایران تشکیل شد. من نمی‌خواستم نسبت به رویه‌ی دول غربی در برابر کمونیست‌ها، اظهار نظر و قضاوت کنم. ولی فراموش نکنیم که ایران دارای یک مرز مشترک طولانی با اتحاد جماهیر شوروی است. گرچه ما موفق شدیم با این کشور روابط مودت‌آمیز حسن همجواری و همکاری اقتصادی برقرار کنیم، با این وجود باید بگویم که پس از جنگ جهانی دوم، مناسبات ما خالی از اشکال و نشیب و فراز نبود. زیرا در سال‌های جنگ و تا ۱۳۲۵، قسمتی از خاک ایران در اشغال نیروهای شوروی بود و سپس در آخرین ماه‌های حکومت مصدق، حزب توده چنان قدرت یافته بود که امید داشت ایران را تحت تسلط خود درآورد. پس ما ناچار شدیم، نه به‌خاطر دفاع از رژیم، بلکه به‌خاطر حفظ تمامیت ملی، این حزب را غیرقانونی و ممنوع اعلام کنیم.

ایجاد ساواک، به‌منظور مبارزه با فعالیت‌های براندازی خارجی و داخلی علیه استقلال و تمامیت ارضی ایران بود. مسئولیت بنیان‌گذاری ساواک در سال ۱۳۳۲ به سپهبد تیمور بختیار تفویض شد. وی در این کار، از «سیا» کمک خواست. تعداد زیادی از کارمندان ساواک، برای طی دوره‌های آموزشی به آمریکا رفتند و در اداره‌ی مرکزی «سیا» به کارآموزی پرداختند. هم‌چنین دوره‌های کارآموزی و بازآموزی انفرادی و دسته‌جمعی، برای کارمندان

سازمان اطلاعات و امنیت کشور در غالب سازمان‌های اطلاعاتی اروپای غربی ترتیب یافت تا با روش‌های آنان آشنایی حاصل کنند.

سپهبد بختیار تا سال ۱۳۴۰ بر سر کار بود. در این تاریخ، من این شخص جاه‌طلب و طماع را از کار برکنار کردم، زیرا از قدرت خود برای تأمین منافع شخصی استفاده می‌کرد و از توسل به روش‌های خشونت‌آمیز امتناع نداشت. بختیار به خارج اعزام شد و در بیروت به توطئه بر ضد ایران مشغول گشت و چند سال بعد بر اثر یک سوءقصد در عراق به قتل رسید.

نقش ساواک و قدرت آن

در ایران، مثل هر کشور دیگر خائن و جاسوس خرابکار حرفه‌ای وجود داشت. دولت ما و فرماندهی قوای مسلح ما به‌خاطر دفاع از امنیت ملی، مجبور بودند از فعالیت آنان آگاه باشند و با آن‌ها به مبارزه بپردازند. این کار، وظیفه و نقش ساواک بود. ساواک در مقام یک سازمان اطلاعات و ضدجاسوسی عمل می‌کرد و فعالیت داخلی آن، به‌عنوان ضابط دادگستری بود که این وظیفه هم به توصیه‌ی قضات بین‌المللی، در این اواخر از آن سلب، و به شهربانی و ژاندارمری محول شد.

هسته‌ی اولیه‌ی ساواک از گروهی از افسران مورد اعتماد نیروهای مسلح تشکیل شده بود که به نوبه‌ی خود، کارمندان دیگری از میان کادر نیروهای مسلح و یا فارغ‌التحصیلان دانشگاه‌ها انتخاب و استخدام کردند. در نهایت امر، کارمندان غیرنظامی در ساواک، کاملاً اکثریت داشتند.

دخالت ساواک در امور مربوط به دادگستری، کذب محض است. جریان دادرسی در ایران، کاملاً شبیه به کشورهای غربی بود. با حق استفاده از وکیل مدافع، حق تقاضای استیناف و مراجعه به دیوان عالی کشور. در آخرین ماه‌های ۱۹۷۸، مقررات مربوط به بازپرسی نیز تغییر یافت و به متهمان اجازه داده شد که حتی در مراحل بازجویی از حضور وکلای عدلیه استفاده کنند

مخالفان نظم و امنیت و ترقی ایران در باره‌ی فعالیت‌های ساواک، دروغ‌پردازی‌های بسیار کرده‌اند. از جمله این‌که تعداد «زندانیان سیاسی» در ایران بین بیست و پنج هزار تا یکصد هزار نفر بوده است. حال آن که طبق یک گزارش محرمانه که از طرف مخالفین رژیم تهیه شده و بر ضد ساواک مورد استفاده قرار گرفته است، طی نه سال، یعنی از ۱۹۶۸ الی ۱۹۷۷، تعداد کل کسانی که به دلایل سیاسی، به‌وسیله‌ی ساواک توقیف شدند، دقیقاً سه هزار و صد و شصت و چهار (۳۱۶٤) نفر بوده است.

در هیچ کشوری، رییس مملکت، مسئول اعمال پلیس و یا سازمان‌های اطلاعاتی نیست که معمولاً زیر نظر وزیر جنگ و یا نخست‌وزیر فعالیت می‌کنند.

در ایران، ساواک مستقیماً زیر نظر نخست‌وزیر بود. معمولاً رؤسای ممالک به تقاضای وزیر دادگستری، از حق عفو و بخشودگی در مورد محکومین استفاده می‌کنند. من نیز با گشاده‌دستی از این حق خود استفاده کردم.

با احساس تأثر بسیار اطلاع یافتم که مرحوم هویدا، نخست‌وزیر سابق و نیز سرلشکر پاکروان، ارتشبد نصیری و سپهبد ناصر مقدم رؤسای پیشین ساواک، قبل از این که به دست دژخیمان به قتل برسند، همه اظهار داشتند، هیچ‌گاه دستوری از من در مورد نحوه رفتار با یک زندانی، یک متهم، یا یک محکوم دریافت نداشته‌اند.

طبق قانون، من حق تخفیف و عفو و بخشودگی مجازات‌ها را داشتم و چنان که گفتم، پیوسته با گشاده‌دستی و بدون محدودیت از این حق استفاده کردم. مخصوصاً همه‌ی کسانی را که به‌جان من سوءقصد کرده بودند، حتی علیرغم مخالفت دادگستری، مورد عفو قرار دادم.

طبیعتاً من نمی‌توانم از کلیه‌ی عملیات ساواک دفاع کنم. چه بسا ممکن است با تعدادی از زندانیان بدرفتاری شده باشد. ولی به‌صراحت می‌گویم

که همواره دستور می‌دادم از هر نوع رفتار بد و توأم با خشونت اجتناب شود. هنگامی که صلیب سرخ بین‌المللی در مقام تحقیق پیرامون فعالیت‌های ساواک برآمد، دستور دادم همه‌ی زندان‌ها را به روی نمایندگان این سازمان بگشایند و به کلیه‌ی توصیه‌های آن‌ها عمل کردیم و از آن پس دیگر از کسی شکایت نرسید.

در این‌جا باید الزاماً حساب تروریست‌ها را از حساب زندانیان سیاسی جدا کرد. برخورد میان تروریست‌ها و ساواک، با کارمندان سایر سازمان‌های انتظامی، غیرقابل اجتناب بود و ناچار تلفاتی نیز داشت. هیچ‌کس تروریست‌ها را به آتش‌افروزی و غارت و کشتار ملزم نکرده بود. آن‌ها آزادانه راه خشونت را اختیار کرده بودند.

در باره‌ی زندانیان سیاسی به معنی خاص کلمه، و نه آتش‌افروزان و خرابکاران، باید صراحتاً بگویم که هرگز با آنان بدرفتاری نشد. هیچ‌کس نمی‌تواند نام یک مرد سیاسی را که به‌دست ساواک نابود شده باشد، ذکر کند

در زمستان ۱۳۵۷، ارتشبد ازهاری نخست‌وزیر وقت دستور داد ارتشبد نصیری، رییس سابق ساواک، و تنی چند از کارمندان این سازمان بازداشت و زندانی شوند. من با این تصمیم مخالفت نکردم. زیرا که امیدوار بودم دستگاه دادگستری دقیقاً به اتهامات آن‌ها رسیدگی خواهد کرد و اگر بی‌گناه باشند، تبرئه خواهند شد. ولی نمی‌توانم در مورد رفتار به اصطلاح دادگاه‌های انقلابی با آنان، که برخلاف همه‌ی اصول عدالت بود، سکوت اختیار کنم، همه‌ی رؤسای ساواک، بدون محاکمه و بدون حق دفاع به قتل رسیدند. حتی سرلشکر پاکروان که بیش‌تر فیلسوف و دانشمند بود تا نظامی، و در دوران ریاستش هیچ‌کس از ساواک شکایتی نداشت.

آن حقوق‌دانان بین‌المللی کجا هستند که هر وقت یک تروریست در مبارزه‌ی مسلحانه با مأمورین انتظامی کشته می‌شد، فریادشان به آسمان می‌رسید؟ وسائل ارتباط جمعی بین‌المللی، این جنایتکاران را به قهرمانان

آزادی و خرابکاران کمونیست را به مدافعان حقوق بشر تبدیل کردند. امروز، چه کسی نسبت به فجایع و جنایاتی که در ایران صورت می‌گیرد، اعتراض می‌کند؟ به استثنای چند نویسنده و روزنامه‌نگار با شهامت، هیچ‌کس

فصل پنجم
تدارک برای ویرانی ایران

در شش ماه اول سال ۱۳۵۷، اندک‌اندک، آشوب و ناامنی سراسر کشور را فرا گرفت. برای کاهش تشنج و سلب بهانه از مخالفین، تدابیر مختلفی اتخاذ شد که از جمله آن‌ها آزادی صدها تن از زندانیان سیاسی بود.

در تابستان بر اثر اغتشاشات شدید در اصفهان، دولت مجبور شد در آن شهر حکومت نظامی اعلام کند. ولی اجرای برنامه‌ی ویرانی ایران آغاز شده بود و گویی دیگر جلوگیری از آن، امکان نداشت.

در اوائل شهریور (اواخر اوت) سپهبد مقدم رییس سازمان اطلاعات و امنیت کشور، مذاکرات خود را با یکی از مراجع مهم مذهبی برایم نقل کرد که از من می‌خواست به یک اقدام وسیع و نمایشی برای جلوگیری از سقوط و ویرانی کشور دست بزنم. طبیعتاً نسبت به این پیام و تقاضا بی‌اعتنا نماندم. ولی چه می‌شد کرد؟ ناچار شدم از نخست‌وزیر جمشید آموزگار بخواهم استعفا دهد و دولت جدیدی را با اختیارات و آزادی عمل بیشتر، روی کار آوردم. این تصمیم من یک اشتباه بزرگ بود. زیرا آموزگار مردی بود پاکدامن و با حسن‌نیت که شاید می‌بایست در آن هنگام در رأس امور

باقی بماند.

اعلام حکومت نظامی

جانشین وی، جعفر شریف‌امامی، خواست یک‌باره بر گذشته خط بطلان کشد. رابطه‌ی خود را با حزب رستاخیز قطع کرد، بدون آن‌که اعتبار و نفوذی نزد مخالفان بیابد. برای جلب نظر محافل مذهبی، تقویم شاهنشاهی را لغو کرد و مجدداً تقویم هجری را رسمیت بخشید و همچنین کازینوها و قمارخانه‌ها را تعطیل کرد.

با این حال تظاهرات و اغتشاشات هم‌چنان ادامه یافت. تا آن‌جا که دولت مجبور شد در تهران و هشت شهر دیگر، مقررات حکومت نظامی را اجرا نماید. نخستین روز اجرای این مقررات در تهران، هفدهم شهریور (هشتم سپتامبر) است که مخالفان و وسائل ارتباط جمعی بین‌المللی آن را «جمعه‌ی سیاه» نامیدند.

در پاسخ نمایندگان مجلسین راجع به تعداد تلفات، نخست‌وزیر گفت که ۸۵ جواز دفن، پس از این حوادث صادر شده و وی مسئولیت همه‌ی برخوردهای ناشی از اجرای قانون را شخصاً می‌پذیرد.

با وجود اجرای مقررات حکومت نظامی، آشوب و نابسامانی، هم‌چنان ادامه و گسترش یافت. پاسبانان، ژاندارم‌ها و سربازان در این ایام از خود خونسردی و حسن رفتار عجیبی نشان دادند و هرگز در مقام انتقام‌جویی به‌خاطر همقطاران متعددشان، که به دست آشوب‌گران کشته می‌شدند، برنیامدند.

بدیهی است اگر مقررات حکومت نظامی به دقت اجرا می‌شد، می‌بایست دادگاه‌های نظامی تشکیل شود و متخلفین از مقررات به مجازات برسند. ولی در حقیقت اعلام حکومت نظامی، جنبه‌ی اخطار داشت و سربازان فقط به‌روی آتش‌افروزان، غارت‌گران و گروه‌های مسلح آتش

گشودند و در هر حال، مجموع این تدابیر، آرامشی پدید نیاورد.

گروه‌های مسلح، از کمیته‌هایی که در پناه مساجد تشکیل می‌شد، دستور می‌گرفتند. در این هنگام بود که علناً گفته شد میان اسلام و کمونیسم، منافاتی وجود ندارد. این نظر غریب، به وسیله‌ی مجاهدین خلق عنوان شد که در لبنان و لیبی، آموزش دیده بودند.

در این هنگام مطبوعات چپ‌گرای غربی، سخن از خشونت و ارعاب و وحشت می‌راندند. نه از آنچه تروریست‌ها ایجاد کرده بودند بلکه از آنچه در خیال آن‌ها ناشی از پلیس و ساواک بود.

در همین هنگام بود که جراید غربی شماره‌ی «زندانیان سیاسی» را چند هزار تن اعلام کردند. واقعیت این است که در این موقع شماره‌ی زندانیانی که به علت داشتن پرونده‌های جنایی محکومیت پیدا کرده بودند و هنوز در زندان به‌سر می‌بردند، از سیصد نفر تجاوز نمی‌کرد. مقایسه‌ی این دو رقم حیرت‌انگیز است. به‌خصوص اگر به‌یاد بیاوریم که طی مدت نه سال گذشته، تعداد کسانی که به دلایل سیاسی بازداشت گردیده بودند، دقیقاً سه هزار و صد و شصت و چهار نفر بود.

به طور وضوح، ما یک دوره‌ی انقلابی را طی می‌کردیم که برنامه‌ی آن به دقت تدارک شده بود. در شهرهایی که حکومت نظامی وجود داشت، گروه‌های کوچک تروریستی و براندازی، مسلح به سلاح‌های خودکار و مواد منفجره، جنگ‌های چریکی شهری را آغاز کردند. متعاقب آن، حمله به ابنیه‌ی عمومی، مدارس، بیمارستان‌ها، بانک‌ها و سازمان‌های دولتی آغاز شد. هدف نهایی، تخریب سریع اداری، اقتصادی و فرهنگی کشور بود.

سفرهای کریم سنجابی و مهدی بازرگان

در مقابل بن‌بست، سعی کردم یک دولت اتحاد ملی تشکیل شود. آقای عبدالله انتظام شخصی کهن‌سال و خوش‌نام، قبول کرد که با وجود

بیماری، ریاست این دولت را به‌عهده گیرد و بکوشد که اعضای به‌اصطلاح جبهه‌ی ملی به عضویت آن درآیند. به این منظور با کریم سنجابی و سایر اعضای گروه‌های مخالف تماس گرفتم. اما شرایط آن‌ها غیرقابل قبول بود. به‌یاد آوریم که کریم سنجابی تازه از نوفل‌لوشاتو برگشته بود. مقارن همین زمان، رییس انجمن ایرانی حقوق بشر، مهدی بازرگان، مقاطعه‌کار و تاجری ثروتمند نیز سفری به نوفل‌لوشاتو کرد و پس از اقامتی کوتاه در لندن، به تهران بازگشت. چند روز بعد، پایتخت دچار آشوب و اغتشاشی عظیم شد. در دانشگاه تهران و سایر مدارس عالی و متوسطه، شعارهای خشونت‌آمیز در جهت دعوت به آشوب و «انقلاب اسلامی» داده می‌شد. به قوای انتظامی دستور داده شده بود که از حرکت تظاهرکنندگان جلوگیری کنند، ولی در حد امکان و جز در صورت ضرورت قطعی از تیراندازی خودداری نمایند. آشوب‌گران، در غرب و مرکز بیش‌تر بانک‌ها، صدها مغازه و فروشگاه، ده‌ها هتل و عمارات بزرگ، سالن‌های سینما و بناهای دولتی را به آتش کشیدند و غارت کردند. حتی قوای انتظامی نتوانستند از آتش زدن قسمتی از سفارت بریتانیای کبیر جلوگیری کنند. ساختمان وزارت اطلاعات مورد حمله قرار گرفت و غارت شد.

توقیف امیرعباس هویدا

در پایان این روز، دولت شریف‌امامی استعفا داد و من از ارتشبد غلامرضا ازهاری، رییس ستاد ارتش خواستم که کابینه‌ی جدید را تشکیل دهد.

ازهاری مردی بود صدیق و شریف و خوش‌نام که همواره از دخالت در امور سیاسی احتراز می‌جست. در این هنگام از شخصیت‌های سیاسی هیچ‌کس داوطلب نخست‌وزیری نبود و ارتشبد ازهاری این مسئولیت را به‌عنوان یک وظیفه‌ی سربازی پذیرفت. او نیز کوشید با تدابیری مخالفان را آرام کند و پیش از هر چیز تصمیم به بازداشت دوازده تن از شخصیت‌ها،

از جمله امیرعباس هویدا گرفت. ارتشبد ازهاری به‌من گفت، تنها یک محاکمه‌ی واقعی خواهد توانست این شخصیت‌ها را در برابر مردم، روسفید کند. من چندان به این استدلال عقیده نداشتم. ولی هویدا، که هنوز مورد احترام من بود، آماج اصلی حملات مخالفان بود. گرچه هدف اصلی خود من بودم.

اندکی قبل از این ماجرا به هویدا پیشنهاد کرده بودم که به‌خارج برود و سمت سفارت ایران در بروکسل را بپذیرد. او آن‌قدر به خود اعتماد داشت که از قبول پیشنهاد من سر باز زد. بعداً در باره‌ی جریان وحشتناک قتل وی سخن خواهم گفت.

امیدها و نومیدی‌ها

در نخستین روزهای دولت ارتشبد ازهاری، آرامش نسبی در کشور برقرار شد. اعتصاب تا حد زیادی کاهش یافت و تولید روزانه‌ی نفت خام، مجدداً به پنج میلیون و سیصدهزار بشکه رسید. دستور اعتصاب عمومی که برای روز دوازدهم نوامبر از نوفل‌لوشاتو صادر شده بود، با شکست کامل مواجه گشت. در بسیاری از شهرهای بزرگ چون تهران، اصفهان، مشهد و تبریز مردم به تظاهر و مقابله با مخربین پرداختند. آن‌چه ما می‌خواستیم صلح و صفای عمومی و آشتی ملی بود. بنابراین دولت سعی کرد از برخورد گروه‌های مخالف و موافق جلوگیری کند.

علاوه بر زندانیانی که قبلاً آزاد شده بودند، دولت ارتشبد ازهاری یک عفو عمومی و کامل اعلام کرد و آخرین زندانیان سیاسی، غیر از آدم‌کشان از زندان خارج شدند.

ما در این هنگام با ائتلافی از نیروهای مسلح مخالف، رودررو نبودیم، بلکه با یک بسیج عمومی همه‌ی قوای مخرب برای نابودی ایران نو و مترقی مواجه بودیم که برای نیل به این منظور می‌بایست دودمانی که مکرراً مانع

سقوط کشور شده بود، از اریکه‌ی قدرت کنار گذاشته شود.

در این هنگام بود که اعتصاب‌های وسیع سیاسی برای به‌زانو درآوردن کشور آغاز شد: تهران و شهرهای بزرگ هر روز چند ساعت فاقد برق بودند. وسائل نقلیه‌ی عمومی تعطیل شد، کارمندان سازمان آب و شبکه‌ی نفت و بنزین و سپس بانک‌ها و وزارت‌خانه‌ها اعتصاب کردند. هدف این کوشش‌ها، فلج کردن فعالیت مردم ایران بود تا دولت در مقابل ویران‌گران ناچار به تسلیم شود. مردم بیکار و سرگردان و در نتیجه خشن و ناراضی در کوچه‌ها و خیابان‌ها قدم می‌زدند. کارگران و کارمندانی که از شرکت در اعتصاب خودداری می‌کردند، مورد تهدید قرار می‌گرفتند. ما به‌خوبی می‌دانیم که برای فلج کردن شبکه‌ی توزیع برق یا نفت، پنج و یا شش نفر کافی است. و همین باعث شد که اعتصاب انقلابی، توفیق یابد. زیان‌هایی که در طی دو ماه اعتصاب عمومی به چاه‌ها و پالایشگاه‌های نفت وارد آمد، از حد و حساب بیرون است. و بدین‌سان کوشش برای برقراری نظم و آرامش و جلوگیری از سقوط کشور، بار دیگر با ناکامی و نومیدی مواجه شد و بدتر از همه، ارتشبد ازهاری در اواخر دی ماه ۱۳۵۷، دچار یک حمله‌ی قلبی گردید و دیگر نتوانست به کار خود ادامه دهد.

امروز بعضی‌ها به من سرزنش می‌کنند که چرا با اعمال قدرت و شدت مقررات حکومت نظامی را به‌دقت اجرا نکردم و امنیت را به هر قیمت که شده، به کشور باز نگرداندم؟

مسلماً این کار ممکن بود، ولی به چه قیمت؟

امروز به من گفته می‌شود که یقیناً اجرای این تصمیم به‌مراتب کمتر از دوران خونین هرج و مرج کنونی، تلفات در بر می‌داشت. پاسخ من این است که سرزنش پس از وقوع حوادث، کار دشواری نیست. و یک پادشاه حق ندارد تاج و تخت خود را به قیمت ریختن خون هم‌میهنانش حفظ کند یک دیکتاتور می‌تواند حکومت را به نام مرامی که مدافع آن است،

با خون‌ریزی نگاه دارد. اما پادشاه، یک دیکتاتور نیست. میان شاه و ملت، پیوندی ناگسستنی وجود دارد. یک دیکتاتور تنهاست و به‌خود می‌اندیشد. یک پادشاه، تاج و تخت را از دیگری به ارث برده و باید به فرزندانش انتقال دهد. من در این فکر بودم که پس از نیل به سطح مطلوبی از توسعه‌ی فرهنگی، صنعتی، کشاورزی و فنی، تاج و تخت را به پسرم واگذار کنم.

در هفته‌های دشوار پایان سلطنتم، من قسمت مهمی از وقت خود را پای تلفن می‌گذراندم و دستورم همواره چنین بود: «کوشش کنید از خون‌ریزی جلوگیری شود.»

روزی که استاندار خراسان با ناراحتی بسیار اطلاع داد که گروهی از تظاهرکنندگان می‌خواهند مجسمه‌ی مرا واژگون کنند، به وی گفتم: در حالی که دولت در همه‌ی جبهه‌ها عقب‌نشینی می‌کند و تسلیم می‌شود، چه معنی و مفهومی دارد که برای حفظ یک مجسمه، از قوای نظامی استفاده شود؟

فصل ششم
نخست‌وزیری شاپور بختیار
مأموریت شگفت‌انگیز ژنرال هایزر

در تمام این مدت، می‌کوشیدم به خود تلقین کنم که در مقابل مخالفانی با حسن‌نیت و حس مسئولیت قرار دارم.

آنها استقرار سریع‌تر دموکراسی و مبارزه با فساد را طلب می‌کردند. من هم آرزویی جز این نداشتم و قبلاً به هر دو کار پرداخته بودم.

من می‌خواستم به هر قیمت، از توسل به زور و اعمال خشونت اجتناب کنم و در یک محیط صلح و صفا و تفاهم ملی، راه‌های قانونی برای حل مشکلات بیابم.

سرانجام به این نتیجه رسیدم که شاید یک دولت غیرنظامی با عضویت گروهی از رهبران مخالف بتواند به آشوب خاتمه دهد و وضع کشور را به حال عادی بازگرداند.

توقعات سیاستمداران مخالف

نخست به دکتر غلامحسین صدیقی، عضو جبهه‌ی ملی، مأموریت دادم تا برای تشکیل کابینه اقدام کند. دکتر صدیقی را مردی وطن‌خواه می‌دانستم و او هیچ شرطی برای قبول این مأموریت قائل نشد. فقط یک هفته برای مطالعه و بررسی از من وقت خواست که بلافاصله پذیرفتم.

دکتر صدیقی، به پیروی توقعات جبهه‌ی ملی، از من خواست که در ایران بمانم، ولی اختیارات خود را به یک شورای نیابت سلطنت تفویض کنم. این تقاضا برایم پذیرفتنی نبود. زیرا مفهومش آن بود که قبول می‌کنم قادر به سلطنت نیستم. اما باید بگویم که دکتر صدیقی، تنها سیاستمدار مخالفی بود که مصراً از من خواست ایران را ترک نکنم. در همین ایام، آقایان سنجابی و بازرگان که تازه از اروپا بازگشته بودند، به چنان تحریکات سیاسی و مخالف قانون اساسی دست زدند که دولت طبق مقررات حکومت نظامی، ناگزیر از بازداشت آنان شد.

دکتر سنجابی از زندان به وسیله رئیس ساواک سپهبد مقدم، تقاضای ملاقات مرا کرد. برای تسهیل مذاکرات و آماده‌سازی محیط، از دولت خواستم سنجابی و بازرگان را آزاد کند. پس از چند روز، تقاضای ملاقات سنجابی را پذیرفتم. او با احترام بسیار دست مرا بوسید و نسبت به مقام سلطنت و شخص من، ابراز وفاداری بسیار کرد و گفت که حاضر است مقام نخست‌وزیری را قبول کند، به شرطی که من به بهانه‌ی «استفاده از تعطیلات» راهی خارج شوم. او نه می‌خواست شورای نیابت سلطنت تشکیل شود، که تشکیل آن قانوناً الزامی بود، و نه می‌خواست از مجلسین رأی اعتماد بگیرد من از قبول توقعات سنجابی سر باز زدم و در حالی که شرایط روزبه‌روز دشوارتر می‌شد، در جستجوی راه‌حل دیگری برآمدم.

آیا واقعاً رهبران سیاسی مخالف، متوجه وخامت اوضاع و خطراتی که کشور را تهدید می‌کرد، بودند؟ آیا می‌دانستند که دیگر مسئله‌ی حفظ

امتیازات و برآوردن توقعات‌شان مطرح نیست، بلکه حیات و ممات ایران در میان است؟

نخست‌وزیری شاپور بختیار

بی‌نظمی و اغتشاش در گردش چرخ‌های اقتصاد کشور، اعتصابات پیاپی و تظاهرات خیابانی، عملاً زندگی جامعه را فلج کرده بود. میزان تولید نفت خام که در مواقع ضروری عادی ۵/۸ میلیون بشکه بود، در روز چهارم دی ماه ۱۳۵۷ به ۱/۷ میلیون بشکه رسید که فاجعه‌ای برای اقتصاد ایران محسوب می‌شد. صدور گاز به شوروی، دچار اختلال و اشکال شده بود.

در این هنگام بود که شاپور بختیار، یکی از اعضای جبهه‌ی ملی، به‌وسیله‌ی سپهبد مُقدم، رییس ساواک از من تقاضای ملاقات کرد. من قبلاً به وسیله‌ی جمشید آموزگار نخست‌وزیر سابق، تماسی با بختیار داشتم و همچنان به کوشش خود برای تشکیل یک دولت ائتلافی ادامه می‌دادم. در این اواخر، در حالی که کریم سنجابی همچنان به اظهارات تحریک‌آمیز خود ادامه می‌داد، شاپور بختیار روشی معتدل‌تر داشت و تقریباً سکوت کرده بود. در نتیجه شاپور بختیار را به حضور پذیرفتم.

اگر اشتباه نکنم، سپهبد مقدم شخصاً وی را شبانه و در خارج از ساعات متعارف ملاقات، به کاخ نیاوران هدایت کرد. بختیار در این ملاقات، مکرراً نسبت به مقام سلطنت ابراز وفاداری کرد و کوشید به من ثابت کند که تنها کسی است که می‌تواند در آن دوران دشوار، دولت تشکیل دهد. او می‌گفت مایل است تمام ترتیبات مندرج در قانون اساسی را رعایت کند. بدین معنی که قبل از مسافرت من به‌خارج از کشور به‌عنوان تعطیلات، یک شورای نیابت سلطنت تشکیل شود و از دو مجلس، رأی اعتماد بگیرد. این شرایط برای من قابل قبول بود. بختیار با دشواری کابینه‌ی خود را تشکیل داد و از مجلسین رأی اعتماد گرفت. اما فرصت نیافت برنامه‌ی خود را که برای خبرنگاران وسائل ارتباط جمعی جهانی شرح داده بود، به مرحله‌ی اجرا

درآورد. جالب آن که از همان روز نخست، دوستان سیاسی‌اش در جبهه‌ی ملی، برای سقوط او کوشیدند. عجب این است که در این هنگام، کسی در پی بازگشت آرامش و تجدید فعالیت اقتصادی نبود و تنها مسئله‌ی مورد علاقه‌ی رهبران کشور، سرنوشت پادشاه بود.

بعضی از اطرافیان به منظور آرام‌سازی محیط، به من توصیه می‌کردند چند هفته‌ای از ایران دور شوم. فرماندهان ارتش از من می‌خواستند در کشور باقی بمانم تا نیروهای مسلح، از هم پاشیده نشوند.

حوادث ایران، در این هنگام در رأس کلیه‌ی اخبار جهان قرار داشت. اکنون می‌توانم صریحاً بگویم که هفته‌ی قبل از این وقایع، من احساس می‌کردم که کار از کار گذشته است. از نزدیک به دو سال پیش، من تغییری در رویه‌ی آمریکایی‌ها احساس می‌کردم. می‌دانستم که بعضی از آن‌ها با برنامه‌های تسلیحاتی ایران موافق نیستند و بیم دارند که افسران و متخصصینی که در خدمت ارتش ایران بودند، روزی گروگان شوروی‌ها شوند. آیا واقعاً آمریکایی‌ها مایل به الغای قرارداد دو جانبه میان ایران و ایالات متحده بودند و می‌خواستند از ایفای تعهدات خود سر باز زنند؟ من این سئوال را رسماً با دولت آمریکا در میان گذاشتم. جواب داده شد:

«ایالات متحده آمریکا به تعهدات خود وفادار خواهد ماند.»!

چندی بعد با دوست خود، نلسن راکفلر ملاقاتی داشتم. ناگهان از او سئوال کردم: «آیا ممکن است آمریکایی‌ها و شوروی‌ها دنیا را بین خود تقسیم کرده باشند؟»

راکفلر جواب داد:

«قطعاً نه» و بعد افزود: «لااقل تا جایی که من اطلاع دارم.»

در شهریور ۱۳۵۷، هنگامی که بحران جدی‌تر شد، سفرای آمریکا و انگلیس نزد من آمدند و پشتیبانی دولتین متبوع خود را اعلام داشتند و گفتند بر خلاف سال ۱۹۵۱، در تأیید سیاست دولت ایران، اتفاق‌نظر کامل دارند

اخطار روزنامه‌ی پراودا

تا اوایل تابستان، من مرتباً سفیر اتحاد جماهیر شوروی را می‌دیدم و تقریباً در هر ملاقات، او به من در زمینه‌ی تفاهم، دوستی و همکاری دولت متبوعش اطمینان می‌داد. در این موقع سفیر شوروی به مرخصی رفت و پس از بازگشت به تهران، دیگر او را ندیدم. با این حال، اوضاع ایران موجب نگرانی شوروی‌ها بود. برای مثال کافی است به مقاله‌ای که در اواسط پاییز در روزنامه‌ی پراودا انتشار یافت، اشاره کنم. در این مقاله، از جمله عبارات زیر به‌چشم می‌خورد:

«اتحاد جماهیر شوروی که دارای روابط حسنه با ایران است، صراحتاً اعلام می‌کند که با هر گونه مداخله‌ی نامشروع در امور داخلی این کشور، از هر جا و به‌هر شکل و به‌هر بهانه‌ای‌که باشد، مخالفت خواهد کرد. جریان‌هایی که در ایران می‌گذرد، صرفاً جنبه‌ی داخلی دارد و باید انحصاراً به‌دست ایرانیان حل و فصل شود. همه‌ی کشورها باید با توجه به حق حاکمیت و استقلال ایران و با رعایت منشور سازمان ملل متحد، از دخالت در امور این کشور اجتناب ورزند. واضح است که هر نوع دخالتی در امور ایران، که کشوری است هم‌مرز با اتحاد جماهیر شوروی، و به‌خصوص یک دخالت نظامی، همانند عملی بر ضد امنیت و منافع اتحاد جماهیر شوروی تلقی خواهد شد.»

در پانزدهم آذر، ایالات متحده آمریکا، رسماً اعلام داشت که به‌هیچ صورت در ایران مداخله نخواهد کرد.

با این حال سفرای دولتین آمریکا و انگلیس در ملاقات‌های خود تکرار می‌کردند: «ما همچنان از شما پشتیبانی می‌کنیم»!

در طول پاییز و زمستان، مرتباً این دو سفیر، مرا به ادامه و گسترش

آزادسازی تشویق می‌کردند. من شخصاً با اصل این سیاست موافق بودم، ولی فکر می‌کردم که در دوران اغتشاش و ناامنی و بدون داشتن کادر سیاسی لازم، به فاجعه منتهی خواهد شد.

عجب در این که غالباً، شخصیت‌ها یا فرستادگانی از آمریکا به‌دیدار من می‌آمدند و سیاست مقاومت و اعمال قدرت را توصیه می‌کردند و چون از سفیر ایالات متحده می‌پرسیدم که رویه‌ی واقعی آن دولت چیست، می‌گفت که دستوری دریافت نکرده است.

از منابع مختلف، اطلاعات دیگری به من می‌رسید. چند هفته قبل از آن نماینده‌ی «سیا» را در ایران به‌حضور پذیرفتم. از توخالی بودن سخنانش متعجب شدم. هنگامی که صحبت از آزادسازی سیاسی شد، خنده‌ی شادی بر لبانش نقش بست و معلوم شد می‌خواهد از این موضوع با من صحبت کند، نه در باره‌ی امنیت منطقه!

بعد از حریق سفارت انگلیس، یکی از امرای ارتش با وابسته‌ی نظامی آن کشور ملاقاتی داشت که به وی گفت: «چه وقت متوجه خواهید شد که راه‌حل مسائل شما سیاسی است؟»

در اواخر آذر، سناتور محمدعلی مسعودی به من گزارش داد که جورج لامبراکیس، دبیر اول سفارت آمریکا به وی گفته است: «به‌زودی در ایران یک رژیم جدید وجود خواهد داشت.»

اما جریانی که بیش از همه از سوی متحدان چند ساله، موجب تعجب من شد، مأموریت شگفت‌انگیز ژنرال هایزر در ایران بود.

مأموریت شگفت‌انگیز ژنرال هایزر

در اوایل بهمن ماه خبری حیرت‌انگیز به من گزارش شد که ژنرال هایزر، چند روزی است در تهران اقامت دارد. من در هفته‌های اخیر از هیچ چیز تعجب نمی‌کردم. ولی ژنرال هایزر، شخصیت کوچکی نبود. وی

در مقام معاونت فرماندهی کل نیروهای پیمان آتلانتیک شمالی چند بار به تهران آمده و هر بار از من تقاضای ملاقات می‌کرد.

مسافرت‌های ژنرال هایزر همواره از چند هفته‌ی قبل برنامه‌ریزی می‌شد، ولی این بار جنبه‌ای اسرارآمیز داشت. نظامیان آمریکا، با هواپیماهای خود می‌آمدند و می‌رفتند و طبیعتاً تابع تشریفات معمول نبودند. از امرای ارتش در باره‌ی مسافرت ژنرال هایزر سئوال کردم. آن‌ها هم چیزی نمی‌دانستند. حضور او در ایران واقعاً شگفت‌انگیز بود و نمی‌توانست اتفاقی و بدون دلایل بسیار مهم باشد.

حضور وی در ایران، کم‌کم علنی شد و روزنامه‌های شوروی نوشتند که ژنرال هایزر برای تدارک یک کودتای نظامی به ایران آمده است. در حقیقت درج این مطلب یک نوع اخطار بود. اندکی بعد روزنامه‌ی هرالد تریبیون چاپ پاریس، به شوروی‌ها و سایر دول اطمینان داد که ژنرال هایزر، نه برای تدارک یک کودتا، بلکه برای جلوگیری از آن به ایران سفر کرده است. و سرانجام روشن شد که نگرانی اصلی رهبران آمریکا، وقوع یک کودتای نظامی در ایران است.

آیا چنین خطری وجود داشت؟

تصور نمی‌کنم. زیرا افسران ارتش ایران به دفاع از تاج و تخت و حفظ قانون اساسی سوگند یاد کرده بودند و مسلماً تا هنگامی که از این قانون تخلف نمی‌شد، دست به هیچ اقدامی نمی‌زدند. احتمالاً سرویس‌های اطلاعاتی آمریکا می‌دانستند که برنامه‌ی زیر پا گذاشتن قانون اساسی در پیش است. پس می‌بایست از بروز عکس‌العمل در ارتش ایران جلوگیری کنند. هدف مسافرت ژنرال هایزر به ایران، جز این نبود.

بالاخره من یک بار ژنرال هایزر را به اتفاق سفیر آمریکا، آقای سالیوان ملاقات کردم. تنها چیزی که مورد علاقه‌ی هر دوی آن‌ها بود، دانستن روز و ساعت حرکت من از ایران بود. ژنرال هایزر، از ارتشبد قره‌باغی، رییس

ستاد ارتش خواست که ملاقاتی بین او و مهدی بازرگان ترتیب دهد. ارتشبد قره‌باغی این تقاضا را به من گزارش داد.

نمی‌دانم در این ملاقات چه گذشت. می‌دانم که ارتشبد قره‌باغی از تمام قدرت خود استفاده کرد تا فرماندهان ارتش ایران را از هر گونه اقدام و تصمیمی باز دارد. او اکنون تنها کسی است که از جریان این مطلب اطلاع دارد، زیرا فرماندهان و امرای ارشد ارتش ایران، یکی پس از دیگری به قتل رسیدند و تنها ارتشبد قره‌باغی به‌وسیله‌ی مهندس بازرگان از قتل نجات یافت.

پس از آن که من ایران را ترک کردم، ژنرال هایزر باز چندین روز در ایران اقامت داشت. در این هنگام چه گذشت؟ تنها چیزی که می‌توانم بگویم این است که ربیعی، فرمانده‌ی نیروی هوایی ایران، طی «محاکمه»اش به «قضات» گفت: «ژنرال هایزر، شاه را مثل یک موش مرده به خارج از کشور پرتاب کرد.»

فصل هفتم
جلای وطن

قرار بر این شد که شهبانو و من، پس از این که آقای بختیار از مجلسین رأی اعتماد گرفت، برای چند هفته استراحت و تمدد اعصاب ایران را ترک کنیم.

آخرین روزهای اقامت در تهران، سخت دشوار بود و شب‌ها با بی‌خوابی می‌گذشت. می‌بایست روزها هم‌چنان به کار خود ادامه دهم، حال آن که تاریخ حرکت نزدیک و نزدیک‌تر می‌شد و لحظه‌ای از وضع دلخراش ایران فارغ نبودم.

نمی‌توانم احساسات خود را به هنگامی که به اتفاق شهبانو، ایران را ترک می‌کردیم، وصف نمایم. به حکم تجربه‌ی طولانی و احساس قلبی، نسبت به آینده، سخت نگران بودم. آرزو داشتم سفر من موجب پیدایش آرامش تسکین تشنجات شود. امیدوار بودم بخت با شاپور بختیار یاری کند و وی بتواند کاری انجام دهد و سرانجام وطن از ویرانی و نابودی نجات یابد.

در فرودگاه مهرآباد بادی سرد می‌وزید. بر اثر اعتصاب کارکنان فرودگاه، تعداد زیادی هواپیما در آن‌جا متوقف بود. در پای پلکان هواپیمای سلطنتی،

مقامات مهم کشوری و لشکری از جمله شاپور بختیار نخست‌وزیر، رییس مجلس شورای ملی، چند تن از وزیران و فرماندهان نیروهای مسلح به بدرقه آمده بودند.

به همه حاضران توصیه کردم که در رفتار خود جانب حزم و احتیاط را نگاه دارند. خداوند را به شهادت می‌گیرم که آنچه می‌توانستم برای نجات خدمت‌گذاران وطن از مخاطرات احتمالی، انجام دادم.

امام جمعه تهران که در مسافرت‌های قبلی در فرودگاه حضور داشت و دعای سفر می‌خواند. این بار غایب بود. بعضی‌ها در مورد این غیبت، تعبیرات خاص کردند. حقیقت این است که او بیمار بود و متأسفانه چند هفته‌ی بعد در ژنو درگذشت. البته من مانند همیشه یک مجلد کلام‌الله مجید به همراه داشتم.

احساسات، وفاداری و صمیمیتی که در فرودگاه نسبت به من ابراز شد، واقعاً مرا سخت تحت تأثیر قرار داد. همه سکوت کرده بودند و بسیاری می‌گریستند.

آخرین تصویری که از ایران، سرزمینی که سی و هفت سال بر آن سلطنت کردم، به یاد دارم، خاطره‌ی چهره‌های سرگشته و غمگین و اشک‌آلود کسانی است که به بدرقه آمده بودند.

مرحله‌ی اول سفر ما شهر اَسوان بود که در آنجا با استقبال گرم و مردانه‌ی پرزیدنت سادات مواجه شدم. البته بزرگواری و شهامتی که در او سراغ داشتم جز این هم انتظاری نمی‌رفت. طی چند روزی که در اَسوان اقامت داشتیم، محبت و توجه خاص و میهمان‌نوازی پرزیدنت سادات و همسرش برای شهبانو و من، بسیار تسلی‌بخش بود.

پرزیدنت سادات می‌خواست که ما مدتی طولانی‌تر در مصر بمانیم، ولی من احساس می‌کردم که باید باز هم از ایران دورتر شوم. در آن موقع میل داشتم به آمریکا بروم که فرزندانم در آنجا اقامت داشتند. ولی همه ما

را از رفتن به ایالات متحده برحذر می‌داشتند.

طبق قرار قبلی، چند روزی در مراکش اقامت گزیدیم و در آنجا سلطان حسن دوم، برادرانه از ما پذیرایی کرد. هنگامی که قرار شد به باهاماس برویم، سلطان حسن، هواپیمای مراکشی را در اختیار ما گذاشت. مشکل‌ترین مراحل، اقامت ما در این جزایر بود، زیرا هر روز خبر کشتارهای ایران به ما می‌رسید. گویی این کابوس پایانی نداشت. محل اقامت ما در باهاماس، ویلایی در کنار دریا بود که هر کس می‌توانست به آن نزدیک شود. به‌همین سبب تعداد زیادی پاسبان به محافظت ما گماشته شده بودند که حضور آنان نیز خالی از اشکال نبود. تنها دلخوشی ما در آن چند روز، محبت‌های بی‌دریغ جهانگردان آلمانی و فرانسوی بود.

از همان روز اول می‌دانستیم که اقامت ما در باهاماس، جنبه‌ی موقت خواهد داشت و در جستجوی کشوری دیگر بودیم که بتوانیم برای مدتی طولانی‌تر در آن زندگی کنیم.

هنگامی که قرار بر این شد که به مکزیک برویم، بسیار خوشحال شدم. از مسافرت رسمی خود به این کشور و استقبال گرم مردم آن، خاطره‌ای بس دلپذیر داشتم. در طی همان سفر رسمی بود که با پرزیدنت لوپز پورتیو آشنا شدم و به روشن‌بینی وی در مسایل جهانی وقوف یافتم.

متأسفانه وضع مزاجی من اجازه نداد که قسمت‌های مختلف کشور مکزیک را چنان که می‌خواستم بازدید کنم. در عوض فرصت تجدید دیداری با هنری کیسینجر و ریچارد نیکسون یافتم که به من ثابت کرد حتی در میان آمریکاییان نیز دوستان وفادار می‌توان یافت.

قرار بود پرزیدنت نیکسون به‌اتفاق همسرش به دیدار ما بیاید. در آخرین لحظه، بیماری بانو نیکسون مانع مسافرت وی شد و آقای نیکسون به تنهایی نزد ما آمد. بیست و چهار ساعتی که با وی گذرانیدیم، برای شهبانو و من بسیار مطبوع و دلپذیر بود.

این دیدار برای هر دوی ما بسیار مطبوع بود. هم به‌خاطر دوستی استوارمان و هم به‌خاطر تفاهم و توافق نظری که در مسائل مهم سیاسی و بین‌المللی داشته و داریم.

پرزیدنت نیکسون یک بار قبل از انتخاب به ریاست جمهوری و یک بار دیگر در سمت رییس جمهوری به ایران سفر کرده بود و هیچ‌کس بهتر از او در نیافت که یک متحد قوی در این منطقه، چه ارزشی برای جهان غرب دارد.

فصل هشتم
حکومت وحشت

کسانی که پس از خروج من، بر ایران حکومت کرده و می‌کنند، ناتوانی و عدم مسئولیت خود را به‌طور کامل نشان دادند: شاپور بختیار خواست بر ایران حکومت کند، اما قادر به این کار نشد. مهدی بازرگان «نخست‌وزیر» جمهوری اسلامی در حد اعلای ناتوانی است، حکومت وی از لحاظ قانونی هیچ مبنایی ندارد. نه قانون اساسی هست، نه مجلس شورای ملی، نه سنا. از لحاظ سیاسی، او بازیچه‌ای بیش نیست که هر روز به سازی می‌رقصد، روزی سخنی می‌گوید و فردای آن خلافش را اعلام می‌کند و ملاها و مشاورین‌شان هر چه می‌خواهند، می‌کنند. اما دیگر حکومت و دولتی در ایران وجود ندارد

در زمستان گذشته، مهدی بازرگان اعلام کرد: «جمهوری اسلامی» که ما بنیان می‌نهیم، نه حکومت لیبی است و نه حکومت عربستان سعودی، بلکه همانند دولتی خواهد بود که طی ده سال اول خلافت علی وجود داشت.

جمهوری اسلامی در بهار سال ۱۳۵۸، رسماً اعلام شد و در حقیقت ایران را سیزده قرن به عقب برگرداند.

تعصب کورکورانه

مضحک و در عین حال غم‌انگیز این است که آقای بازرگان، قبلاً رییس انجمن ایرانی حقوق بشر بود و در زمان «نخست‌وزیر»ی وی، حکومت وحشت و ارعاب و خشونت در ایران مستقر گشت. عجب آن‌که جلادانی که بر ایران حکم می‌رانند، برخلاف همه‌ی سنت‌های اسلامی و ایرانی عمل می‌کنند، اما بی‌پروا نام خدا را بر زبان می‌آورند.

این‌ها، بیش از یازده قرن تمدن قبل از اسلام ایران را که سرتاسر افتخار و بزرگی و خلاقیت است، به دور ریخته‌اند و جز ده سال دوران خلافت علی ابن ابی‌طالب(ع)، منکر تاریخ بعد از اسلام ایران نیز هستند. متعصبین جاهلی که هنوز در ایران بر سر کارند، تصور می‌کنند که پس از دوران علی(ع)، تنها کسانی هستند که بر طبق اصول عدالت، حکومت می‌کنند. تعصبی کورکورانه و جاهلانه، اکنون وحشت و جنون و حماقت را بر کشور ما مستولی کرده‌اند.

آن‌چه منطقاً قابل فهم نیست، این است که وسائل ارتباط جمعی جهانی که قبلاً در کشور ما تعداد افراد شهربانی یا زندانیان را، هزار بار بیشتر جلوه می‌دادند و برای کشته‌های خیالی، داستان‌ها می‌ساختند، بی‌آن که خم به ابرو بیاورند، شاهد و ناظر کشتار صدها تن بی‌گناه هستند.

انجمن‌های بین‌المللی حقوق‌دانان و یا دفاع از حقوق بشر، که آن همه در باره‌ی انسانی کردن دستگاه قضاوت، داد سخن می‌دادند، پس از روی کار آمدن تفتیش عقاید و آرا و حکومت وحشت و در برابر جنایاتی که اکنون در ایران صورت می‌گیرد، مهر سکوت بر لب زده‌اند.

چرا نمی‌گویند که در دوران «حکومت» فعلی، همه‌ی حقوق متهمین و زندانیان زیر پا گذاشته شده؟ چرا به رسمی شدن مجازات‌های بدنی در ملاءعام و وحشی‌گری‌های دیگری اعتراض نمی‌کنند؟

در «دادگاه‌های انقلاب اسلامی»، یک مورد اتهام بیش‌تر وجود ندارد.

همه‌ی زندانیان را به‌عنوان مفسد فی‌الارض، محکوم می‌کنند. مفسد فی‌الارض در فقه اسلامی بر موارد کفر و الحاد، شامل می‌شود که هیچ‌گونه ارتباطی با جریان‌های «دادگاه»های اسلامی ندارد و آن‌چه در طی این محاکمات انجام شده، صریحاً و قطعاً خلاف شرع بوده است.

خمینی، تشنه‌ی خون

«دادگاه‌های اسلامی» کوچک‌ترین توجهی به ابتدایی‌ترین حقوق متهم، از جمله حق دفاع، ندارند.

«قضات» این «دادگاه»ها، هر متهمی را جانی می‌پندارند. برای آن‌ها هر کسی در زندگی سیاسی، اجتماعی و اقتصادی ایران در دوران سلطنت من شریک و سهیم بوده، مقصر است و اگر متهمی اعتراض کند و یا در مقام دفاع برآید و یا بی‌گناهی خود را اعلام دارد، مجازاتش تشدید خواهد شد. در این «دادگاه»ها، نه ارائه‌ی مدارک ضرورت دارد، نه شهادت شهود، نه دفاع وکلای داگستری از متهمان.

در آغاز بهمن ۱۳۵۷، مهدی بازرگان اعلام کرد که متهمان سیاسی، در دادگاه‌های علنی و رسمی محاکمه خواهند شد. چند روز بعد از آن، ارتشبد نعمت‌الله نصیری از محلی که در آن بود، ربوده شد و شدیداً مضروب و مورد شکنجه واقع گردید.

در شب ۲۲ بهمن، همه وی را با چهره‌ی خونین و زخم‌آلود در پرده‌ی تلویزیون دیدند که حتی قادر به سخن گفتن هم نبود. با این حال، وی در حضور جلادان خود اعلام کرد که هرگز دستور کشتار و شکنجه‌ی زندانیان را نداده است.

چهارشنبه‌ی بعد، در شب ۲۶ بهمن، ارتشبد نعمت‌الله نصیری و سه امیر وفادار دیگر ارتش ایران: سپهبد رحیمی، فرماندار نظامی تهران، سرلشکر خسروداد، فرمانده هوانیروز، و سرلشکر ناجی، فرماندار نظامی اصفهان به

دست کمیته‌ها، تیرباران شدند.

در روز ۵ اسفند، مهدی بازرگان تهدید کرد که اگر اختیارات نامحدود کمیته‌ها معین و مشخص نشود، استعفا خواهد داد.

روز پانزدهم اسفند، رسماً در این زمینه به وی اطمینان داده شد! و متعاقب آن، توقیف‌های غیرقانونی، کشتارها و جنایت‌ها دوچندان گردید. تقریباً همه‌ی فرماندهان واحدهای مختلف نیروهای مسلح ایران تیرباران شدند. سناتور علامه‌وحیدی که بیش از صد سال داشت و تعداد زیادی از افرادی که سن‌شان از هفتاد بیش‌تر بود، به‌قتل رسیدند. تعداد قربانیان «دادگاه‌های اسلامی» آن‌قدر زیاد است که تا امروز ارقام دقیقی در باره‌ی آن‌ها وجود ندارد. در میان آن‌ها، گروهی کثیر از وزرا و معاونین، سفیران، نمایندگان دو مجلس، استانداران، شهرداران و امرا و افسران ارشد و درجه‌داران و سربازان نیروهای مسلح، افسران پلیس و ژاندارمری، روزنامه‌نویسان، ناشران و خبرنگاران، قضات، وکلای عدلیه، روحانیون، پزشکان، استادان دانشگاه‌ها، قهرمانان ورزشی، بازرگانان و صاحبان صنایع و... وجود دارند. همه‌ی این‌ها، بدون محاکمه، بدون داشتن حق دفاع و بدون رعایت کوچک‌ترین اصول انسانی به‌قتل رسیدند.

خوشبختانه در زمان حکومت شاپور بختیار و پس از آن، هزاران تن از ایرانیان موفق شدند مثل خود بختیار، ایران را ترک کنند و از خطر نجات یابند.

روزنامه‌های بزرگ غربی، نامه‌ی سرگشاده‌ای از پسر بختیار خطاب به خمینی انتشار دادند که چنین ختم می‌شود:

«آقای خمینی، شما تشنه‌ی خون هستید. به دستور شما تاکنون صدها تن به قتل رسیده‌اند، بدون آن که مورد اتهام و علت محکومیت آن‌ها روشن باشد. شما چاقوکشان خود را برای غارت خانه‌ی پدرم اعزام داشتید. آیا شاپور بختیار جنایتکار است؟ پس شما که هستید که موجب مرگ هزاران جوان ایرانی شده‌اید؟

شما ننگ تاریخ هستید. شما مانع شدید که ایران به دموکراسی نائل آید. شما مسئول شهادت هزاران جوان ایرانی هستید و هرگز یک قهرمان تاریخ نخواهید شد.»

این نامه در ۸ مارس در روزنامه‌ی لوموند به‌چاپ رسید. در آن موقع هنوز، کار «دادگاه»های انقلاب اسلامی به اوج خود نرسیده بود. از آن پس بود که قتل و غارت در تهران و شهرستان‌ها، ابعاد گسترده‌تری یافت و کمیته‌ها با استفاده از جنگ‌افزارهای غارت شده، مسلح شده و به آزار و شکنجه‌ی مردم بی‌گناه پرداختند. یکی از کارگردانان اصلی این ماجراها، ابراهیم یزدی، دارنده‌ی یک گذرنامه‌ی آمریکایی بود که در دولت بازرگان، ابتدا معاون نخست‌وزیر و سپس وزیر امورخارجه شد.

در طی ماه اسفند ۱۳۵۷، بی‌گناهان بسیاری محاکمه و اعدام شدند. برای آن‌ها هیچ پرونده‌ای وجود نداشت. موارد اتهام به آنان اعلام نشده بود، طبیعتاً حق دفاع نداشتند. «محاکمات» به‌طور سری انجام می‌گرفت و «قضات»، نقاب بر چهره داشتند.

بدین‌سان بسیاری از شهود جریان‌های سیاسی و تحولات اخیر به قتل رسیدند. در نخستین روزهای به‌قدرت رسیدن پیرمرد مقیم قم، امیرانتظام سخن‌گوی دولت بازرگان اعلام داشت: «دولت و مخصوصاً وزارت دادگستری هیچگونه دخالت و نظارتی بر جریان دادرسی‌ها و آراء صادره در دادگاه‌های اسلامی ندارند»، یک بار دیگر بازرگان به‌عنوان اعتراض تهدید به استعفا کرد اما بر سر کار خود باقی ماند!

قتل امیرعباس هویدا

مهدی بازرگان در اواخر اسفند و اندکی قبل از آغاز سال نو، تقاضا کرد که «محاکمه» امیرعباس هویدا معلق شود. هویدا، در مراحل آخر زندگی‌اش از خود شجاعت، بلکه تهوری حیرت‌انگیز نشان داد. طی پائیز و زمستان

گذشته، برنامه تبلیغاتی وسیعی به منظور لکه‌دار ساختن نظام سیاسی و اداری کشور ما، در ایران و جهان به مرحله‌ی اجرا درآمد. امیرعباس هویدا آماج و هدف بیشتر این تبلیغات سوء و مخرب بود و چون مدت سیزده سال زمام امور کشور را بدست داشت. طبیعتاً بیش از هر کس مورد نکوهش و حمله قرار گرفته بود. من احساس می‌کردم که هویدا به خوبی متوجه خطری که او را تهدید می‌کند، نیست.

مسلماً اگر محاکمه‌ای عادلانه و مطابق موازین صحیح حقوقی، ترتیب می‌یافت، هویدا و چند تن از وزیرانش که قبل از وی و یا هم‌زمان با وی بازداشت شده بودند، می‌توانستند از خود دفاع کنند و برائت حاصل نمایند.

هویدا که در دومین روز تشکیل حکومت ازتشبد ازهاری بازداشت شده و تحت‌نظر بود، بر اثر اغتشاشات و گشایش همه‌ی زندان‌ها، آزاد شد و به خانه یکی از دوستان خود رفت و از آنجا به نزدیک‌ترین کمیته تلفن کرد و نشانی محل اقامت خود را داد. اندکی بعد به سراغش آمدند و زندانیش کردند و همانجا نوشتن لایحه‌ی دفاعیه‌ای را آغاز کرد. هنگامی که برای «محاکمه» احضار شد، هنوز تهیه و تدوین این لایحه به پایان نرسیده بود و تقاضای یک ماه مهلت اضافی داشت که مورد موافقت حکام وقت قرار نگرفت.

سحرگاهان وی را به «دادگاه» کشاندند و بدون اینکه حق دفاع داشته باشد به عنوان محاربه با خدا و رسول خدا محکوم به اعدامش کردند. هویدا در دادگاه گفت نه تنها من هرگز با خدا و رسول خدا محاربه نکرده‌ام، بلکه مسلمان بوده و هستم و به زیارت خانه خدا رفته‌ام. اگر فکر می‌کنید من گناهکارم، هرچه لازم است بکنید ولی فراموش نکنید که ما در کشوری زندگی می‌کنیم که قوانین آن به تصویب قوه مقننه می‌رسید و همه شما از حمایت آن برخوردارید.

بعضی‌ها می‌خواهند بدانند، به چه علت بازرگان تقاضای تعلیق محاکمه

هویدا را کرد. به نظر من علت آن است که تا آن موقع بی‌حساب و کتاب آدم‌کشی شده و کوچک‌ترین توجه به رعایت حداقل تشریفات و ظواهر قانونی و شرعی صورت نگرفته بود. هویدا مرد گمنامی نبود و مشاوران و اطرافیان آن شخص مقیم قم می‌خواستند لااقل به قتل وی شکل دنیاپسندی بدهند. پس با عجله «مقررات» خاصی برای دادگاه‌های اسلامی وضع کردند و در اوائل فروردین ۱۳۵۸ انتشار دادند، که حتی همان مقررات هم در «محاکمه» مجدد هویدا رعایت نشد.

در اوایل بهار ۱۳۵۸ امیرعباس هویدا به دست جلادان با رگبار مسلسل به قتل رسید. ولی ظاهراً قبل از مرگ بر اثر بدرفتاری‌هایی که در زندان با وی شده بود، در حال نزع بود.

هنگامی که خبر قتل هویدا به من رسید، یک روز تمام خلوت کردم و به دعا پرداختم. هویدا شاهد و ناظر بسیاری از حقایق و وقایع درباره جلادانش بود و آن‌ها می‌خواستند بهر قمیت هست او را از میان بردارند. قتل وی، جنایتی شرم‌آور بیش نبود که در همه‌ی مطبوعات جهان آزاد، با عکس‌العملی سخت و خشم‌آلود مواجه شد. دولت‌های آمریکا و انگلستان و فرانسه و آلمان و ایتالیا، رسماً از این قتل ابراز تأسف و تأثر و نگرانی کردند و حتی دبیر کل سازمان ملل متحد از این بی‌اعتنایی مقامات ایرانی نسبت به اصول عدالت اظهار تعجب کرد.

با این حال جلادان، به کار خود ادامه دادند، در روز یازدهم آوریل یکی از «دادگاه‌های انقلاب اسلامی» پس از تشریفات بسیار کوتاهی، یازده نفر را محکوم به اعدام کرد که نیم‌ساعت بعد به جوخه آتش سپرده شدند. نخستین این گروه از جان‌باختگان سرلشکر حسن پاکروان بود، تنها جرم وی آن بود که پانزده سال قبل ریاست ساواک را به عهده داشت. موافقین و مخالفین در شرافت و حس گذشت و مهربانی پاکروان اتفاق نظر داشتند وی بارها، از من عفو و آزادی زندانیان سیاسی و مخالفین و مخصوصاً

گروهی از ملاها را خواسته و بدست آورده بود.

در همان روز، سپهبد ناصر مقدم رئیس پیشین ساواک که از طرف کریم سنجابی نزد من وساطت می‌کرد، سپهبد حجت کاشانی رئیس سابق سازمان تربیت بدنی و تفریحات سالم ایران، سرلشکر علی نشاط فرمانده گارد جاویدان، سپهبد تقی مجیدی که پانزده سال پیش بازنشسته شده بود، منصور روحانی و عباسعلی خلعتبری وزیران سابق، مهندس عبدالله ریاضی رئیس پیشین مجلس شورای ملی، علامه وحیدی سناتور صدساله، سرتیپ علی بیات نماینده‌ی مجلس و غلامرضا نیک‌پی شهردار سابق تهران، به قتل رسیدند.

پس از این جنایت‌ها بود که کمیسیون بین‌المللی حقوق‌دانان صریحاً اعلام کرد که نحوه انجام محاکمات در دادگاه‌های اسلامی مخالف موازین حقوق بشر و قراردادها و موافقت‌نامه‌هایی است که ایران به آن ملحق شده. پاسخ «آن شخص» به این اعلامیه‌ی حقوق‌دانان بسیار کوتاه بود و گفت: «باید دست فاسدان را قطع کرد... باید خون ریخته شود... هرچه در ایران بیشتر خونریزی شود، انقلاب بیشتر پیش خواهد رفت...»!!

ادامه‌ی خونریزی و آدم‌کشی

در اواسط بهار (هشتم مه) پس از یک «محاکمه»ی کوتاه، بیست و یک تن دیگر بدست جلادان به قتل رسیدند. یکی از آن‌ها دکتر جواد سعید، آخرین رئیس مجلس شورای ملی و دبیر کل سابق حزب رستاخیز ملت ایران بود. در همین روز دکتر محمدرضا عاملی تهرانی وزیر سابق اطلاعات و جهانگردی و سپس آموزش و پرورش، غلامرضا کیانپور وزیر سابق دادگستری، سرلشکر فتحی‌امین فرمانده لشکر زرهی همدان، و گروهی از قضات و افسران ارتش و شهربانی به قتل رسیدند.

از ماه بهمن تا خرداد آدم‌کشی و خونریزی، حتی یک روز متوقف نشد.

بسیاری از افسران ارشد و امرای برجسته‌ی نیروهای سه گانه ارتش در این جریان به قتل رسیدند. باید یادآور شوم که قبل از آن سپهبد بدره‌ای فرمانده شجاع و شرافتمند نیروی زمینی و سرلشکر بیگلری همکار نزدیکش از پشت سر هدف گلوله قرار گرفته و به شهادت رسیدند.

در اواخر بهمن ۱۳۵۷ شاخه‌ی نظامی کمیته‌های انقلاب درخواست کرد که یک تصفیه‌ی کامل و همه جانبه در نیروهای مسلح به عمل آید و یک ارتش واقعی خلق تشکیل شود.

در این چند هفته مجموعاً، نزدیک به ۲۵۰ نفر از امرا و افسران نیروهای سه گانه و ژاندارمری و شهربانی کشور، به‌طور رسمی، به قتل رسیدند.

در شهریور ۱۳۵۸ در مطبوعات جهان اعلام شد که (فراموش نشود که با سوءاستفاده از نام اسلام) ازابتدای استقرار «حکومت اسلامی» ۵۷۵ نفر بطور رسمی به قتل رسیده‌اند. کسانی به قتل رسیدند که جملگی مؤمن و مسلمان بودند. رقمی که ذکر شده طبیعتاً شامل بر هزاران نفر که در زندان‌ها و یا در عملیات کمیته‌ها و پاسداران شهید شده‌اند، نیست.

گروه‌های متفرق و ناشناخته، با غارت سربازخانه‌ها و انبارهای مهمات، مسلح شده و هر چه می‌خواهند، می‌کنند و هر کس را بخواهند می‌کشند، بدون اینکه آماری در کار باشد...

شماره دقیق قربانیان این «حکومت» چیست؟
مسلماً هیچ‌کس نمی‌داند.

بیست‌هزار زندانی سیاسی

در اواخر فروردین ۱۳۵۸ پاسداران انقلاب سرلشکر سالخورده امیرحسین عطارپور را که نزدیک به سی سال پیش بازنشسته شده بود، توقیف و زندانی کردند. پس از فریبرز عطاپور، سردبیر روزنامه‌ی تهران‌جورنال موفق شد سرمقاله‌ی شجاعانه‌ای انتشار دهد و در آن اعلام دارد که بیش

از بیست‌هزار تن زندانی سیاسی در بدترین و نامطلوب‌ترین شرایط در زندان‌ها به سر می‌برند.

چرا کسی به واقعیت اعتراض نکرد و نمی‌کند؟ قبلاً گفتم که در طول مدت سلطنت من تعداد کسانی که به اتهام جرائم سیاسی بازداشت شدند و بسیاری از آنان نیز تروریست بودند، سه هزار و یکصدوشصت‌وچهار نفر بود. تردید نیست که از ماه بهمن ۱۳۵۷ تاکنون ده‌ها هزار نفر به جرائم سیاسی مختلف توقیف شده در بدترین شرایط زندانی گردیده و مورد غیرانسانی‌ترین شکنجه و آزارها قرار گرفته‌اند. تعداد کسانی که در زندان‌ها به قتل رسیدند متأسفانه بسیار زیاد و نامعلوم است.

هیچ‌کس نمی‌تواند انکار کند که در طول مدت سلطنت من، نمایندگان صلیب سرخ بین‌المللی همواره مجاز بودند، آزادانه از زندان‌ها بازدید کنند. همه‌ی متهمین حق داشتند وکیل بگیرند. محکومین می‌توانستند تقاضای تجدیدنظر و در مرحله‌ی نهائی به دیوان عالی کشور مراجعه نمایند و بالاخره امکان تقاضای عفو و بخشودگی وجود داشت که من با گشاده‌دستی از آن استفاده می‌کردم. در «دادگاه‌های انقلاب اسلامی» چه تضمینی وجود دارد؟ رویه و طرز عمل و مقررات این دادگاه‌ها، صریحاً خلاف شرع و مباین تعالیم مقدس اسلام است.

چرا وسائل ارتباط جمعی بین‌المللی، هنگامی‌که حاکمان فعلی ایران اجازه ندادند نمایندگان صلیب سرخ بین‌المللی به بازدید زندان‌ها بروند، مهر سکوت بر لب زدند؟ واضح است به چه علت نمی‌خواهند کسی از زندان‌های ایران بازدید کند. پیرمرد مقیم قم، در رابطه با زندانیان سیاسی گفته است: «می‌بایست همه‌ی آن‌ها را کشت و زندان‌ها را خالی کرد. این‌ها متهم نیستند، جنایت‌کارند. احتیاج به محاکمه و قضاوت نیست باید آن‌ها را کشت این حرف‌ها نشانه‌ی غرب‌زدگی است.»

جای تعجب است که آقای آندرو یانگ، مدافع حقوق بشر، گوینده‌ی

این سخنان و صدها عبارت مشابه را مردی مقدس می‌داند!

اشتباهاتی بزرگ به نام اسلام

طبق گزارش خبرگزاری فرانسه در اواسط بهار (سیزده مه) پیرمرد مقیم قم، تلگرامی به پرزیدنت ژیسکاردستن، مخابره کرد و ضمن ابراز تشکر از پذیرائی «دوستان فرانسوی‌اش» اظهار تعجب نمود که چرا در فرانسه به خاطر قتل چند جانی و دزد از عدم توجه به اصول حقوق بشر صحبت می‌شود

مقارن این احوال حتی در ایران، با وجود سانسور و اختناق اعتراضاتی به جریان این دادگاه‌ها صورت گرفت. از جمله در تاریخ هشتم خرداد آقای حسن نزیه در مجمع وکلای دادگستری و حقوق‌دانان، با شهامت اظهار داشت که اشتباهات بزرگی به نام اسلام صورت گرفته است. وی یادآور شد که نمی‌توان مسائل سیاسی، اقتصادی و قضایی جهان امروز را انحصاراً با تکیه به مقررات اسلام حل و فصل کرد. و افزود که حتی مراجع عالیقدر مذهبی نیز قبول دارند که استناد به متون حقوق اسلامی، نه مصلحت است و نه ممکن و نه مفید. آقای نزیه در میان کف‌زدن‌های حاضران یادآور شد که فقدان برنامه‌ی اقتصادی و عدم صلاحیت و فساد اطرافیان «آن شخص» کشور را به بحران کشانده و تنها یک عفو عمومی و کامل خواهد توانست اعتماد را به مردم بازگرداند.

در باره‌ی بحران اقتصادی، کافی است به تعداد بیکاران اشاره کنم که ظاهراً بیش از چهار میلیون نفر است. در زمان سلطنت من نه تنها در ایران بیکاری وجود نداشت بلکه بیش از یک میلیون کارگر خارجی در ایران مشغول به فعالیت بودند.

حاکمان امروزی ایران با بلاهت و ارعاب و وحشت نومیدی را بر ایرانیان چیره ساخته‌اند و چنان ویرانی بوجود آورده‌اند که سرانجام آن معلوم نیست در عصر حاضر این سومین کوشش برای نابودی و ویرانی ایران

است: بار اول در سال ۱۹۰۷ بود که روس‌ها و انگلیسی‌ها ایران را میان خود تقسیم کردند.

بار دوم در سال ۱۳۲۰ (۱۹٤۱) بود که باز اتحاد جماهیر شوروی و بریتانیای کبیر ایران را اشغال کردند و می‌خواستند آن را قطعه قطعه کنند.

امروزه برای بار سوم در نقاب مذهب، برای ویرانی و نابودی ایران تلاش می‌شود و می‌خواهند نوع جدیدی از استعمار را به نفع کشورهای سرمایه‌داری به ایران تحمیل کنند که قطعاً امپریالیسم سرخ را با خشونت بیشتر به دنبال خواهد داشت و راه وصول به خلیج فارس را خواهد گشود

فصل نهم

دروغ‌پردازی‌ها، ناکامی‌ها،ورشکستگی

۱۹۰۷، ۱۹٤٥ و ۱۹۷۸ در تاریخ معاصر ایران، نقاط عطف و سال‌های سرنوشت‌ساز به‌شمار می‌آیند.

در این پاسخ به تاریخ، باید صمیمانه اعتراف کنم که خواستم ملت کهن‌سال ایران را با شتابی که شاید بیش از توانش بود به سوی استقلال، هم‌زیستی، فرهنگ و رفاه، یعنی آن‌چه تمدن بزرگ می‌خواندم، پیش ببرم. شاید اشتباه اصلی من همین شتاب بود.

می‌خواستم پیش از پایان ذخائر نفتی کشور، کار سازندگی ایران را به سرمنزل مقصود برسانم، البته در این رهگذر، مخالفان بسیار داشتم که کوشیدند مرا از پای درآورند. در این شمار باید بیش از همه از دار و دسته شرکت‌های بزرگ نفتی نام برد که نمی‌خواستند سیاست فروش نفت به قیمت عادلانه، از حیطه تسلط آنان خارج باشد. آن‌ها نمی‌خواستند به فداکاری‌های لازم در جهت توزیع مجدد ثروت‌ها، میان کشورهای صنعتی و جوامع رو به توسعه، تن در دهند.

بهمین جهت بود که برای نمونه و برای عبرت دیگران ایران را به عنوان

قربانی انتخاب کردند و به ویرانی آن برخاستند. و نه کشوری چون لیبی را.
در سال ۱۹۷٦ دو تن از شخصیت‌های مهم نفتی آمریکا گفته بودند که تا دو سال دیگر «کار شاه تمام است» اما نمی‌دانستند که بدین‌سان اقتصاد همه‌ی کشورهای مصرف کننده نفت و جهان غرب دچار تزلزل و دشواری خواهد شد.

پیش‌بینی سرمایه‌گذاری آینده ایران

از آن همه برنامه‌های بزرگ ملی، اکنون چه باقی مانده است؟ باید یادآوری کنم که ما دو نیروگاه بزرگ مولد برق هسته‌ای از مجموع شش نیروگاه خود را به فرانسه سفارش داده بودیم. نیروگاه‌هایی که آغاز بهره‌برداری مجموع آن‌ها، ایران را بصورت یک قدرت صنعتی درمی‌آورد. هر یک از این دو نیروگاه نهصد مگاواتی مستلزم پانزده میلیارد فرانک سرمایه‌گذاری بود. همچنین می‌بایست به کمک فرانسوی‌ها طرح‌های بزرگ دیگری چون متروی تهران (ده میلیارد فرانک)، برقی کردن خطوط آهن تهران بندر شاهپور (ده تا پانزده میلیارد فرانک)، ساختمان شاهراه تهران – جنوب، و مرکز تحقیقاتی اتمی تهران را به مرحله‌ی اجرا درآوریم. مؤسسه‌ی اتومبیل‌سازی پژو، با شرکت ایران ناسیونال قراردادی بسته و توافق کرده بود که مشترکاً پس از ۱۹۸۳ سالیانه یکصد هزار اتومبیل تولید، و قسمتی از آن را صادر نمایند. شش هواپیمای ایرباس و هم‌چنین فرستنده‌های موج کوتاه به شرکت‌های فرانسوی سفارش داده شده بود. مؤسسات خانه‌سازی فرانسوی، در تهران و شیراز، به اجرای برنامه‌های وسیع ساختمانی مشغول بودند.

در پایان سال ۱۹۷۸، بیش از یکصد و هشتاد مؤسسه و شرکت فرانسوی در ایران سرگرم فعالیت بودند که اکنون بیش‌تر آن‌ها ایران را ترک کرده‌اند. همه‌ی بنگاه‌های خارجی که در ایران به فعالیت مشغول بودند، وضعی مشابه دارند و آن‌هایی که قسمتی کوچک از تشکیلات خود را حفظ کرده‌اند با

مداخلات و آزار کمیته‌ها دست به گریبانند.

شرکت‌های آمریکائی، ژاپنی، آلمانی، ایتالیائی،... نیز قراردادها و سفارش‌های بزرگی را از دست داده‌اند. شاید بیش از همه در این رهگذر ایالات متحده آمریکا زیان دیده باشد. ما با این کشور، یک قرارداد تجارتی پنج ساله امضاء کرده بودیم که رقم مبادلات سالیانه در آن به ده میلیارد دلار پیش‌بینی شده بود.

مطبوعات جهانی افشا کرده‌اند که مشاور اصلی «آن شخص، قطب‌زاده نامی است که جاسوس شناخته شده‌ی اتحاد جماهیر شوروی است.» وی رسماً از شهروندان سوریه است و طبق نوشته‌ی همین مطبوعات، طی سال‌های طولانی که در پاریس می‌زیسته، عامل ارتباطی میان حزب توده و سایر تشکیلات بین‌الملل سوم بوده است.

ویرانی اقتصاد و تعطیل تجارت

ایرانیان، بیش از همه از تعطیل و توقف برنامه‌ی توسعه و عمران ملی و هرج و مرج اقتصادی رنج می‌برند، زیرا عملاً حاصل سال‌ها کار و کوشش به‌دست نابودی سپرده شده است.

تولید نفت ما، هنوز به میزان قبلی نرسیده و طبق گفته‌ی مقامات تهران، دیگر به آن نخواهد رسید. اکنون گروهی بی‌صلاحیت، مدیریت تأسیسات عظیم نفتی کشور را بدست گرفته‌اند و به‌علت نبودن کاردانی و عدم انجام تعمیرات و مراقبت‌های لازم، چاه‌های نفت و پالایشگاه‌ها به سرعت رو به ویرانی می‌رود و این سرمایه عظیم ملی در معرض خطر نابودی است.

توده‌ای‌ها، به‌تدریج، زمام امور اتحادیه‌های کارگران و کشاورزان را بدست گرفته و در کارخانه و مؤسسات اقتصادی، حاکم مطلق هستند. شوراهای کارگری اداره‌ی بیش‌تر بنگاه‌های اقتصادی را در دست دارند. تولید را کاهش و دستمزدها را بی‌حساب و کتاب افزایش می‌دهند.

از آنجا که انضباط، از واحدهای تولیدی رخت بربسته، حاکمان امروزی ایران، برای جلوگیری از انهدام آن‌ها دو راه بیشتر نمی‌شناسند: یا تعطیل و یا «ملی کردن». در بسیاری از موارد، کارفرمایان از فرط استیصال، تقاضای ملی شدن کارخانه‌های خود را کرده‌اند تا بدین ترتیب، پرداخت هزینه‌ها و دستمزدها از خزانه عمومی انجام شود.

فساد و کم‌کاری و کاغذبازی بر همه‌ی دستگاه‌های اداری حاکم شده است. بر اثر این جریان‌ها، طی تابستان گذشته عملاً قسمت اعظم صنعت کشور به تعطیل و نابودی کشیده شد. از جمله بنگاه‌های بزرگ تولید فولاد، مس، آلومینیوم، معدن‌ها، کارخانه‌های اسلحه‌سازی، مؤسسات اتومبیل‌سازی و تراکتورسازی، بقیه‌ی بنگاه‌های تولیدی در حالت تعطیل و یا نیمه تعطیل هستند و در مجموع، میزان تولید صنایع ایران از بیست و پنج تا سی درصد ظرفیت، تجاوز نمی‌کند. گروه‌های کارگران و زحمت‌کشان بیش از همه، از این «انقلاب‌اسلامی» زیان برده‌اند.

در زمان سلطنت من، امکان کار و فعالیت و ارتقاء و پیشرفت اجتماعی، برای همه وجود داشت. اکنون کارگران و کشاورزان و کارمندان با بیکاری و تهی‌دستی و دشواری‌های بسیار دست به گریبانند.

ارزش پول کشور به سرعت کاهش می‌یابد و سرعت تورم چنان است، که هرگونه پیش‌بینی و برنامه‌ریزی اقتصادی را، حتی در کوتاه‌مدت، غیرممکن ساخته.

تقریباً همه کارگاه‌های ساختمانی و طرح‌های عمرانی تعطیل شده است و شرکت‌های بزرگ، در شرایط عدم امنیت و هرج و مرج کامل، علاقه‌ای به کار و سرمایه‌گذاری در ایران ندارند.

گسترش فساد

چه چیزها که در مورد شیوع فساد، طی دوران سلطنت من، گفته نشد؟!

قبلاً در این مورد توضیح داده‌ام. ولی تعجب می‌کنم چگونه امروز مطبوعاتی که آن‌قدر خود را پای‌بند اصول اخلاقی می‌دانستند در باره فساد و تباهی که بر ایران حاکم است سخنی نمی‌گویند، چنان‌که در مورد تخلف از اجرای حقوق بشر نیز خاموشی گزیده‌اند.

متأسفانه هر روز در مورد گسترش فساد، دزدی و غارت‌گری در ایران خبرهای تازه‌ای می‌رسد. پس از سی‌وهفت سال کوشش، من فکر می‌کردم که فساد را در ایران ریشه‌کن کرده‌ام، متأسفانه اشتباه می‌کردم. تعداد ایرانیانی که ناچار شده‌اند برای کسب اجازه‌ی خروج از کشور و نجات جان خود، رشوه‌های کلان به ملاها و کمیته‌ها بدهند، از حد و حساب بیرون است. قسمت مهمی از تابلوها و آثار هنری و عتیقه‌های کشور، غارت شده و با هواپیما به خارج صادر و به سود رهبران رژیم یا فرزندان و اقوام آن‌ها فروخته شده است.

آیا این‌ها فساد نیست؟ آیا این اعمال کشور ما را به سوی ویرانی و نابودی نمی‌برد؟ آیا می‌توان تصور کرد که گنجینه‌های هنری و فرهنگی کشوری چنین به تاراج رود؟

نمایشی به نام مراجعه به آراء عمومی

در روزهای اول فروردین ۱۳۵۸ نمایشی به نام مراجعه به آراء عمومی برای تائید جمهوری اسلامی ترتیب یافت. نمایشی مضحک که در آن همه‌ی کسانی که بیش از پانزده سال داشتند، می‌توانستند رأی بدهند. ورقه‌ی سبز نشانه موافقت و ورقه‌ی سرخ نشانه مخالفت بود.

اما اخذ رأی مخفی نبود و تحت‌نظر و مراقبت پاسداران مسلح صورت می‌گرفت. در حالی‌که در ترکمن صحرا، آذربایجان شرقی و غربی، بلوچستان، کردستان و خوزستان زد و خوردهای خونینی بر سر این نمایش در جریان بود و هنوز رأی‌گیری به پایان نرسیده بود، رادیو و تلویزیون اعلام

کردند که برقراری جمهوری اسلامی با بیش از ۲۳ میلیون رأی موافق به تائید ملت ایران رسیده است! مقامات حاکم بر ایران نمی‌دانستند یا نمی‌خواستند بدانند که نیمی از نفوس کشور یعنی حدود ۱۸میلیون نفر، کم‌تر از پانزده سال دارد. و اگر هم به فرض محال همه‌ی دارندگان حق رأی در کلیه نقاط کشور، بدون استثناء در رأی‌گیری شرکت کرده بودند، تعداد کل آراء می‌بایست پنج میلیون کمتر باشد.

نمایش مضحک مشابهی برای انتخابات اعضاء مجلس خبرگان ترتیب داده شد. همه‌ی احزاب و گروه‌ها و شخصیت‌های برجسته‌ی سیاسی و مذهبی، شرکت در این نمایش را تحریم کردند. در حقیقت همه‌ی اختیارات به‌دست گروهی به نام شورای انقلاب می‌باشد که در بهار گذشته یکی از اعضای آن به نام آیت‌الله مطهری به قتل رسید.

در ایران دیگر، نه دولتی هست و نه مجلسی. دو شخصیت سیاسی را فقط به جرم آن‌که رئیس مجلس شورای ملی بوده‌اند، محکوم کردند و به قتل رساندند. قوه مقننه دیگر وجود ندارد. قوه قضائیه تعطیل شده است. قوه مجریه فقط در اختیار یک نفر است.

اختلافات داخلی

میان رهبران جامعه تشیع، اتحاد نظر وجود ندارد. کسانی‌که به نام جامعه روحانیت، بر ایران حکم می‌رانند، اقلیتی کوچک از روحانیون متعصب و درجه دوم بیش نیستند که به کلی، از آرمان‌ها و تعالیم مقدس اسلام به دورند و از جریان‌های سیاسی، اقتصادی و اجتماعی دنیای کنونی هیچ نمی‌دانند. ظاهراً اختیار امور کشور بدست شورایی است که هیچ‌کس اعضای آن را نمی‌شناسد. این‌ها حق مرگ و زندگی مردم ایران را در دست گرفته‌اند. در حقیقت این نظام، حکومت ظلمت، وحشت و سکون است که در شهر قم مستقر شده.

پس از حوادث اخیر، تعدادی از روحانیون نیز به قتل رسیدند. ارعاب و وحشت و تفتیش عقاید و آراء مانع آن شد که مراجع روحانی علناً در مورد فجایعی که به‌نام اسلام صورت می‌گیرد، اظهار نظر و قضاوت کنند. ولی اکنون پرده‌ها کنار می‌رود و چهره‌ی زشت و شوم مسئولان فجایع اخیر بر همه آشکار شده است.

هنگامی که «آن شخص» تصمیم گرفت یک حزب سیاسی را برای تحمیل عقاید ارتجاعی و قرون وسطائی خود بر ایران حاکم کند، عکس‌العمل‌هایی بسیار پدیدار شد. نه تنها احزاب و شخصیت‌ها و گروه‌های سیاسی راست و چپ، حتی آیت‌الله طالقانی که از یاران «آن شخص» بود و اکنون وفات یافته است، به نکوهش و انتقاد برخاستند. حتی جبهه دمکراتیک ملی، شدیداً سیاست «آن شخص» و ادعاهای مالیخولیایی وی را مورد حمله شدید قرار داد.

در تیر ماه ۱۳۵۸ یکی از همدستان «آن شخص» موسوم به مهدوی‌کنی به تصفیه‌ی کمیته‌ها و آماده‌سازی و تجهیز پاسداران انقلاب پرداخت، تا دیگر هیچ مانعی در راه اختناق کامل وجود نداشته باشد و همین هنگام بود که وی اعلام کرد، مجلس مؤسسان مجمعی شیطانی است. ولی پس از شکست نمایش انتخابات مجلس خبرگان دیگر پنهان کردن ناکامی، ورشکستگی رژیم کنونی غیر ممکن گردید.

تنها، مدتی کم‌تر از یک سال لازم آمد که عدم‌کفایت و نادانی مخالفان من بر جهانیان روشن و آشکار شود.

اگر کار به اینجا رسید، نه فقط به‌خاطر آن بود که ملت ایران فریب خورد، که من هم فریب خوردم.

من خیال می‌کردم که ترازنامه‌ی درخشان کوشش‌های پانزده ساله ملت ایران، برای روشن شدن اذهان و بیداری همگان کافی است. و از ارائه و تبلیغ دستاوردهای تلاش ملی غافل ماندم. حال آنکه دشمنان باقدرت و

امکانات مالی بسیار، به براندازی مشغول بودند، کوشش کردند، همه‌ی کامیابی‌های ما را دگرگون وانمود سازند. دانشگاه‌ها، مدارس، ورزشگاه‌ها، بنیادها، برنامه‌های خانه‌سازی، مراکز فرهنگی، موسسات کارآموزی، رهایی و آزادی زنان، همه‌ی این‌ها را تخطئه کردند. احترام من به دیانت و جامعه روحانیت مانع آن شد که در مقابل دروغ‌پردازان شدت عمل نشان دهم، زیرا باور نمی‌کردم که کسی به این همه دروغ و ناسزا گوش فرا دهد.

متأسفانه خیلی دیر دریافتم و متوجه شدم که بزرگ‌ترین و مهم‌ترین دستگاه تبلیغاتی کشور، یعنی تلویزیون عملاً تحت نفوذ مخالفین و به‌خصوص توده‌ای‌ها بود. تا آن‌جا که در آغاز زمستان سال گذشته، از هزار تن کارمند این دستگاه فقط یک صد نفر بر سر کار خود باقی مانده بودند. البته بعضی کمونیست‌های سابق که صمیمانه به انقلاب شاه و ملت پیوسته بودند، تا پایان بر سر کار خود ماندند و کشته شدند.

جنبه‌ی معنوی و اخلاقی فاجعه‌ی امروز ایران، شایان توجه بسیار است و کم‌تر از نتایج اقتصادی آن نیست، ورشکستگی کامل و خونین «آن شخص» ممکن است برای دین اسلام بطور کلی، به‌خصوص مذهب شیعه زیان‌ها و مخاطرات بسیار در پی داشته باشد. ویرانی یک کشور توانای اسلامی که ضامن صلح و امنیت خاورمیانه بود، چگونه می‌تواند برای دنیای اسلام زیان‌آور نباشد؟ افکار مالیخولیایی دیکتاتور خون‌آشام مجنونی که به یاری تنی چند از همدستانش اکنون بر ایران حکومت می‌کنند، کاملاً و صریحاً مخالف اصول و تعالیم دین مقدس اسلام است.

هنگامی‌که، «آن شخص» از قم مخالفانش را تهدید می‌کرد و به ملت وعده خون و آتش می‌داد، بازرگان در اوایل بهمن ۱۳۵۷ اعلام داشت که حکومت اسلامی بهترین نوع حکومت در جهان خواهد بود!

امروز، ماهیت این قبیل گفتارهای ضد و نقیض دیگر بر هیچ‌کس پوشیده نیست و گویندگان آن رسوای خاص و عام شده‌اند.

چگونه می‌توان انقلابی که کشور ما را در خطر تسلط خدانشناسان دین و مذهب قرار داده، «اسلامی» نامید؟

من اکنون برای سرنوشت میهنم سخت نگرانم و اشک و خون می‌ریزم. متأسفانه هرچه پیش‌بینی می‌کردم، تحقق یافت. ولی ای‌کاش اشتباه کرده بودم و ایران دچار ویرانی و ایرانیان دست به گریبان این بحران بی‌همتا نمی‌شدند

ایران، در حال حاضر دست‌خوش نابسامانی، خونریزی و ویرانی است. اما یقین است که ملت ایران بر این دشواری‌ها نیز پیروز خواهد شد و راه رستگاری را خواهد یافت...

پایان سخن

در خرداد ماه گذشته، مصاحبه‌ی مطبوعاتی خود را، در کوئرناواکا (مکزیک)، با این عبارت پایان بخشیدم: «در ا یران، اکنون، نه حکومتی هست نه دولتی، کشورم در حال نابودی و ویرانی و تجزیه است. آن‌چه امروز در ایران می‌گذرد، یک جریان ضدانقلابی است به منظور ویران‌سازی همه‌ی دستاوردهای انقلاب سفید، و متأسفانه ملت من با شتاب به سوی پرتگاه نیستی، یعنی یک نوع حکومت کمونیستی، به مراتب وحشیانه‌تر، ابلهانه‌تر و خونین‌تر از آن‌چه امروز گریبان‌گیر ایران است، پیش می‌رود.»

به حکم تجربه‌ی تاریخ، ارعاب و وحشت و اختناق و تفتیش عقاید و آرا، هرگز روش درست رهبری کشور نبوده و نمی‌تواند باشد. کسانی که اکنون بر ایران حاکمند، نظامی مشابه دوران تفتیش عقاید و آرا (انگیزیسیون) که پنج قرن پیش، در اسپانیا وجود داشت، در کشور ما به‌وجود آورده‌اند. ولی به مراتب خشن‌تر، بی‌رحمانه‌تر و غیرانسانی‌تر. در آن زمان محکومین دادگاه‌ها، می‌توانستند در صورت استغفار و طلب بخشش، از خطر مرگ رهائی یابند. اما حتی این امکان نیز، در ایران امروز وجود ندارد.

اسلام دین عدالت و انصاف و رحمت و مروت است، در حکومت اسلامی امروز ایران، نه از عدالت نشانی است، نه از انصاف و نه از عفو

و رحمت. هرچه هست نفرت و انتقام و کشتار است که هیچ ارتباطی با معنویت دین اسلام ندارد. نظام امروزی ایران صریحاً خلاف شرع مقدس و مخالف اسلام است. هم‌چنان‌که دوران تفتیش افکار و عقاید، به زیان مذهب کاتولیک تمام شد. متأسفانه این خشونت‌ها و جنایت‌ها نیز ممکن است به زیان اسلام باشد. من تردید ندارم، که اسلام واقعی، احترام به تعالیم مقدس دین حنیف است، نه خشونت و تعصب و بی‌اعتنایی به عدالت. آیا سلب آزادی و حقوق زنان و تجدید تعدد زوجات را می‌توان موافق روح اسلام دانست؟ برعکس، آزادی زنان و برابری حقوق آنان با مردان و حرمت به شئون اجتماعی و انسانی آنان است که با اصول واقعی اسلام توافق دارد.

آیا تازیانه زدن و سنگ‌باران کردن و دست بریدن، به این بهانه که از قرون وسطی رایج بوده، اسلامی است و کوشش برای اعتلای و تربیت انسان‌ها و اتخاذ سیاست عفو و گذشت و جوانمردی، مخالف اسلام؟

بازگشت به گذشته‌ای تاریک، راه‌حل دشواری‌های ایران نیست. نفی تاریخ و فرهنگ ایران، اهانت به پرچم ایران، که در سایه‌ی آن میلیون‌ها ایرانی طی قرون و اعصار، برای پاسداری میهن جان باختند، به استقلال ایران کمک نمی‌کنند.

انکار خدمات پادشاهانی که طی هزاران سال بر ایران حکومت داشتند و کشور ما را در نشیب و فرازهای تاریخ رهبری کردند، جز سرافکندگی ملی حاصلی ندارد.

این کینه و نفرت نسبت به ایران و تاریخ ایران و فرهنگ و سنت‌های ایرانی، برای چیست؟ مگر نه این است که حتی پیامبر اسلام نیز از این که در زمان پادشاهی دادگستر، یعنی انوشیروان، چشم به جهان گشوده است، به خود می‌بالید.

مگر نه این است که شاه اسماعیل، مذهب شیعه را در ایران رسمیت بخشید و تنها کشور شیعی مذهب جهان را بنیاد نهاد؟ من عمیقاً از این همه

خطرات که هویت ملی و میراث‌های فرهنگی و معنوی ایرانیان را تهدید می‌کند، در رنج و نگرانی هستم. زیرا حفظ معنویت و هویت ایرانی از هر چیز دیگر مهم‌تر است.

می‌دانم که اخیراً در ایران شعار داده‌اند: «مرگ بر ما که گفتیم مرگ بر شاه».

می‌دانم که من در رسیدن به آرمان‌های خود بیش از حد شتاب کرده‌ام ولی فراموش نکنیم که بحران کنونی ناشی از مداخله‌ی عوامل خارجی است، که پیشرفت و ترقی ایران، مصالح‌شان را به خطر انداخته بود.

درست است که ایران، پیش از اسلام وجود داشت، ولی فراموش نکنیم که پیامبر اسلام از ایرانیان به عنوان جویندگان حقیقت یاد کرده است.

در طی زندگی خود، من کوشیدم همواره یک جوینده‌ی حقیقت باشم. اشتباهات خود را پذیرفتم و در مقام جبران و رفع آن‌ها برآمدم. در زمان سلطنت من، ملت ایران در جستجوی حقیقت وجود خود بود. اکنون که دور از وطن بسر می‌برم، پیوسته در اندیشه‌ی ایران هستم. به آن‌هایی فکر می‌کنم که تا دم آخر به پرچم خود و به پادشاه خود وفادار ماندند و سربلند و شجاع در مقابل جوخه‌های آتش جلادان ایستادند.

به همه‌ی وطن‌خواهان ایران فکر می‌کنم، که در زمان سلطنت پدرم و من، کشور ما را از تاریکی‌های قرون وسطایی نجات دادند و ملتی بزرگ و سربلند بوجود آوردند.

امروز دور از خاک مقدس وطن، پادشاه ایران برای اثبات حق‌شناسی خود نسبت به فداکاران و جان‌باختگان، جز توسل به دعا راه و چاره‌ای ندارد: به درگاه خداوند متعال برای آسایش خاطر رنج دیدگانی که مجبور به جلای وطن شده‌اند دعا می‌کنم و هم‌چنین برای نجات میلیون‌ها ایرانی که در میهن خود احساس غم و غربت می‌کنند.

از درگاه قادر متعال، تسلی خاطر مادران داغدیده‌ای را که فرزندان‌شان

در راه ایران جان باختند طلب می‌کنم.
از درگاه پروردگار توانا مسئلت دارم که جوانان نومید ما را به راه راست هدایت کند.
از خدای بزرگ ایران زمین می‌خواهم که رونق و رفاه و آزادی و سربلندی را به سرزمین مقدس ما باز گرداند.
از یزدان پاک طلب می‌کنم که فریب‌خوردگان را بیدار و آگاه کند و نفرت و کینه را از دل‌های‌شان بزداید.
پروردگار توانا، حافظ و نگاهبان ایران و ایرانیان باشد...

کوئرناواکا، مکزیک
شهریور ۱۳۵۸

نمایه

آ

آبادان .... ٤٧، ٦٠، ٢٢١
آتاتورک، مصطفی کمال .... ٢٩، ١٧٣
آذربایجان، ٤٣، ٤٦، ٤٧، ٤٨، ٤٩، ٥١، ٥٦، ٦٧، ٢٦٩
آریایی ٩
آغداشلو، آیدین ١٣٨
آلبوکرکی، آلفونس ١٣
آلمان، آلمان ها، آلمانی ها، ٢١، ٤١، ٤٢، ١٦٨، ٢٢٨، ٢٥٩
آلن، جرج ٤٨
آمریکا، آمریکایی، .... ٤٨، ٤٩، ٦٣، ٦٦، ٧٧، ٧٩، ١٣٥، ١٥٦، ١٦٣، ١٦٧، ١٧٩، ١٨٨، ١٨٩، ١٩٠، ٢١٢، ٢١٣، ٢١٤، ٢١٦، ٢٢٢، ٢٢٧، ٢٢٨، ٢٤٤، ٢٤٥، ٢٤٦، ٢٤٧، ٢٥٠، ٢٥٧، ٢٥٩، ٢٦٦، ٢٦٧
آموزگار، جمشید ...... ٢٢٤، ٢٣٣، ٢٤٣
آنگلوساکسون ٥٩
آنگولا .... ١٧٨، ٢١٤
آوانسیان، آربی ١٣٨
آیزنهاور، دوایت .... ١٧٢، ١٨٨، ١٨٩

ا

ابتهاج، هوشنگ (سایه) ١٣٨
ابن سینا .... ١٠، ١٣١
اتحاد جماهیر شوروی، .... ٢٨، ٣١، ٤٢، ٤٣، ٤٥، ٤٦، ٤٧، ٤٨، ٥٢، ٦٥، ٧٩، ٨٢، ١٦٧، ١٦٨، ١٦٩، ١٧١، ١٧٢، ١٧٥، ١٧٩، ١٨٠، ١٨٥، ١٨٦، ١٨٧، ٢٠٤، ٢١٤، ٢٢٧، ٢٢٨، ٢٤٣، ٢٤٥، ٢٤٧، ٢٦٤، ٢٦٧، ٢٩٤
اتحاد سرخ و سیاه .... ١٨٢، ٢٢٣
اتحاد ملی ٢٣٥
اتیوپی ١٩١
احزاب سیاسی ١٤٤
احمدشاه قاجار ٢٩
اخوان‌ثالث، مهدی ١٣٨
ارتش ایران ... ٣١، ١٦٥، ١٦٧، ١٦٨، ١٨٥، ٢٢٢، ٢٤٤، ٢٤٧، ٢٤٨، ٢٥٥
اردبیل ٦
اردن هاشمی ١٩٣
ارس، رودخانه ١٧٢
ارض روم ١٧
ازبکان ١٣
ازهاری، ارتشبد غلامرضا .... ٢٣١، ٢٣٦، ٢٣٧، ٢٣٨
اسپانیا .... ١٨، ٢٧٤
استالین، ژوزف، ١٨٤، ١٨٥، ٤٩، ٦٥، ١٨٦، ١٩٣
استرالیا ١٧٧
استوکس، هاریمن ٥٩
اسکندر مقدونی ٨
اسکاندیناوی ١٤٣
اسلام ...... ٦، ١٠، ٣٤، ٥٧، ٩١، ١٠٩، ١٤٦، ١٤٨، ١٤٩، ١٥٠، ١٦٠، ١٧٥، ٢٠٠، ٢٠٨، ٢١٧، ٢١٩، ٢٣٥، ٢٥٤، ٢٦١، ٢٦٢، ٢٦٣، ٢٧٠، ٢٧١، ٢٧٢، ٢٧٤، ٢٧٥، ٢٧٦
اَسوان ٢٥٠

اشرف افغان .... ١٤، ١٥	١٧٦، ١٧٨، ١٨٨، ١٩٠، ٢١٣، ٢٤٤، ٢٤٥، ٢٤٧، ٢٥٩، ٢٦٤
اشکانیان ٩	انورالسادات، محمد،........١٩٢، ١٩٣، ٢٠٦، ٣٠٤
اصفهان.. ٦، ١٣، ١٤، ١٥، ٤٧، ١١٣، ١٢٢، ١٢٦، ١٣٥، ٢٣٣، ٢٣٧، ٢٥٥	اوپک .... ١٨٠، ١٨١، ٢٢٤
اصلاحات ارضی،.. ٨٧، ٨٩، ٩٠، ٩١، ٩٣، ٩٤، ٩٦، ٩٨، ٩٩، ١٥١	اورنگ زیب ١٥
اعتصامی، پروین ١٣١	اویسی، ناصر ١٣٨
اعتمادی، پروانه..................... ١٣٨	ایتالیا .... ٧١، ٧٢، ١٨٧، ١٩١، ٢٥٩
افغانستان................ ١٦، ١٩، ١٧٤، ١٧٥	ایران،......................... ١، ٢، ٣، ٥، ٦، ٧، ٨، ٩، ١٠، ١١، ١٣، ١٤، ١٥، ١٦، ١٧، ١٩، ٢٠، ٢١، ٢٢، ٢٣، ٢٥، ٢٧، ٢٨، ٢٩، ٣٠، ٣١، ٣٢، ٣٣، ٣٤، ٣٨، ٣٩، ٤١، ٤٢، ٤٣، ٤٤، ٤٥، ٤٦، ٤٧، ٤٨، ٤٩، ٥٠، ٥١، ٥٢، ٥٣، ٥٤، ٥٥، ٥٦، ٥٧، ٥٨، ٥٩، ٦٠، ٦١، ٦٢، ٦٣، ٦٤، ٦٥، ٦٦، ٦٧، ٦٨، ٦٩، ٧٠، ٧١، ٧٢، ٧٣، ٧٦، ٧٨، ٧٩، ٨٠، ٨١، ٨٢، ٨٥، ٨٦، ٨٧، ٨٨، ٨٩، ٩٠، ٩١، ٩٢، ٩٣، ٩٤، ٩٥، ٩٦، ٩٧، ٩٨، ٩٩، ١٠٠، ١٠٢، ١٠٣، ١٠٥، ١٠٦، ١٠٧، ١٠٨، ١٠٩، ١١٠، ١١٣، ١١٤، ١١٦، ١١٨، ١١٩، ١٢١، ١٢٢، ١٢٥، ١٢٨، ١٢٩، ١٣١، ١٣٣، ١٣٤، ١٣٦، ١٣٧، ١٣٨، ١٣٩، ١٤١، ١٤٢، ١٤٣، ١٤٤، ١٤٥، ١٤٦، ١٤٧، ١٤٨، ١٤٩، ١٥٠، ١٥٢، ١٥٦، ١٥٧، ١٥٨، ١٥٩، ١٦٠، ١٦١، ١٦٢، ١٦٣، ١٦٤، ١٦٥، ١٦٦، ١٦٧، ١٦٨، ١٦٩، ١٧٠، ١٧١، ١٧٢، ١٧٣، ١٧٤، ١٧٥، ١٧٦، ١٧٧، ١٧٨، ١٧٩، ١٨٠، ١٨٢، ١٨٣، ١٨٤، ١٨٥، ١٨٦،
اقیانوس هند،.. ١٦٩، ١٧٧، ١٧٨، ١٧٩، ٢٠٥	
اکباتان ٦	
الیزابت اول ٣٨	
امام دوازدهم ٣٦	
امامزاده ٣٦	
انتظام، عبدالله ٢٣٥	
انقلاب اسلامی،........ ٩١، ٢٣٦، ٢٥٤، ٢٥٧، ٢٥٩، ٢٦٢	
انقلاب سفید ٣٢، ٣٧، ٨٣، ٨٥، ٨٦، ٨٨، ٨٩، ٩٤، ٩٩، ١١٣، ١٥١، ١٦٢، ١٩٠، ١٩٩، ٢٠٠، ٢٧٤	
انقلاب شاه و ملت،.. ٧٣، ١٠١، ١٠٢، ١١٣، ١١٨، ١١٩، ١٢٥، ١٣٣، ١٣٥، ١٤٠، ١٤٩، ١٦٣، ١٧١، ١٨٢، ١٩٩، ٢٧٢	
انگلیس، انگلیسی‌ها، انگلستان ١٤، ١٧، ١٩، ٢٢، ٢٣، ٢٧، ٢٩، ٣١، ٣٢، ٣٧، ٤٢، ٤٣، ٤٤، ٤٥، ٤٦، ٤٧، ٤٩، ٥٢، ٥٤، ٥٥، ٥٦، ٥٧، ٥٨، ٥٩، ٦٠، ٦٢، ٦٣، ٦٥، ٦٨، ٦٩، ٧٠، ١٧٤،	

برژنف، لئونید ۱۸۶
بریتانیا، بریتانیای کبیر، امپراطوری
کبیر،........۱۴، ۱۶، ۱۷، ۱۹، ۲۰، ۲۱،
۲۷، ۳۲، ۴۲، ۴۳، ۴۴، ۴۵، ۴۶، ۴۹،
۵۸، ۵۹، ۶۰، ۶۸، ۶۹، ۷۰، ۷۸، ۱۷۶،
۲۲۷، ۲۳۶، ۲۶۴
بریگاد سرخ ۲۲۸
بصره ۱۷
بغداد..۱۰، ۱۱، ۱۷، ۶۳، ۱۷۳، ۱۷۴،
۱۸۶
بلغارستان .... ۴۲، ۱۷۳
بلوچستان .... ۶، ۲۶۹
بلوم، لئون ۱۹۱
بناپارت، ناپلئون .... ۱۵، ۱۶، ۱۷، ۳۸
بندر اسکندریه ۴۲
بندر بوشهر ۸۱
بندر پهلوی .... ۳۸، ۴۳
بندر شاهپور .... ۴۳، ۲۶۶
بندرعباس ۲۰۶
بنگاه حمایت مادران ۱۱۶
بنگلادش .... ۱۷۵، ۱۷۷
بنیاد پهلوی... ۱۱۶، ۱۵۵، ۱۵۶، ۱۵۷
بنی امیه ۱۰
بهبهانی، سیمین ۱۳۸
بوشهر ۲۹
بوین، ارنست .... ۴۹، ۱۹۰، ۱۹۱
بیات، سرتیپ علی ۲۶۰
بیرمانی ۱۷۷
بیروت ۲۲۹
بیضایی، بهرام ۱۳۸

۱۸۷، ۱۸۸، ۱۹۰، ۱۹۱، ۱۹۲، ۱۹۳،
۱۹۴، ۱۹۵، ۱۹۶، ۱۹۷، ۱۹۹، ۲۰۰،
۲۰۱، ۲۰۳، ۲۰۴، ۲۰۵، ۲۰۶، ۲۰۷،
۲۰۸، ۲۱۱، ۲۱۲، ۲۱۴، ۲۱۷، ۲۱۸،
۲۱۹، ۲۲۱، ۲۲۲، ۲۲۳، ۲۲۴، ۲۲۵،
۲۲۷، ۲۲۸، ۲۲۹، ۲۳۰، ۲۳۲، ۲۳۳،
۲۳۷، ۲۳۸، ۲۴۲، ۲۴۳، ۲۴۴، ۲۴۵،
۲۴۶، ۲۴۷، ۲۴۸، ۲۴۹، ۲۵۰، ۲۵۱،
۲۵۲، ۲۵۳، ۲۵۴، ۲۵۵، ۲۵۶، ۲۵۷،
۲۵۸، ۲۶۰، ۲۶۲، ۲۶۳، ۲۶۴، ۲۶۵،
۲۶۶، ۲۶۸، ۲۶۹، ۲۷۰، ۲۷۱، ۲۷۲،
۲۷۳، ۲۷۴، ۲۷۵، ۲۷۶، ۲۷۷
ایزلوسکی، الکساندر ۲۰
اینتلیجنس سرویس ۲۲۷

ب

باب‌کوک ۲۰۴
بازرسی شاهنشاهی ۱۴۳
بازرگان، مهدی ،........۶۲، ۲۳۵، ۲۳۶،
۲۴۸، ۲۵۳، ۲۵۵، ۲۵۶، ۲۵۷
بالکان ۱۸۷
بانک اعتبارات .... ۹۶، ۱۰۰
باهاماس ۲۵۱
بحرین ۱۷۶
بخارایی، محمد ۲۲۲
بختیار، سپهبد تیمور ۲۲۸
بختیار، شاپور ....۲۴۱، ۲۴۳، ۲۴۹،
۲۵۰، ۲۵۳، ۲۵۶
بدره‌ای، سپهبد عبدالعلی ۲۶۱
برتوزی، سرگرد .... ۷۲، ۷۳

بیگلری، سرلشکر ۲۶۱
بین‌النهرین ۷, ۱۴

پ

پادگورنی ۱۷۵
پارت‌ها ۹
پاریس ۱۹, ۱۸۴, ۲۴۷, ۲۶۷
پاسخ به تاریخ ۵, ۱۵۸, ۲۶۵
پاکروان، سرلشکر .. ۲۳۰, ۲۳۱, ۲۵۹
پاکستان ۱۷۵, ۱۷۷, ۲۰۶
پالایشگاه آبادان ۶۰
پانامریکن ۷۱
پتر کبیر ۳۸
پتروشیمی, ۷۴, ۷۵, ۷۸, ۱۰۹, ۱۲۲, ۲۰۴
پراودا، روزنامه ۲۴۵
پرتغالیان ۱۳, ۱۴
پهلوی، زبان ۹
پهلوی، شهبانو فرخ ۱۱۷
پهلوی، ملکه ۱۱۷, ۱۱۸
پوتسدام (کنفرانس) ۱۸۶
پورتیو، خوزه لوپز ۱۹۴, ۲۵۱
پیشه‌وری، جعفر ۴۶, ۴۸
پیل‌آرام، فرامرز ۱۳۸
پیمان بغداد ۱۷۳, ۱۷۴, ۱۸۶

ت

تایلند ۱۷۷
تبریز ۶, ۱۷, ۴۳, ۴۶, ۵۶, ۱۱۳, ۱۲۲, ۲۲۴, ۲۳۷

تخت جمشید ۱۳۸
تخت‌جمشید ۶, ۱۳۸, ۱۷۵
ترکیه ۲۹, ۴۲
ترکمن صحرا ۲۶۹
ترکیه ۲۹, ۴۲, ۱۷۳, ۱۷۴
ترومن، هری ۴۶, ۵۹, ۱۸۸, ۱۹۰
تلویزیون ملی ایران ۱۳۷
تمدن بزرگ ,۲, ۱۰۶, ۱۴۵, ۱۵۹, ۱۶۱, ۱۶۲, ۱۶۴, ۲۶۵
تناولی، پرویز ۱۳۸
تنگه بسفر ۴۲
تهران ۱, ۶, ۱۷, ۲۸, ۲۹, ۳۰, ۳۶, ۳۸, ۳۹, ۴۲, ۴۳, ۴۴, ۴۶, ۵۱, ۵۶, ۵۷, ۶۱, ۶۴, ۶۵, ۷۳, ۷۷, ۸۲, ۹۰, ۹۶, ۱۰۶, ۱۱۳, ۱۲۲, ۱۳۴, ۱۳۶, ۱۸۴, ۱۸۶, ۱۸۷, ۱۸۹, ۱۹۱, ۲۲۲, ۲۳۴, ۲۳۶, ۲۳۷, ۲۳۸, ۲۴۵, ۲۴۶, ۲۴۷, ۲۴۹, ۲۵۰, ۲۵۵, ۲۵۷, ۲۶۰, ۲۶۱, ۲۶۶, ۲۶۷
تیتو، یوسیپ بروز ۱۹۳, ۱۹۴
تیسفون ۶
تیمور لنگ ۱۱, ۱۳

ج

جانسون، لیندون ۱۸۸, ۱۹۰
جبهه‌ی ملی ۵۴, ۵۷, ۶۱
جذام ۱۱۷
جزیره هرمز ۱۳, ۱۴
جشنواره شیراز ۱۳۸
جمعه‌ی سیاه ۲۳۴

جمعیت آموزشی و بهزیستی فرح پهلوی ۱۱۷	حلاج، منصور ۱۳۱
جمهوری اسلامی .. ۲۵۳, ۲۶۹, ۲۷۰	حلب ۱۷
جمهوری خلق ایران ۶۵	
جواهرات سلطنتی ۳۲	**خ**
جونز، هارد فورد ۱۷	خاندان عباسی ۱۰
	خانه‌های انصاف ۹۵, ۱۰۳, ۱۲۵, ۱۲۶, ۱۲۷, ۱۲۸, ۱۲۹
چ	خراسان ۱۰, ۱۱, ۱۷, ۴۳, ۱۷۲, ۲۳۹
چائوشسکو ۱۷۳, ۱۹۳, ۱۹۴	خراسانی، ابومسلم ۱۰
چاد ۱۷۸	خرمشهر ۴۳
چادر ۳۵, ۱۴۶, ۱۴۷, ۱۴۸	خروشچف، نیکیتا . ۱۷۳, ۱۷۴, ۱۸۶
چرچیل، وینستون ،.... ۴۳, ۵۹, ۱۸۴, ۱۸۵, ۱۸۷, ۱۸۸	خسروداد، منوچهر ۲۵۵
	خشایارشا ۷, ۸
چکسلواکی ۱۷۳	خلعتبری، عباسعلی ۲۶۰
چنگیز ۱۱	خلفای عرب ۱۰
چینی‌ها ۱۷۶	خلیج فارس ،.. ۶, ۲۰, ۴۲, ۵۶, ۱۱۰, ۱۶۹, ۱۷۵, ۱۷۶, ۱۷۷, ۲۰۵, ۲۱۴, ۲۶۴
ح	خمینی، روح‌الله ۹۱, ۲۵۵, ۲۵۶
حافظ، خواجه ۱۳۱	خوزستان ۴۷, ۴۹, ۶۷, ۲۶۹
حاکمیت ملی ۴۶	خیام ۱۳۱
حاکمیت ملی . ۴۶, ۱۵۹, ۱۸۵, ۲۰۸	
حزب توده ... ۳۷, ۴۵, ۵۲, ۶۲, ۶۵, ۱۲۲, ۲۱۹, ۲۲۸, ۲۶۷	**د**
حزب رستاخیز ،.... ۱۴۳, ۱۹۷, ۲۰۵, ۲۰۶, ۲۲۴, ۲۳۴, ۲۶۰	دادگاه‌های انقلاب اسلامی ۹۱
	داردانل، تنگه ۴۲
حسین، صدام ۱۷۴	دارسی، ویلیام ناکس ۲۰, ۶۸
حضرت رضا ۳۴	داریوش کبیر ۶۷
حضرت عباس ۳۶	داریوش، هژیر ۱۳۸
حکمت، فاخر ۵۸	دالس، جان فوستر ۱۸۸
حکیمی، ابراهیم ۴۷	دانشگاه پهلوی ۱۳۵

محمدرضا شاه پهلوی ۲۸۳

دانشگاه تهران. ۳۶, ۱۳۶, ۱۹۱, ۲۳۶
دانشور، سیمین ۱۳۸
دریای خزر .. ۶, ۳۳, ۵۶, ۱۰۶, ۲۱۴
دریای سیاه ۷, ۴۲
دمکراسی ۱
دمکراسی,.. ۱, ۵۵, ۱۲۱, ۱۵۴, ۱۹۵, ۱۹۶, ۱۹۷, ۲۰۱, ۲۰۲, ۲۰۳, ۲۰۸, ۲۲۳, ۲۲۵, ۲۴۱, ۲۵۷
دهلی ۱۵
دوگل، شارل ۱۸۳, ۱۸۴
دومرگان، ژاک ۲۰
دیلمیان ۱۰

ذ

ذوالفقار (شمشیر علی) ۳۶

ر

رازی (فیلسوف) ۱۰, ۱۳۱
راکفلر، نلسن ۲۴۴
ربیعی، امیرحسین ۲۴۸
رحیمی، سپهبد مهدی ۲۵۵
رزم‌آرا، حاج علی.. ۴۷, ۴۸, ۵۶, ۵۷
رضاشاه.. ۲۷, ۳۰, ۳۴, ۳۵, ۴۳, ۵۸, ۱۵۹, ۱۹۶, ۲۸۹, ۳۰۳
رضاشاه کبیر ۲۷, ۱۵۹
روحانی، منصور ۲۶۰
روحانیون, ۲۸, ۲۹, ۳۳, ۳۴, ۳۵, ۳۸, ۵۲, ۵۳, ۹۱, ۱۲۵, ۱۴۸, ۱۴۹, ۱۶۰, ۲۱۷, ۲۱۸, ۲۵۶, ۲۷۰, ۲۷۱
رودکی ۱۳۱

روزبهان ۱۳۱
روزولت، تئودور،..... ۴۳, ۶۳, ۱۸۴, ۱۸۵, ۱۸۷, ۱۸۸
روس‌ها.. ۱۴, ۱۵, ۱۷, ۱۹, ۲۷, ۳۲, ۴۳, ۴۵, ۴۷, ۴۸, ۴۹, ۵۱, ۵۲, ۵۴, ۶۵, ۱۷۲, ۱۸۵, ۲۶۴
روسیه ۹, ۱۶, ۲۰, ۲۱, ۲۳, ۲۸, ۴۱, ۴۲, ۴۳, ۴۵, ۴۸, ۵۸, ۱۷۳
رومانی ۱۷۳, ۱۹۴
رومل، مارشال ۴۲
رومی، جلال‌الدین ۱۰
ریاحی، سرتیپ ۶۲, ۶۳
ریاضی، عبدالله ۲۶۰
ریشلیو ۳۸

ز

زاگرس ۶, ۱۷۳
زاهدی، سپهبد فضل‌الله ۶۳
زئیر ۲۱۴
زرتشت ۹, ۶۷, ۱۴۶
زلاند نو ۱۷۷
زند، خاندان ۱۶
زند، کریم‌خان ۱۶
زنده‌رودی، حسین ۱۳۸

ژ

ژاپن ۲۰۰, ۲۱۶
ژوهانسبورگ ۴۴
ژیسکاردستن، والری.... ۱۸۲, ۱۹۱, ۲۶۳

س

سادات، انور ۱۷۹, ۲۵۰
سازمان ملل متحد, ۲۰۰, ۱۹۹, ۱۶۵, ۲۴۵, ۲۵۹
سازمان ملی حمایت از نابینایان۱۱۷
سازمان ملی خون ۱۱۷
ساسانیان ۷, ۹, ۱۰
ساعد، محمد ۴۳
سالیوان، ویلیام ۲۴۷
سامانیان ۱۰
ساواک، ۲۱۲, ۲۲۳, ۲۲۷, ۲۲۸, ۲۲۹, ۲۳۰, ۲۳۱, ۲۳۵, ۲۴۲, ۲۴۳, ۲۵۹, ۲۶۰, ۲۹۱, ۲۹۲, ۲۹۳, ۲۹۴
سایمن (وزیر دارایی آمریکا) ۲۱۱
سپاه بهداشت . ۱۴۷, ۹۵, ۱۰۱, ۱۰۴
سپاه ترویج ۱۱۵, ۹۵, ۱۰۱, ۱۰۳
سپاه دانش ۹۴, ۱۰۱, ۱۰۲, ۱۰۳, ۱۳۲, ۱۳۵
سپهری، سهراب ۱۳۸
سردار سپه (ن.ک پهلوی، رضاشاه) ۲۸, ۲۹
سعدی ۱۳۱
سعید، دکتر جواد ۲۶۰
سعیدی، ابوالقاسم ۱۳۸
سلاسی، هایله ۱۹۱
سلطان حسن دوم .. ۱۷۹, ۱۹۲, ۲۵۱
سلطان قابوس ۱۷۷
سمرقند ۱۰, ۱۱
سنایی ۱۰, ۱۳۱

سنجابی، کریم ۲۳۵, ۲۳۶, ۲۴۲, ۲۴۳, ۲۶۰
سنگاپور ۱۷۷
سنگال ۱۷۸, ۱۷۹, ۱۹۱, ۱۹۲
سنگور، لئوپولد سدار ۱۷۹, ۱۹۱, ۱۹۲
سوئد ۲۱۵
سوئیس ۳۷
سودان ۱۷۸
سومالی ۱۷۸
سیستان ۱۶

ش

شاپور اول ۹
شامپانی ۱۶
شاملو، احمد ۱۳۸
شاه اسماعیل صفوی .. ۲۷۵, ۱۳, ۱۴
شاه عباس صفوی ۱۳, ۱۴
شاهنشاهی هخامنشی ۷
شروانی، خاقانی ۱۳۱
شریف‌امامی، جعفر ۲۳۴
شط‌العرب ۱۷۴
شلزینگر، جیمز ۷۷
شل، کمپانی ۷۱
شمس‌آبادی ۲۲۱
شهبانو (فرح پهلوی) ۱۱۷, ۱۱۸, ۱۳۷, ۱۳۸, ۱۵۷, ۱۹۲, ۲۱۲, ۲۴۹, ۲۵۰, ۲۵۱
شوش ۶, ۶۷

شیخ بهایی ۱۳۱	عدن ۷۰
شیراز،. ۱۳۸, ۱۳۵, ۱۱٤, ۸۱, ۱۷, ٦,	عراق ۲۲۹, ۲۱۳, ۱۷٤, ٦۹, ٦۲, ٦۰
۲٦٦, ۱٦۸	عربستان سعودی،.... ۱۷٦, ۱۷٥, ٦۹,
شیعه (مذهب).، ۲۱۷, ۱٤۸, ۲۹, ۱۰,	۲٥۳, ۱۸۱
۲۷٥, ۲۷۲	عطاپور، فریبرز ۲٦۱
	عطار ۱۳۱
ص	عطارپور، امیرحسین ۲٦۱
صالح، الهیار ٦۱	علاء، حسین ٥٤, ٥۷
صدیقی، غلامحسین ۲٤۲	علی ابن ابی طالب ۱٤٦, ۲٥٤
صفوی ۱۳, ۱٤	علی ابن‌ابی‌طالب ۳٦
صفوی، شاه اسماعیل ۱٤	
صفوی، شاه سلطان حسین ۱٤	**غ**
صلیب سرخ بین المللی ۲۳۱, ۲۲۲,	غزالی (فیلسوف) ۱۳۱
۲٦۲	
	ف
ط	فاتح، مصطفی ٤٦
طالقانی، آیت‌الله مرتضی ۲۷۱	فارابی ۱۳۱
طاهریان (سلسله) ۱۰	فارس ،.... ۱۱۰, ٥٦, ٤۷, ٤۲, ۲۰, ٦,
طاهری، سرلشکر ۲۲۲	۲۱٤, ۲۰٥, ۱۷۷, ۱۷٦, ۱۷٥, ۱٦۹,
طباطبایی، سیدضیاءالدین ۲۹	۲٦٤
طرابوزان ۱۷	فتحعلیشاه قاجار ۱٦, ۱۹
	فخرآرائی، ناصر ۲۸۹, ٥۳, ۳٦
ظ	فرانسه ... ۸۱, ۳۸, ۳۷, ۳۱, ۱۸, ۱۷,
ظفار ۱۷٦	۲۰٦, ۱۹۲, ۱۹۱, ۱۸٤, ۱۸۲, ۱٦۸,
	۲٦٦, ۲٦۳, ۲٥۹, ۲۲۷, ۲۱۳
ع	فرخی سیستانی ۱۳۱
عاملی، محمدرضا ۲٦۰	فردریک کبیر ۳۸
عبا ۳٥	فردوسی ۱۳۱, ۱۰
عبدالناصر، جمال ۱۹۳	فرسیو، سپهبد ۲۲۲
عثمانی ۱٥, ۲۲	فروغی، محمدعلی ٤۳

کلیسای نتردام ۱۸٤	فورد، جرالد ۱۸۹
کمونیست (کمونیسم)... ۱۹۳, ۱۶۱, ۲۱٤, ۲۱۶, ۲۱۹, ۲۳۲	فونیکس ۱۶۶
کنسرسیوم ۷۰	**ق**
کن، شارل (کارل پنجم) ۳۸	قاجار، قاجاریه ۱۶, ٤٤, ۶۵, ۱۸۵
کنفرانس تهران ٤۶, ۷۷, ۱۸۷	قاضی محمد ٤۶
کوروش کبیر ۷, ۸	قبا ۳۵
کوه نور ۳۲	قبرس ۶۰
کویت ۶۲, ۶۹	قدس رضوی ۳٤
کیانپور، غلامرضا ۲۶۰	قرآن ۱۲۶, ۱٤۹, ۱۶۰, ۲۱۹
کیسینجر، هنری ... ۱۸۸, ۱۸۹, ۱۹۰, ۲۵۱	قرارداد گلستان ۱۶
	قره‌باغی، عباس ۲٤۷, ۲٤۸
کیمیاوی ۱۳۸	قزوین ۶, ۲۹, ٤۳, ۱۸۵
کیمیایی، پرویز ۱۳۸	قطب‌زاده، صادق ۲۶۷
گ	قفقاز ٤۲
	قم ۱۲۲, ۱٤۸, ۱٤۹, ۱۵۷, ۲۲۳, ۲۵۷, ۲۵۹, ۲۶۲, ۲۶۳, ۲۷۰, ۲۷۲
گابن ۱۸۱, ۱۹۱	
گاز طبیعی ۳۳	قندهار ۱۵
گروئنلند ۷۸	قوام، احمد ۱, ٤۵, ٤۷, ۵۱, ۶۱
گلستان، ابراهیم ۱۳۸	**ک**
گیموله ۱۹۱	کاترین دوم ۳۸
ل	کاخ گلستان ۳۰
	کاخ نیاوران ۲٤۳
لاکهید ۱۶۹	کارون ۸۱, ۱۱۰
لئوم بلوم ۱۹۰	کاشانی، سپهبد حجت ۲۶۰
لاکهارت، لارنس ۲۰	کانادا ۲۱۵
لامبراکیس، جورج ۲٤۶	کردستان ٤۶, ٤۷, ٤۹, ۲۶۹
لنین، ولادیمیر ۱۶۰, ۱۶۱	کرمان ۶
لهستان ۱۷۳	کروپ ۲۰٤
لوئی چهاردهم ۳۸	

مغول	۱۱، ۱۰۷	لوموند، روزنامه	۷۶، ۷۷، ۲۵۷
مفید، اردوان	۱۳۸	لیبی	۷، ۱۷۸، ۲۱۳، ۲۳۵، ۲۵۳، ۲۶۶
مقدم، جلال	۱۳۸	لی کوآن یو	۱۷۷
مقدم، سپهبد ناصر	۲۳۰		
مکزیک	۱۸۹، ۱۹۴، ۲۵۱، ۲۷۴، ۲۷۷	**م**	
مک‌لال، ویلیام	۷۲	ماتهئی، انریکو	۷۱، ۷۲، ۷۳
مک‌نامارا، رابرت	۱۸۱	مارکسیسم اسلامی	۳۴، ۹۰، ۹۱
ملک حسین	۱۹۳	مارکس، کارل	۱۶۰
ملک فاروق	۴۲	مارکسیسم اسلامی،	۳۴، ۹۰، ۹۱، ۱۵۹، ۱۶۰
منشور آتلانتیک	۴۳	مالزی	۱۷۷
منصور، حسن‌علی	۵۶، ۲۲۲	مجلس شورای ملی	۳۰، ۳۱، ۴۳، ۴۵، ۵۲، ۵۴، ۵۸، ۵۹، ۶۱، ۶۲، ۲۵۰، ۲۵۳، ۲۶۰، ۲۷۰
منوچهری	۱۳۱		
مهرآباد (فرودگاه)	۲۴۹		
مهرجویی، داریوش	۱۳۸	مجیدی، سپهبد تقی	۲۶۰
موزامبیک	۱۷۸	محجوبی	۱۳۸
موسوی، سرلشکر	۲۲۲	محصص، اردشیر	۱۳۸
مولوی	۱۳۱	محمدشاه گورکانی	۱۵
		مراکش	۱۷۹، ۲۵۱
ن		مسعودی، محمدعلی	۲۴۶
ناجی، سرلشکر رضا	۲۵۵	مسکو	۴۳، ۴۷، ۴۹، ۱۷۳، ۱۸۳، ۱۸۶، ۱۸۷، ۲۱۵
نادرپور، نادر	۱۳۸		
نادرشاه	۱۵، ۱۶، ۳۲	مشهد	۲۸، ۵۶، ۱۱۳، ۱۲۲، ۱۸۵، ۲۱۸، ۲۲۴، ۲۳۷
نامیبیا	۱۷۸		
نزیه، حسن	۲۶۳	مشیری، فریدون	۱۳۸
نشاط، سرلشکر	۲۶۰	مصدق، محمد	۵۲
نصیری، ارتشبد	۲۳۰، ۲۳۱	مصر	۱۶، ۴۲، ۱۷۹، ۱۹۲، ۱۹۳، ۲۰۶، ۲۵۰
نصیری، نعمت‌الله	۶۳، ۲۵۵		
نظام‌الملک، خواجه	۱۳۱	مطهری، آیت‌الله مرتضی	۲۷۰
نفت	۱۹، ۲۰، ۲۲، ۳۱، ۳۳، ۴۲، ۴۶، ۴۷، ۵۱، ۵۲، ۵۵، ۵۶، ۵۷،	مظفرالدین شاه	۱۹، ۲۱

هلسینکی ۱۸۶
هلند ۱۶۸, ۲۱۵
همدان ۱۷, ۲۶۰
هند ....،۶, ۷, ۱۴, ۱۵, ۱۶, ۱۷, ۱۸,
۱۹, ۲۰, ۳۲, ۱۶۹, ۱۷۵, ۱۷۷, ۱۷۸,
۱۷۹, ۲۰۵
هندوستان ۷, ۱۵, ۱۹, ۲۲, ۱۳۴,
۱۷۵, ۱۷۷, ۱۷۸, ۲۰۲
هوآکوفنگ ۱۷۷, ۱۹۳, ۱۹۴
هویدا، امیرعباس .. ۲۲۵, ۲۳۰, ۲۳۶,
۲۳۷, ۲۵۷, ۲۵۸, ۲۵۹
هیتلر، آدولف ۴۱

ی

یالتا (کنفرانس) ۱۸۶
یانگ، آندرو ۲۶۲
یحیی خان ۱۷۵
یزد ۱۷, ۵۶
یزدان‌پناه، مرتضی ۵۴
یکتایی ۱۳۸
یمن جنوبی ۱۷۶
یوشیج، نیما ۱۳۸
یوگسلاوی ۱۹۳, ۱۹۴
یونانیان ۸

۵۹, ۶۰, ۶۱, ۶۲, ۶۳, ۶۶, ۶۷, ۶۸,
۶۹, ۷۰, ۷۱, ۷۲, ۷۳, ۷۴, ۷۵, ۷۶,
۷۷, ۷۸, ۷۹, ۸۰, ۸۱, ۸۲, ۸۷, ۱۰۰,
۱۰۸, ۱۲۲, ۱۵۹, ۱۸۰, ۱۸۲, ۲۰۰,
۲۰۴, ۲۰۵, ۲۰۷, ۲۱۱, ۲۱۲, ۲۱۵,
۲۳۷, ۲۳۸, ۲۴۳, ۲۶۵, ۲۶۶, ۲۶۷
نوفل‌لوشاتو .. ۲۱۳, ۲۱۸, ۲۳۶, ۲۳۷
نیشابور ۱۰
نیک‌پی، غلامرضا ۲۶۰
نیک‌خواه، پرویز ۲۲۱
نیکسون، ریچارد .. ۱۸۸, ۱۸۹, ۲۵۱,
۲۵۲
نیوزویک (روزنامه) ۲۱۴, ۲۱۵, ۲۱۶

و

واشنگتن ۲۱۲
وحدت ملی ۳۰, ۴۹, ۹۳, ۱۹۵,
۱۹۷, ۲۰۵
وحیدی، سناتور علامه ۲۶۰
ویتنام ۱۸۹, ۲۱۴

هـ

هانری چهارم ۳۸
هایزر، رابرت ۲۴۱, ۲۴۶, ۲۴۷, ۲۴۸
هخامنشیان، ۷, ۸, ۹, ۱۵, ۱۰۷, ۱۰۹,
۱۴۳
هرات ۱۶, ۱۷, ۱۹
هرالد تریبیون، روزنامه ۲۴۷
هریمن، ارل ۱۸۸, ۱۹۰
هلاکو ۱۱